清涼國師華嚴經疏鈔

청량국사 화엄경소초 56

— 십지품 ③ —

청량징관 찬술 · 관허수진 현토역주

운주사

서언

천이백 년 침묵의 역사를 깨고

오늘도 나는 여전히 거제만을 바라본다.
겹겹이 조종하는 산들
산자락 사이 실가닥 저잣길을 지나 낙동강의 시린 눈빛
그 너머 미동도 없는 평온의 물결 저 거제만을 바라본다.
십오 년 전 그날 아침을 그리며 말이다.
나는 2006년 1월 10일 은해사 운부암을 다녀왔다.
그리고 그날 밤 열한 시 대적광전에서 평소에 꿈꾸어 왔던『청량국사 화엄경소초』완역의 무장무애를 지심으로 발원하고 번역에 착수하였다.
나의 가냘픈 지혜와 미약한 지견으로 부처님의 비단과도 같은 화장세계에 청량국사의 화려하게 수놓은 소초의 꽃을 피워내는 긴 여정을 시작한 것이다.
화엄은 바다였고 수미산이었다.
그 바다에는 부처님의 용이 살고 있었고
그 산에는 부처님의 코끼리가 노닐고 있었다.
예쁘게 단장한 청량국사 소초의 꽃잎에는 부처님의 생명이 태동하고 있었고,
겁외의 연꽃 밭에는 영원히 지지 않는 일승의 꽃이 향기를 뿜어내고

있었다.
그 바다 그 산 그리고 그 꽃밭에서 10년 7개월(구체적으로는 2006년 1월 10일부터 2016년 8월 1일까지) 동안 자유롭게 노닐었다.
때로는 산 넘고 강 건너 협곡을 지나고
때로는 은하수 별빛 따라 오작교도 다니었다.
삼경 오경의 그 영롱한 밤
숨쉬기조차 미안한 고요의 숭고함
그 시공은 영원한 나의 역경의 놀이터였다.

애시당초 이 작업은 세계 인문학의 자존심
내가 살아 숨쉬는 이 나라 대한민국 그리고 불교의 자존심에 기인한 것이다.
일찍이 그 누가 이 청량국사의 『화엄경소초』를 완역하였다면 나는 이 작업을 하지 않았을 것이다.
지금도 여전히 완역자는 없다.
더욱이 이 『청량국사화엄경소초』의 유일한 안내자 인악스님의 『잡화기』와 연담스님의 『유망기』도 그 누가 번역한 사실이 없다.
그러나 내 손안에 있는 두 분의 『사기』는 모두 다 번역하여 주석으로 정리하였다.

이 청량국사 화엄경의 소는 초를 판독하지 않으면 알 수가 없다. 그래서 그 이름을 구체적으로 대방광불화엄경수소연의초大方廣佛華嚴經隨疏演義鈔라 한 것이다.

즉 대방광불화엄경의 소문을 따라 그 뜻을 강연한 초안의 글이라는 것이다.

청량국사는 『화엄경』의 소문을 4년(혹은 5년) 쓰시되 2년차부터는 소문과 초문을 함께 써서 완성하시고 5년차부터 8년 동안 초문을 쓰셨다.

따라서 그 소문의 양은 초문에 비하면 겨우 삼분의 일에 지나지 않는다 할 것이다.

나는 1976년 해인사 강원에서 처음 『청량국사화엄경소초 현담』 여덟 권을 독파하였고,

1981년부터 3년간 금산사 화엄학림에서 『청량국사화엄경소초』를 독파하였다.

그때 이미 현토와 역주까지 최초 번역의 도면을 완성하였고, 당시에 아쉽게 독파하지 못한 십정품에서 입법계품까지의 소초는 1984년 이후 수선 안거시절 해제 때마다 독파하여 모두 정리하였다.

그러나 번역의 기연이 맞지 않아 미루다가 해인사 강주시절 잠시 번역에 착수하였으나 역시 기연이 맞지 않아 미루었다.

그리고 드디어 2006년 1월 10일 번역에 착수하여 2016년 8월 1일 십만 매 원고로 완역 탈고하고, 2020년 봄날 시공을 초월한 사상 초유 『청량국사화엄경소초』가 1,200년 침묵의 역사를 깨고 이 세상에 처음 눈을 뜨게 된 것이다.

번역의 순서는 먼저 입법계품의 소초, 다음에는 세주묘엄품 소초에서 이세간품 소초까지, 마지막으로 소초 현담을 번역하였다.
번역의 형식은 직역으로 한 글자도 빠뜨리지 않고 번역하였다. 따라서 어색하게 느껴지는 곳도 있을 것이다.
예를 들면 소所 자를 "바"라 하고, 지之 자를 지시대명사로 "이것, 저것"이라 하고, 이而 자를 "그러나"로 번역한 등이 그렇다.
판본은 징광사로부터 태동한 영각사본을 뿌리로 하였고, 대만에서 나온 본과 인악스님의 『잡화기』와 연담스님의 『유망기』와 또 다른 사기 『잡화부』(잡화부는 검자권부터 광자권까지 8권만 있다)를 대조하여 번역하였다.

앞에서 이미 말한 것처럼, 그 누가 청량국사의 『화엄경소초』를 완역한 적이 있었다면 나는 이 번역에 착수하지 않았을 것이다. 지금까지 이 황금보옥黃金寶玉의 『청량국사화엄경소초』가 번역되지 아니한 것은 나에게 주어진 시대적 사명이고 역사적 명령이라 생각한다.
나는 이 『청량국사화엄경소초』의 완역으로 불조의 은혜를 갚고 청량국사와 은사이신 문성노사 그리고 나를 낳아준 부모의 은혜를 일분 갚는다 여길 것이다.

끝으로 이 『청량국사화엄경소초』가 1,200년의 시간을 지나 이 세상에 눈뜨기까지 나와 인연한 모든 사람들 그리고 영산거사 가족과 김시열 거사님께 원력의 보살이라 찬언讚言하며, 나의 미약한 번역으로 선지자의 안목을 의심케 할까 염려한다.
마지막 희망이 있다면 이『청량국사화엄경소초』의 완역 출판으로 청량국사에 대한 더욱 깊고 넓은 연구와『화엄경』에 대한 더욱 다양한 연구가 이루어지기를 바라는 것뿐이다.
장세토록 구안자의 자비와 질책을 기다리며 고개 들어 다시 저 멀리 거제만을 바라본다.
여전히 변함없는 저 거제만을.
2016년 8월 1일 절필시에 게송을 그리며

長廣大說無一字 장광대설무일자
無碍眞理亦無義 무애진리역무의
能所兩詮雙忘時 능소양전쌍망시
劫外一經常放光 겁외일경상방광

화엄경의 장대한 광장설에는 한 글자도 없고
화엄경의 걸림없는 진리에는 또한 한 뜻도 없다.
능전의 문자와 소전의 뜻을 함께 잊은 때에
시공을 초월한 경전 하나 영원히 광명을 놓누나.

불기 2569년 음력 1월 10일 최초 완역장
승학산 해인정사 관허 수진

- 화엄경소초현담華嚴經疏鈔玄談(1~8)

- 화엄경소초華嚴經疏鈔

    1. 세주묘엄품世主妙嚴品
    2. 여래현상품如來現相品
    3. 보현삼매품普賢三昧品
    4. 세계성취품世界成就品
    5. 화장세계품華藏世界品
    6. 비로자나품毘盧遮那品
    7. 여래명호품如來名號品
    8. 사성제품四聖諦品
    9. 광명각품光明覺品
    10. 보살문명품菩薩問明品
    11. 정행품淨行品
    12. 현수품賢首品
    13. 승수미산정품昇須彌山頂品
    14. 수미정상게찬품須彌頂上偈讚品
    15. 십주품十住品
    16. 범행품梵行品
    17. 초발심공덕품初發心功德品
    18. 명법품明法品

• 청량국사화엄경소초 •

19. 승야마천궁품昇夜摩天宮品

20. 야마천궁게찬품夜摩天宮偈讚品

21. 십행품十行品

22. 십무진장품十無盡藏品

23. 승도솔천궁품昇兜率天宮品

24. 도솔천궁게찬품兜率天宮偈讚品

25. 십회향품十廻向品

26. 십지품十地品

27. 십정품十定品

28. 십통품十通品

29. 십인품十忍品

30. 아승지품阿僧祇品

31. 여래수량품如來壽量品

32. 보살주처품菩薩住處品

33. 불부사의법품佛不思議法品

34. 여래십신상해품如來十身相海品

35. 여래수호광명공덕품如來隨好光明功德品

36. 보현행품普賢行品

37. 여래출현품如來出現品

38. 이세간품離世間品

39. 입법계품入法界品

영인본 9책 玉字卷

대방광불화엄경수소연의초 제삼십사권의 삼권
大方廣佛華嚴經隨疏演義鈔 第三十四卷之三卷

우진국 삼장사문 실차난타 번역
청량산 대화엄사 사문 징관 찬술
대한민국 조계종 사문 수진 현토역주

疏

第六에 爾時金剛藏菩薩說此下는 請分이라 於中三이니 初는 說已默住요 二에 是時下는 三家五請이요 三에 爾時金剛藏觀察下는 許說分齊라

제 여섯 번째 그때에 금강장보살이 이 보살의 십지의 이름을 설한 이후라고 한 아래는 청분이다.
그 청분 가운데 세 가지가 있나니
처음에는 설한 이후에 침묵하고 머무는 것이요
두 번째 이때에 일체 보살이라고 한 아래는 삼가三家가 다섯 번 청한 것이요
세 번째 그때에 금강장보살이 시방을 관찰한다고 한 아래는 설함을 허락하는 분제이다.

疏

所以默者는 將欲演之인댄 必固默之니 欲令大衆으로 渴仰請說故니라

침묵한 까닭은[1] 장차 연설하고자 한다면 반드시 먼저[2] 침묵하는

---

[1] 침묵한 까닭이라고 한 아래는 침묵하는 이유를 잘 설명하고 있다. 그러나 『유망기』는 본래 말을 떠난 까닭으로 침묵하고 또 법체가 말을 떠나야 정행正行을 생기하는 까닭으로 침묵한다 하였다.

것이니
대중으로 하여금 갈앙하여 설하기를 청하게 하고자 하는 까닭이다.

鈔

所以默者下는 二에 顯意也라 然通論請分인댄 總有三意하니 一은 明請中所顯之法이요 二는 依法生成之行이요 三은 以請對說하야 互相起成이니 今三段中엔 具此三意라 文中有二하니 一은 顯默所以니 令生愛樂하야 請法行故라 文中又二니 先은 立理니 卽借老子意리라 彼道經云호대 將欲翕之인댄 必固張之하고 將欲弱之인댄 必固彊之하고 將欲廢之인댄 必固興之하고 將欲奪之인댄 必固與之니 是謂微明이라하니라 釋曰意明君子가 行權反經이나 合義니 將欲翕斂衆生情欲인댄 則先開張하야 極其侈心하고 令自固於愛欲之念인댄 則當翕斂矣리라 彊弱等例然하니라 此道甚微나 而動則著明矣니 故云是謂微明이라하니라 今借此意니 將欲爲說인댄 必先默然하고 令其敬請이니 是欲說也니라 欲令大衆으로 渴仰請說者는 二에 正顯意也라 總云請說은 細辨多意니 一은 令菩薩敬請이요 二는 如來加請하야 以顯重法이요 三은 希佛加被聽者요 四는 覲佛敎其說儀니 義在下科니라 而論但云호대 何故默然住고 欲令大衆으로 渴仰請故며 復增菩薩尊敬法故라하니 今疏에 將論初意하야 以釋默之所由니라 後意는 轉釋請意니라

---

2 원문에 고固는 먼저, 미리의 뜻이다.

침묵한 까닭이라고 한 아래는 두 번째 침묵하는 뜻을³ 나타낸 것이다.
그러나 청분을 통틀어 논한다면 모두 세 가지 뜻이 있나니
첫 번째는 청하는 가운데 현시할 바 법을 밝힌 것이요
두 번째는 법을 의지하여 생성하는 행이요
세 번째는 청하는 것으로써 설함을 상대하여 서로서로 생기하여 성립하는 것이니
지금의 삼단 가운데는 이 세 가지 뜻을 갖추고 있다.⁴

경문 가운데 두 가지⁵가 있나니
첫 번째는 침묵하는 까닭을 나타낸 것이니
중생으로 하여금 사랑하고 좋아하여 법행을 청하게 하는 까닭이다.
경문 가운데 또 두 가지가 있나니
먼저는 이치를 세우는 것이니 노자의 뜻을 빌려 말하겠다.
저 『도덕경』⁶에 말하기를 장차 거두고자⁷ 한다면 반드시 먼저 펴야

---

3 원문 二에 顯意라고 한 것은 바로 위의 소문에 그 청분 가운데 세 가지가 있다고 한 것은 소문에 세 가지가 있나니 初는 총과總科요 二는 현의顯意요 三은 석문釋文이다. 바로 그 두 번째이다. 초初에 총과는 그 청분에 세 가지가 있나니 처음에는 운운하여 세 가지로 말한 것이다.
4 삼단 가운데는 이 세 가지 뜻을 갖추고 있다고 한 것은 처음에 뜻은 초단에 국한하고 다음에 뜻은 차단次段에 국한하고 뒤에 뜻은 제 두 번째와 제 세 번째의 양단兩段에 통하는 것이다.
5 두 가지란, 첫 번째는 여기와 같고 두 번째는 다음 초문에 두 번째는 청하는 까닭을 해석한 것이라 한 것이다. 여기 문중유이文中有二라 한 二 자를 『잡화기』와 『유망기』는 三 자의 잘못이라 하나 나는 二 자가 옳다고 본다.

하고, 장차 약하고자 한다면 반드시 먼저 강해야 하고, 장차 폐하고자 한다면 반드시 먼저 흥해야 하고, 장차 빼앗고자 한다면 반드시 먼저 주어야 하나니 이것을 미명微明이라 말하는 것이다 하였다. 해석하여 말하면 그 뜻은 군자가 방편으로 반대의 길을 가지만[8] 뜻에 부합함을 밝힌 것이니

장차 중생의 마음에 욕망을 거두어 주고자[9] 한다면 곧 먼저 열고 펴서 그 사치하는 마음을 지극히 하고 하여금 스스로 사랑하고 욕망하는 생각을 먼저 하게 한다면 곧 마땅히 거두어 줄 것이다. 강약強弱 등도 예가 그러한 것이다.

이 도가 깊고 미묘하지만 움직임에 곧[10] 밝게 나타나는 것이니 그런 까닭으로 말하기를 이것을 미명이라 말하는 것이다 하였다. 지금에는 이 뜻을 빌려서 말한 것이니

장차 설하고자 한다면 반드시 먼저 침묵하고 그로 하여금 공경히 청하게 하는 것이니

이것은 설하고자 하는 것이다.

---

6 『도덕경』은 『도덕경』 가운데 도경에 있는 말이다. 즉 36장에 있다. 이미 명법품에서 인용한 바 있다. 영인본 화엄으로는 6책, p.334, 7행이다.
7 翕은 '거둘 흡' 자이다.
8 원문에 행권반경行權反經이라고 한 것은 군자가 상도常道에서 벗어나 권도權道를 행하는 것이니, 끝내 상도常道를 벗어난 적이 없다. 방편方便으로 비도非道를 행하지만 끝내 정도正道를 벗어나지 않는 불보살佛菩薩의 뜻과 같다.
9 歛은 '줄 감' 자이다.
10 원문에 동별動別이라 한 別 자는 則 자가 옳다. 『잡화기』에는 別 자를 변별辨別이니 언동言動으로 변별하여 또한 밝게 나타난다 하니 마땅치 않다.

대중으로 하여금 갈앙하여 설하기를 청하게 하고자 한다고 한 등은
두 번째 뜻을 바로 나타낸 것이다.
모두 설하기를 청하게 한다고 말한 것은 자세히 분별함에 수많은
뜻이 있나니
첫 번째는 보살로 하여금 공경히 청하게 하는 것이요
두 번째는 여래가 가피로 청하여 법이 소중함을 나타내는 것이요
세 번째는 부처님이 가피하여 듣기를 희망하는 것이요
네 번째는 부처님이 그로 하여금 설법하는 의식을 보게 하는 것이니
그 뜻은 아래 과목에 있다.[11]
그러나 『십지론』[12]에는 다만 말하기를 무슨 까닭으로 침묵하고 머무는가.
대중으로 하여금 갈앙하여 청하게[13] 하고자 하는 까닭이며
다시 보살의 존경하는 법을 증장케 하고자 하는 까닭이다 하였으니
지금 소문에는 『십지론』의 처음 뜻을 가져 침묵하는 까닭을 해석한
것이다.
뒤에 뜻은 전전히 청하는 뜻을 해석한 것이다.

---

11 원문에 의재하과義在下科라고 한 것은 下請中三이니 영인본 화엄 9책, p.144, 8행이다. 覬는 '넘겨다볼 기' 자이다.
12 『십지론』은 역시 제일권이다.
13 『십지론十地論』엔 請 자 아래에 說 자가 더 있다.

疏

所以俟請者는 略有二意하니 一은 增諸菩薩의 尊敬法故요 二는 前本分中에 擧地歎勝은 爲增樂欲하야 令此請中에 生正解故니라 云何生解고 謂由請故로 得說默之由하야 顯地體甚深하야 離於言念하야 令衆先解하야 後聞說分에 不隨聲取하야 離謬解故니 卽復由此일새 故有第三에 示說分齊이라

청하기를 기다리는 까닭은 간략하게 두 가지 뜻이 있나니
첫 번째는 모든 보살의 존경하는 법을 증장케 하는 까닭이요
두 번째는 앞[14]의 본문 가운데 지위를 들어 수승함을 찬탄한 것은 욕락欲樂을 증장하여 지금 이 청문 가운데 바른 지해(解)를 내게 하는 까닭이다.
어떤 것이 지해를 내는 것인가
말하자면 청함을 인유한 까닭으로 침묵하는 이유를 설함을 얻어 십지의 자체가 깊고도 깊어 말과 생각을 떠난 것을 나타내어 대중으로 하여금 먼저 알아 뒤에 설분[15]을 들음에 소리를 따라 취착하지 아니하여 오해하는 것을 떠나게 하는 까닭이니
곧 다시 이것을 인유하기에[16] 그런 까닭으로 제 세 번째 시설분제示說

---

14 앞이란, 영인본 화엄 9책, p.94, 2행을 참고할 것이다.
15 원문에 후설분後說分이란, 대만본 화엄소초疏鈔 44권, p.1 이하이니 곧 환희지 歡喜地를 설하는 초두부터이다.
16 원문에 부유차復由此 운운한 것은 그 다시라는 글자(復字)는 위에 청분을

分齊[17]가 있는 것이다.

鈔

所以俟請下는 第二에 釋請所以니 疏有二意하니라 前意之中에 自有二義하니 一은 爲生行이니 生於恭敬하야 重法行故니라 由上首大衆과 及於如來가 加被請說하야 知法可重일새 故增恭敬이라 二는 爲起說之由니 令恭敬故로 剛藏便說이라 二前本分下는 是疏第二意라 曲有二意하니 一은 爲生行이니 謂生正解는 解亦行故니라 若以請對說인댄 請爲生解요 說爲生行이어니와 若但就請인댄 解亦名行이니 對所顯法하야 就人名行故니라 二者는 顯法이니 卽次疏言호대 云何生解等이니 謂徵釋上解하야 便明顯法이라 請分은 爲欲顯於地體의 離言念故니라 得說默之由者는 由解脫月意에 第一에 怪默騰疑請하야 第二에 金剛藏이 法深難受止가 卽默所以니라 故經云호대 菩薩行地事가 最上諸佛本이니 顯示分別說이 第一希有難이라 微細難可見

상대하여 말한 것이고 위에 소리를 따라 취착하지 아니하여 오해하는 것을 떠나게 한다는 말을 가리킨 것이니 말하자면 위에 청분 가운데는 그 침묵하는 이유를 설하여 십지의 자체가 깊다는 말을 나타내어 대중으로 하여금 말을 떠나 바른 지해를 내게 하였거니와 지금 설분 가운데는 말을 인하여 진리를 표하여 또한 중생으로 하여금 말을 떠나 바른 지해를 내게 하는 것이다. 그러한즉 소리를 따라 취착하지 않는다는 등의 두 구절이 다만 이 청분 가운데 소이所以뿐만 아니라 또한 이에 설분 가운데 소이도 되는 것이라 하겠다.

17 시설분제示說分齊란, 허설분제許說分齊 가운데 설대중설大中에 시설분제示說分齊니 대만본 화엄소초 43권, p.75, 末行 이하이다.

이며 離念超心地며 出生佛境界일새 聞者悉迷惑이라하니 卽默所以中에 顯地體也니라 令衆先解下는 釋上顯法之意하야 便成第三에 請說相成之義니 此中엔 正明以請起說이라 然下說中에 意義有二하니 一者는 明行이요 二者는 明說이라 今請對彼에 亦有二義하니 一은 對彼後行하야 命其起行이니 若不正解인댄 後行顚倒하며 隨聲取著인댄 行亦謬故니 正今文意니라 二는 望後教에 亦爲起教니 衆有謬解인댄 剛藏不說일새 故上辨起說意니라 云何以說로 成此請耶아 以後說因分行相은 言教詮表로 顯斯地體의 眞實離相이어니와 今明請意일새 故略不論說能成請하니라 卽復由此下는 釋第三段所以니 言卽復由此者는 上說默之由에 顯於地體의 甚深玄妙는 本爲彰默之意하야 傍令物解요 第三段中에 將欲爲說하야 特明義說二大는 顯法之深玄하야 令知所說이 但是說因이니 說大可說하야 因於說大하야 悟解深義케하고 亦爲令衆으로 不隨聲取하야 離謬解故니 故有卽復之言하니라

청하기를 기다리는 까닭이라고 한 아래는 두 번째 청하는 까닭을 해석한 것이니
소문에 두 가지 뜻이 있다.
앞의 뜻 가운데 스스로 두 가지 뜻이 있나니
첫 번째는 행을 생기하는 것이니
공경하는 마음을 생기하여 법행을 소중히 여기는 까닭이다.
상수대중과 그리고 여래가 가피하여 설하기를 청함을 인유하여 법 가히 소중함을 알기에 그런 까닭으로 공경하는 법을 증장케

하는 것이다.
두 번째는 설함을 생기하는 이유이니
하여금 공경하는 법을 증장케 한 까닭으로 금강장이 곧 설하는 것이다.

두 번째는 앞의 본분 가운데라고 한 아래는 이것은 소문에 제 두 번째 뜻이다.
자세히는 두 가지 뜻이 있나니
첫 번째는 행을 생기하는 것이니
말하자면 바른 지해를 낸다고 한 것은 지해가 또한 행인 까닭이다.
만약 청하는 것으로써 설하는 것을 상대한다면 청하는 것은 지해를 생기하는 것이 되고 설하는 것은 행을 생기하는 것이 되거니와 만약 다만 청하는 것에만 나아간다면 지해도 또한 행이라 이름하는 것이니
현시할 바 법을 상대하여 사람에 나아가는 것을 행이라 이름하는 까닭이다.
두 번째는 법을 현시하는 것이니
곧 다음 소문에 말하기를 어떤 것이 지해를 내는 것인가 한 등이니 말하자면 위에 지해를 묻고 해석하여 곧 법을 밝게 나타내는[18] 것이다.
청분은 십지의 자체가 말과 생각을 떠난 것을 나타내고자 하는

---

18 북장北藏은 현법顯法 아래에 云何顯法이라는 네 글자(四字)가 더 있다.

까닭이다.

침묵하는 이유를 설함을 얻는다고 한 것은 해탈월보살의 뜻에 첫 번째 침묵함을 괴이하게 여겨 의심이 폭등함에 청함을 인유하여 제 두 번째 금강장보살이 법이 깊어 받아가지기가 어려워 가만히 있는 것이 곧 침묵하는 까닭이다.
그런 까닭으로 이 경에 말하기를[19]

보살의 행과 십지의 일이
최상으로 모든 부처님의 근본이 되는 것이니
현시하고 분별하여 설하는 것이
제일 희유하고 어려운 것이다.

미세하여 가히 보기 어려우며
생각을 떠나 심지를 초월하며
부처님의 경계를 출생하기에
듣는 사람이 다 미혹할 것이다 하였으니

곧 침묵하는 까닭 가운데 십지의 자체를 나타낸 것이다.

---

[19] 이 경에 말하였다고 한 것은 영인본 화엄 9책, p.171, 初行에 금강장金剛藏의 게송偈頌이다.

대중으로 하여금 먼저 안다고 한 아래는 위에 법을 나타내는 뜻을 해석하여 곧 제 세 번째 청하고 설하는 것이 서로 성립하는 뜻[20]을 이루는 것이니

이 가운데는 바로 청하는 것으로써 설하는 것을 생기함을 밝힌 것이다.

그러나 아래 설분 가운데 뜻이 두 가지가 있나니

첫 번째는 행을 밝힌 것이요

두 번째는 설함을 밝힌 것이다.

지금에 청하는 것이 저 행을 상대함에 또한 두 가지 뜻이 있나니

첫 번째는 저 뒤에 행을 상대하여 그로 하여금 행을 일으키게 하는 것이니

만약 바로 알지 못한다면 뒤에 행이 꺼꾸러지며, 소리를 따라 취착한다면 행도 또한 착오가 있는 까닭이니 바로 지금 경문[21]의 뜻이다.

두 번째는 뒤에 교를 바라봄에 또한 교를 일으키게 하는 것이니 대중이 잘못 알고 있다면 금강장보살이 설할 수 없기에 그런 까닭으로 위에 설함을 생기하는 뜻을 분별한 것이다.

어떤 것이 설하는 것으로써 이 청함을 이루는 것인가.

뒤에 인분의 행상을 설한[22] 것은 언교의 표전으로 이 십지의 자체가

---

20 원문에 제삼청설상성지의第三請說相成之義라고 한 것은 옥자권 初丈上 末行을 가리킨다. 영인본 화엄 9책, p.139, 말행이다.

21 원문에 정금문正今文이란, 설분중說分中에 문장文章이다.

22 뒤에 인분의 행상을 설한 것이라고 한 것은 대만본 화엄소초 44권, p.1에 제 일곱 번째는 설분을 밝힌 것이다. 그 가운데 세 가지 문門으로 분별하리니

진실로 모습을 떠난 것을 나타내었거니와, 지금에는 청하는 뜻을 밝히기에 그런 까닭으로 능설能說과 소청所請은 생략하고 논하지 아니하였다.

곧 다시 이것을 인유한다고 한 아래는 제삼단[23]의 까닭을 해석한 것이니
곧 다시 이것을 인유한다고 말한 것은 위에 침묵하는 이유를 설함에 십지의 자체가 깊고도 깊어 현묘함을 나타낸다고 한 것은 본래 침묵하는 뜻을 밝혀 옆으로 중생으로 하여금 알게 하는 것이요 제삼단 가운데 장차 설하고자 하여 다만 의義와 설說의 이대二大만을 밝힌 것은 법의 깊고 현묘함을 나타내어 하여금 설하는 바가 다만 이 인분을 설하는 것인 줄 알게 하는 것이니
설대說大를 가히 설하여 저 설대를 인하여 깊은 뜻을 깨달아 알게 하고 또한 대중으로 하여금 소리를 따라 취착하지 아니하여 오해하는 것을 떠나게 하는 까닭이니
그런 까닭으로 곧 다시라는 말이 있는 것이다.

一은 내의來意니 말하자면 청하는 의식이 이미 마침에 이미 분제를 보여 그 십지의 진실을 밝혔지만 십지의 진실은 밝히기 어렵기에 행상이 있음을 나타냄에 의지한 것이니 행상은 곧 인분이다 하였다.
23 제삼단第三段이란, 허설분제許說分齊이다.

經

爾時에 金剛藏菩薩이 說此菩薩의 十地名已에 默然而住하야 不復分別하니

그때에 금강장보살이 이 보살의 십지의 이름을 설한 이후에 침묵하고 머물러 다시 분별하지 아니하니

疏

初는 默이니 可知니라

처음에는 침묵하는 것이니
가히 알 수가 있을 것이다.

疏

第二請中에 三家請殊일새 卽分三段하리니 謂初는 解脫月請이요 二는 大衆請이요 三은 如來請이라

제 두 번째 청하는 가운데 삼가三家가 청하는 것이 다르기에 곧 삼단으로 나누리니
말하자면 처음에는 해탈월이 청하는 것이요
두 번째는 대중이 청하는 것이요
세 번째는 여래가 청하는 것이다.

疏

所以要三家者는 顯法深妙하야 令聞解故니 衆首顯揚하고 當機渴仰하고 化主加勸하야사 事方周故며 道大兼亡할새 法應請故며 爲順請主가 此衆堪聞이라호미 言不虛故며 爲成請者가 如來護念하야 而生信受라호미 言有徵故니라 此는 約因請生請이니 亦是次第니라 又佛請者는 卽名爲加니 謂衆雖已請이나 要假主佛威光하야사 方堪說故니라 亦名爲敎니 如來敎說은 顯剛藏說이 傳佛敎故니라 又前二家請은 顯此地法이 因人修故요 後一家請은 顯此地法이 佛所證故니라 前之二請은 餘經容有어니와 後之一請은 餘經所無니라 法華三請은 但是一家니 良以地法이 甚深하야 寄位難說故니라

삼가가 요청하는 까닭은 법이 깊고 미묘함을 나타내어 하여금 듣고 알게 하는 까닭이니
대중의 상수[24]가 현양하고 당시에 대중[25]이 갈앙하고 화주[26]가 가피하여 권하여야 일이 바야흐로 두루하는 까닭이며
도가 크면 도가 없는 사람도 겸하여 제도하기에[27] 법이 응당 청하는

---

24 원문에 중수衆首는 해탈월解脫月이다.
25 원문에 당기當機는 대중大衆이다.
26 화주化主는 여래如來이다.
27 원문에 도대겸망道大兼亡이라고 한 것은 그 뜻에 말하기를 도가 작으면 곧 다만 능히 자기만 제도할 뿐이고 도가 크면 곧 도가 없는 다른 사람도 겸하여

까닭이며

청주請主가 이 대중이 감당하여 들음을 따를 것이다 한 것이 말이 헛되지 않는 까닭이며

청자請者가[28] 여래가 보호하고 염려함을 이루어 믿고 받아가지는 마음을 낼 것입니다 한 것이 말이 징엄이 있는 까닭이다.

이것은 청함을 인하여 청함을 생기하는[29] 것을 잡은 것이니 또한 이것은 삼가의 청한 차례이다.

또 부처님이 청한다고 한 것은 곧 이름이 가피함이 되는 것이니 말하자면 대중이 비록 이미 청하였지만 반드시 주불主佛의 위광을 가자하여야 바야흐로 설함을 감당하는 까닭이다.

또한 이름이 교설이 되는 것이니

여래의 교설은 금강장의 설법이 불교를 전하는 것임을 나타내는 까닭이다.

또 앞에 이가二家가 청한 것은 이 십지의 법이 인인因人[30]의 수행을 나타내는 까닭이요

뒤에 일가一家가 청한 것은 이 십지의[31] 법이 부처님의 증득한 바를

제도한다 하였다. 측자권仄字卷 46장을 볼 것이다.

28 원문에 응청應請과 청주請主와 청자請者는 다 해탈월解脫月이다. 청자請者 아래에 此人이라는 말이 있으면 뜻이 잘 통한다. 청주는 대중을 상대하여 말한 것이고, 청자는 여래를 상대하여 말한 것이니 사실을 무너뜨리지 않는 것이다.

29 원문에 인청因請은 해탈월解脫月이고, 생청生請은 대중大衆과 여래如來이다.

30 인인因人은 인지보살因地菩薩을 인인因人이라 한다.

31 원문 此 자 아래 地 자가 있으면 좋아 보증하였다. 북장경에는 있다.

나타내는 까닭이다.

앞에 이가가 청한 것은 다른 경에도 있음을 용납하거니와, 뒤에 일가가 청한 것은 다른 경에는 없는 바이다.

『법화경』에 세 번 청한 것은 다만 이 일가[32]일 뿐이니 진실로 십지의 법이 깊고도 깊어 지위를 의지하여 설하기 어려운 까닭이다.

鈔

衆首以下는 初에 正助分別이니 衆首爲正이요 餘二爲助라 道大兼亡下는 第二에 相因分別이니 相躡起故라 道微則自濟하고 道大則兼亡이니 亡字無心이니 此訓無也라 若加於心인댄 兼忘兩字는 出於莊子니 意는 於自他兩忘이니 若人相忘於道術하고 魚相忘於江湖하니라 雖有深意나 非此所用이니라 爲順請主가 此衆堪聞者는 此第二家가 因第一家起也니 謂初剛藏云호대 法深難受일새 故止不說이라하얏거늘 次解脫月이 歎衆堪聞이라하고 請云호대 此衆無諸垢하고 志解悉明潔等이니 衆若不請인댄 則非堪聞이라 令解脫月로 此言虛謬케할새 故大衆請이니 則言不虛니라 爲成請者가 如來護念者는 卽第三請이 亦躡第一家生이니 謂解脫月이 末後에 雙歎人法하고 請云호대 佛子야 願承佛神力하야 分別說此不思議法하소서 此人은 當得如來護念하야 而生信受리다 何以故요 說十地時에 法應如是하야 得佛護念하며 得護念故로 於此智地에 能生勇猛이리다하니 卽其文也니라 爲成

---

32 일가一家는 사리불舍利佛이다.

此言일새 故有第三에 如來加請하니 文云호대 若爲善逝力所加인댄 當得法寶入其心이라하니 卽護念生信이 有徵也니라 此約因請生請者는 總結上意라 亦是次第者는 此中에 正顯三家所以하고 下文에 方說三家次第하니 今此所以가 兼於次第일새 故致亦是言耳니라

대중의 상수라고 한 이하는 처음에 정청正請과 조청助請을 분별한 것이니

대중의 상수는 정청이 되고 나머지 이가는 조청이 되는 것이다.

도가 크면 도가 없는 사람도 겸하여 제도한다고 한 아래는 제 두 번째 상相과 인因을 분별한 것이니

서로 밟아 생기하는 까닭이다.

도가 작으면 곧 자기만 구제하고 도가 크면 곧 도가 없는 사람도 겸하여 제도하는 것이니

망忘이라는 글자는 심心 자가 없는 것이니 이것은 무無라 훈석할 것이다.[33]

만약 심心 자를 더한다면 겸망兼忘이라는 두 글자는 『장자莊子』에서 설출한 것이니

그 뜻은 자自·타他를 둘 다 잊는 것이니

---

33 이것은 무無라 훈석할 것이다고 한 아래에 북장경에는 도가 없는 사람도 겸하여 제도하는 것이니 그런 까닭으로 『논어』에 말하기를 오랑캐의 나라에 임금이 있는 것이 모든 제후의 나라가 없는 것만 같이 못하다는 말이 있다. 제하諸夏는 중국 본토 안에 있는 모든 제후 나라를 말한다. 반대로 이적夷狄은 지방의 오랑캐이다.

마치 사람이 도道와 술術을 서로 잊고, 고기가 강江과 호수(湖)를 서로 잊는 것과 같은 것이다.
비록 더 깊은 뜻이 있지만 여기에서 인용할 바가 아니다.

청주가 이 대중이 감당하여 들음을[34] 따를 것이라고 한 것은 이것은 제이가第二家가 제일가第一家[35]를 인하여 생기한 것이니
말하자면 처음에[36] 금강장보살이 말하기를 법이 깊어 받아가지기가 어렵기에 그런 까닭으로 가만히 있고 설하지 않는다고 하였거늘, 다음에 해탈월보살이 대중이 감당하여 들을 것이다 찬탄하고 금강장보살에게 청하여 말하기를 이 대중은 모든 번뇌가 없고 의지와 지혜가 다 밝고 맑다 한 등이니
대중이 만약 청하지 않는다면 곧 감당하여 들을 수 없는지라 해탈월보살로 하여금 이 말이 헛되고 그릇되게 하기에 그런 까닭으로 대중이 청하는 것이니, 곧 말이 헛되지 않는 것이다.

청자가 여래가 보호하고 염려함을 이룬다고 한 것은 곧 제삼가第三家가 청한 것이 또한 제일가第一家를 밟아 생기한 것이니
말하자면 해탈월보살이 말후에 사람과 법을 함께 찬탄하고 청하여 말하기를 불자여,[37] 원컨대 부처님의 위신력을 받아 이 사의할 수

---

34 원문 主 자 아래 차중감문此衆堪聞이라는 네 글자(四字)를 보증하여 번역하였다.
35 제이가第二家는 대중大衆이고, 제일가第一家는 해탈월解脫月이다.
36 말하자면 처음에 운운은 영인본 화엄 9책, p.142, 8행에 설출說出하였다.

없는 법을 분별하여 연설하소서.
이 사람은 마땅히 여래가 보호하고 염려해 주심을 얻어 믿고 받아가지는 마음을 낼 것입니다.
무슨 까닭인가.
십지를 설할 때에 법이 응당 이와 같이 부처님이 보호하고 염려해 주심을 얻으며
보호하고 염려해 주심을 얻은 까닭으로 이 지혜의 지위에 능히 용맹심을 낼 것입니다 하였으니 곧 그 경문이다.
이 말을 성립하기 위하기에 그런 까닭으로 제 세 번째 여래가 가피하여 청함이 있는 것이니
경문에 말하기를[38] 만약 선서의 힘으로 가피하는 바가 된다면 마땅히 법보가 그 마음에 들어감을 얻을 것이다 하였으니
곧 보호하고 염려하여 믿음을 생기하는 것이 징험이 있는 것이다.

이것은 청함을 인하여 청함을 생기하는 것을 잡은 것이라고 한 것은 위에 뜻을 모두 맺는 것이다.
또한 이것은 삼가의 청한 차례라고 한 것은 이 가운데 삼가의 청한 까닭을 바로 나타내고 아래[39] 소문에 바야흐로 삼가의 청한 차례를 설하였으니

---

37 청하여 말하기를 불자여 운운은 영인본 화엄 9책, p.218, 말행末行이다.
38 경문에 말하였다고 한 것은 게송문偈頌文이니 영인본 화엄 9책, p.261, 2행이다.
39 아래란, 영인본 화엄 9책, p.149, 5행이다.

지금에 이 까닭이 저 차례를 겸하였기에 또한 이것이라(亦是)는 말을 이루는 것이다.

又佛請者下는 第三에 主伴分別이니 上首助伴은 但可名請이요 如來爲主일새 故有加言이라 又前之二請下는 第三에 結歎이라 此言은 因於天台而生이니 謂法華經疏에 歎身子三請云호대 餘經엔 無此殷勤之請하고 唯華嚴에 解脫月이 請金剛藏호미 可爲連類거니와 而彼는 因人이 請於因法하고 此는 請佛慧일새 故亦不同이라하얏거늘 今此엔 翻明法華劣此하야 略言但是一家라하나 細分하면 乃有多異하니 且列四門하리라 彼是一家어늘 此有三家하니 一不同也요 彼之一家는 但是聲聞이어늘 此有三家는 是佛菩薩이니 二不同也요 彼唯三請거늘 此有五請하니 三不同也요 彼唯因人請거늘 此有佛請하니 四不同也니라 但彼云호대 法華請果하고 華嚴請因者는 然此請因은 乃是佛因이니 說分等中에 因果兼說이라 是故經云호대 此是菩薩이 向菩提하는 最上道며 亦是淸淨法光明門이라하며 又云호대 如來大仙道라하고 智起佛境界라하며 第十地後에 校量佛德이라하며 地影像分에 十山依地라하고 十德依海라호미 皆明因果相順이라 又有因果二分하니 令於因門에 徹見果海니 所入智地도 亦通果故니라 法華에 雖然請說佛智나 及下廣說하야는 但示因門일새 故說衆生이 皆有知見이라하니라 諸佛智慧는 卽此證道요 其智慧門은 卽此敎道니 敎證二門이 該因徹果하야 非此獨因이나 各隨所弘하야 自揚聖敎耳니라

또 부처님이 청한다고 한 아래는 제 세 번째 주主와 반伴을 분별하는

것이니

상수의 조반助伴은[40] 다만 가히 청한다고만 이름하는 것이요 여래는 주主가 되기에 그런 까닭으로 가피한다는 말이 있는 것이다. 또[41] 앞에 이가二家가 청한 것이라고 한 아래는 제 세 번째 맺어서 찬탄한 것이다.

이 말은 천태를 인하여 생기한 것이니

말하자면 『법화경』 소문에 신자身子가 세 번 청한 것을 찬탄하여 말하기를 다른 경전에는 이렇게 은근히 청한 것이 없고 오직 『화엄경』에 해탈월보살이 금강장보살에게 청한 것만이 가히 연류連類[42]가 되거니와 그러나 저 『화엄경』은 인인因人이 인법因法을 청하고 이 『법화경』은 부처님의 지혜[43]를 청하기에 그런 까닭으로 또한 같지 않다 하였거늘, 지금 여기에서는 『법화경』이 이 『화엄경』보다 하열함을 번복하여 밝혀 간략하게 다만 이 일가一家라고만 말하였을 뿐이지만 자세히 나눈다면 이에 많은 차이가 있나니

우선 사문四門으로 열거하겠다.

저 『법화경』은 일가一家만 있거늘 여기 『화엄경』은 삼가三家가 있으니,

첫 번째 같지 않는 것이요

---

40 원문에 상수조반上首助伴은 북장경에는 상수위조上首爲助라 하니 일리가 있다 하겠다. 그 이유는 바로 아래 여래위주如來爲主라 하였기 때문이다.

41 원문 前 자 앞에 소문疏文에는 又 자가 있다. 따라서 보증하였다.

42 연류連類는 사전에 동류同類라 하였다.

43 원문에 불혜佛慧는 과법果法이다.

저 『법화경』의 일가는 다만 이 성문이거늘 여기 『화엄경』에 삼가가 있는 것은 이 부처님과 보살이니,
두 번째 같지 않는 것이요
저 『법화경』은 오직 삼청三請만 있거늘 여기 『화엄경』은 오청五請이 있으니,
세 번째 같지 않는 것이요
저 『법화경』은 오직 인인因人만이 청하였거늘 여기 『화엄경』은 부처님도 청함이 있으니,
네 번째 같지 않는 것이다.
다만 저[44] 『법화경』 소문에 말하기를 『법화경』은 과果를 청하고 『화엄경』은 인因을 청한 것이라고 한 것은 그러나 이 인을 청한 것이라고 한 것은 이에 이 불인佛因이니, 설분說分 등 가운데 인과를 겸하여 설한 것이다.
이런 까닭으로 이 경[45]에 말하기를 이것은 보살이 보리를 향하는 최상의 길이며 또한 이것은 청정한 법의 광명의 문이다 하였으며 또 말하기를 여래 대선大仙의 도[46]라 하고 지혜가 부처님의 경계를

---

44 원문에 彼란, 천태법화소문天台法華疏文이다.
45 경經이란, 영인본 화엄 9책, p.136, 3행이다.
46 원문에 여래대선도如來大仙道는 대만본 화엄소초 43권, p.11, 許說分齊中에 義大中이니 如來大仙道는 微妙難可知라 非念離諸念이니 求見不可得이라 하니라. 즉 허설분제 가운데 의대 가운데 말이니 여래 대선의 도는 / 미묘하여 가히 알기가 어렵다. / 생각으로 알 바가 아니며 모든 생각을 떠났으니 / 보기를 구하여도 가히 얻을 수가 없다 하였다.

생기한다[47] 하였으며

제십지 이후에 부처님의 공덕을 헤아린다 하였으며

지영상분地影像分에 십산十山이 십지를 의지한다 하고 십덕十德이 바다를 의지한다고 한 것이 다 인因과 과果가 서로 따름을 밝힌 것이다.

또 인과 과의 이분二分이 있나니

하여금 인문因門에서 과해果海를 사무쳐 보는 것이니 들어갈 바 지혜의 지위도 또한 과果에 통하는 까닭이다.

『법화경』에 비록 그러나 부처님의 지혜[48]를 설하기를 청하였지만 아래 광설함에 미쳐서는 다만 인문因門만 현시하였기에 그런 까닭으로 말하기를 중생이 다 지견知見[49]이 있다 하였다.

모든 부처님의 지혜는[50] 곧 여기에 증도요

---

47 원문에 지기불경계智起佛境界는 대만본 화엄소초 43권, p.57, 역시 許說分齊中에 義大中이니 智起佛境界는 非念離心道라 非蘊界處門이니 智知意不及이라하니라. 즉 역시 허설분제 가운데 의대 가운데 말이니 지혜가 부처님의 경계를 생기하는 것은 / 생각으로 알 바가 아니며 마음의 길을 떠났다. / 오온 십팔계 십이처의 문門이 아니니 / 지혜로 알 바이고 의식으로 미칠 바가 아니다 하였다.

48 원문에 불지佛智는 과과이다.

49 지견知見은 불지견佛知見이다.

50 모든 부처님의 지혜 운운은 저『법화경』의 부처님의 지혜와 그리고 지혜문門이 곧 이『화엄경』의 증도와 교도이니 증도와 교도가 인과에 통한즉 저『법화경』의 이문二門도 또한 응당 그러한 것이다. 그러한즉 여기에 홀로 인문만이 있는 것이 아니고 저기에 홀로 과문만이 있는 것이 아니지만 여기에 인문이라고 말한 것은 각각 그 홍표하는 바를 따라 말한 것일 뿐이라는 것이다.

그 지혜의 문門은 곧 여기에 교도이니,
교도와 증도의 이문二門이 인도 갖추고 과도 사무쳐 여기에 홀로 인만이 있는 것이 아니지만 각각 홍표하는 바를 따라[51] 스스로 성인의 가르침을 현양하였을 뿐이다.

疏

又三請次第者는 初解脫月者는 彼衆上首故니 餘問則亂하리라 何緣大衆이 不亂問耶아 衆調伏故니라 由前二止三請이 抑揚時衆일새 故次衆請하야 以表虔誠이라 然非爭起하고 依前請儀하야 同聲齊請일새 故亦不亂이라 後는 聽說理窮일새 故如來勸說이라

또 삼가가 청하는 차례는 처음에 해탈월은[52] 저 대중 가운데 상수인 까닭이니 다른 대중이 묻는다면 곧 산란할 것이다.
무슨 인연으로[53] 대중이 산란하게 묻지 않는가.
대중을 조복한 까닭이다.

---

51 원문에 각수各隨 운운은 천태天台가 법화法華는 청과請果라 하고 화엄華嚴은 청인請因이라 한 것은 홍표弘表하는 바를 따라 말한 것일 뿐이라는 것이다.
52 처음에 해탈월 운운은 『십지론』 제일권에 무슨 까닭으로 해탈월보살이 처음 청하는가. 저 대중에 상수인 까닭이니 다른 대중이 묻는다면 곧 산란하여 대중을 조복한 까닭이다 하였다.
53 무슨 인연으로 운운은 묻는 뜻은 해탈월보살이 물을 때에 대중이 무슨 인연으로 산란하게 묻지 않는가. 그 답은 곧 대중이 다 이 심행心行을 조복한 무리인 까닭으로 잡란雜亂하지 않고 산란하지 않기 때문이다.

앞에 이지二止와 삼청三請이 당시 대중을 억제하고 찬양함을 인유하기에 그런 까닭으로 다음에 대중이 청하여 정성을 표한 것이다. 그러나 다투어 생기하지 않고 앞에 청한 의식을 의지하여 같은 음성으로 다 같이 청하기에 또한 산란하지 않는 것이다.
뒤에는 듣고 설하는[54] 이치가 다하기에 그런 까닭으로 여래가 설하기를 권청하는 것이다.

鈔

三請次第者下는 第三에 明次第니 初는 上首請이요 二에 由前下는 大衆同請이요 三에 聽說下는 如來加請이라

또 삼가가 청하는 차례라고 한 아래는 제 세 번째 차례를 밝힌 것이니
처음에는 상수가 청한 것이요
두 번째 앞에 이지와 삼청이 당시 대중을 억제하고 찬양함을 인유한다고 한 아래는 대중이 다 같이 청한 것이요
세 번째 듣고 설한다고 한 아래는 여래가 가피하여 청한 것이다.

疏

今初衆首請中에 總有三請하니 所以三者는 順世儀式이니 少不

---

54 원문에 청청聽請은 대중大衆이고, 설설說說은 해탈월解脫月이다.

殷重하고 多則繁亂하나니 正得中故요 以止有三하니 抑揚當時하야 調伏機故니라 二家는 助成일새 各唯一請이라

지금은 처음으로 대중의 상수가 청하는 가운데 모두 삼청이 있나니
삼청하는 까닭은 세간의 의식을 따르는 것이니
적으면 은중殷重하지 못하고 많으면 곧 번잡하고 산란하나니 바로 그 중간을 얻은 까닭이요
가만히 있음에도 세 가지가 있나니
당시 대중을 억제하고 찬양하여 당기當機를 조복하는 까닭이다.
이가二家[55]는 도와서 청함을 이루기에[56] 각각 오직 일청一請뿐이다.

鈔

今初衆首下는 第四에 別釋上首라 於中有四하니 初는 辨三請意라 自有二意하니 一은 順世得中故요 二에 以止有三下는 對止須三故니 上意는 通諸經이요 下意는 正是今意라 抑揚當時者는 三止皆抑이요 三請皆揚이니 謂初止는 通抑不堪이요 次止는 正明法深難受요 後止는 劣者不堪이니 故皆抑이니라 請皆揚者는 初請은 怪默騰疑에 有疑欲問이요 次請은 歎衆堪聞이요 後請은 雙歎人法이니 皆是揚也니라 夫請法者는 必歎人歎法이니 歎法은 有教有證이요 歎人은 歎說歎聽

---

55 이가二家는 대중大衆과 불佛이다.
56 원문에 조성助成은 조청助請이니 해탈월解脫月이 정청正請이면 대중大衆과 불佛은 해탈월을 도와서 청하는 까닭으로 조청助請으로 각 일청一請뿐이다.

이니 故請儀具矣니라 二家助成者는 第二에 通妨이니 謂有問言호대 若三有表인댄 餘何不三고 通意可知니라

지금은 처음으로 대중의 상수라고 한 아래는 네 번째 상수를 따로 해석한 것이다.
그 가운데 네 가지⁵⁷가 있나니
처음에는 삼청의 뜻을 분별한 것이다.
그 가운데 스스로 두 가지 뜻이 있나니
첫 번째는 세간을 따라 중간을 얻은 까닭이요
두 번째 가만히 있음에도 세 가지가 있다고 한 아래는 가만히 있음을 상대하여 삼청을 구하는 까닭이니
위에 뜻은 모든 경전에 통하는 것이요
아래 뜻은 바로 이 지금 경전의 뜻이다.
당시 대중을 억제하고 찬양한다고 한 것은 삼지三止는 다 억제하는 것이요
삼청三請은 다 찬양하는 것이니
말하자면 초지初止는 감당하지 못하는 이를 모두 억제하는 것이요
차지次止는 법이 깊어 받아가지기 어려움을 바로 밝힌 것이요
후지后止는 하열한 이는 감당하지 못하는 것이니
그런 까닭으로 다 억제하는 것이다.

---

57 네 가지라고 한 것은 初는 변삼청의辨三請意요 二는 통방通妨이요 연의삼청하然 依三請下는 三에 과반科判이요 금초언하인今初言何因(영인본 화엄 9책, p.152, 3행)下는 四에 석문釋文이다.

삼청은 다 찬양하는 것이라고 한 것은 초청初請은 침묵함을 괴이하게
여겨 의심이 폭등함에 의심을 두어[58] 묻고자 한 것이요
차청次請은 대중이 감당하여 들음을 찬탄한 것이요
후청后請은 사람과 법을 함께 찬탄한 것이니
다 이것은 찬양하는 것이다.
대저 법을 청하는 사람은 반드시 사람을 찬탄하고 법을 찬탄하나니
법을 찬탄하는 것은 교敎가 있고 증證이 있는 것이요
사람을 찬탄하는 것은 설함을 찬탄하고 들음을 찬탄하는 것이니
그런 까닭으로 청하는 의식이 갖추어진 것이다.

이가는 도와서 청함을 이룬다고 한 것은 제 두 번째 방해함을 통석한
것이니
말하자면 어떤 사람이 물어 말하기를 만약 삼청한 것이 표하는
바가 있다면[59] 나머지 이가인들 어찌 삼청하지 않겠는가.
통석한 뜻[60]은 가히 알 수가 있을 것이다.

---

58 원문에 등의유의騰疑有疑 운운은 대중이 침묵함을 괴이하게 여겨 의심이 폭등함에 해탈월이 의심을 두어(有疑) 묻고자 한다는 것이다. 恠 자는 怪 자와 같은 글자이다.
59 원문에 삼유표三有表라고 한 것은 소문疏文에 상수삼청上首三請은 순세의식順世儀式이라 하였다.
60 원문에 통의通意란, 二家助成일새 各唯一請이라 한 것이다. 즉 이가는 도와서 청함을 이루기에 각각 오직 일청뿐이다 한 것이다.

疏

然依三請인댄 應分三段이요 若兼三止인댄 應分爲六이어니와 以前默住之止는 通爲五請之本이니 不可唯屬於初니라 故止請相乘하야 且爲五段하리니 一은 怪默騰疑請이요 二는 法深難受止요 三은 歎衆堪聞請이요 四는 不堪有損止니 謂雖有堪者나 亦有不堪故요 五는 雙歎人法請이니 謂不堪聞者는 以法深故어니와 亦得佛護일새 固應爲說이니 於是剛藏이 理窮하야 更無違請하니라

그러나 삼청을 의지한다면 응당 나누어 삼단으로 할 것이요 만약 삼지를 겸한다면 응당 나누어 육단으로 할 것이어니와 앞에 침묵하고 머물러 가만히 있은 것은 모두 오청의 근본이 되는 것이니 오직 초청에만 배속하는 것은 옳지 않는 것이다.
그런 까닭으로 지止와 청請을 서로 타서 우선 오단으로 하리니

첫 번째는 침묵함을 괴이하게 여겨 의심이 폭등함에 청하는 것이요
두 번째는 법이 깊어 받아가지기가 어려워 가만히 있는 것이요
세 번째는 대중이 감당하여 들음을 찬탄하여 청하는 것이요
네 번째는 감당하지 않는다면 손해가 있기에 가만히 있는 것이니 말하자면 비록 감당하는 이도 있지만 또한 감당하지 못하는 이도 있는 까닭이요
다섯 번째는 사람과 법을 함께 찬탄하여 청하는 것이니 말하자면 감당하여 듣지 못하는 이는 법이 깊은 까닭이거니와 또한

부처님의 보호함을 얻기에 진실로 응당 설하는 것이니 이에 금강장보살이 설하는 이치가 다하여 다시 청함에 어김이 없이 설하는 것이다.

> 經

是時에 一切菩薩衆이 聞菩薩十地名하고 不聞解釋하야 咸生渴仰하야 作如是念호대 何因何緣으로 金剛藏菩薩이 唯說菩薩十地名하고 而不解釋고

이때에 일체 보살대중이 보살의 십지의 이름만 듣고 해석함을 듣지 못하여 다 갈앙하는 마음을 내어 이와 같은 생각을 하기를 무슨 원인과 무슨 반연으로 금강장보살이 오직 보살의 십지의 이름만 설하고 해석하지 않는가.

> 疏

就初請中하야 分二하리니 初는 明大衆觀默生疑요 二에 解脫月下는 騰疑爲請이라 今初에 言何因何緣者는 疑怪之辭니 爲因說者가 不能說耶아 爲緣聽者가 不堪聞耶아하니라 金剛藏下는 出所疑事라

처음 청하는 가운데 나아가 두 가지로 나누리니
처음에는 대중이 침묵함을 보고 의심을 내는 것을 밝힌 것이요 두 번째는 해탈월보살이라고 한 아래는 의심이 폭등함에 청하는 것이다.

지금은 처음으로 무슨 원인과 무슨 반연으로라고 말한 것은 의심하여 괴이하게 여기는 말이니

설하는 사람이 능히 설하지 못함을 원인함이 되는가.

듣는 사람이 감당하여 듣지 못함을 반연함이 되는가 한 것이다.

금강장보살이라고 한 아래는 의심하는 바 일을 설출한 것이다.

經

解脫月菩薩이 知諸大衆의 心之所念하고 以頌으로 問金剛藏菩薩曰호대

해탈월보살이 모든 대중의 마음에 생각하는 바를 알고 게송으로써 금강장보살에게 물어 말하기를

疏

二에 騰疑爲請中에 二니 初는 敍請因이니 謂領衆疑故니라

두 번째 의심이 폭등함에 청하는 가운데 두 가지가 있나니
처음에는 청하는 원인을 서술한 것이니
말하자면 대중의 의심을 아는 까닭이다.

經

何故淨覺人이　念智功德具거늘
說諸上妙地하고 有力不解釋이닛가

一切咸決定하야 勇猛無怯弱거늘
何故說地名하고 而不爲開演이닛가

諸地妙義趣를　此衆皆欲聞코자하야
其心無怯弱하니 願爲分別說하소서

衆會悉淸淨하야 離懈怠嚴潔하며
能堅固不動하며 具功德智慧하니다

相視咸恭敬하며 一切悉專仰호대
如蜂念好蜜하며 如渴思甘露하니다

무슨 까닭으로 청정하게 깨달은 사람이
염念과 지智[61]와 공덕을 구족하였거늘
모든 최상의 묘한 지위를 설하기만 하고
힘이 있으되 해석하지 않습니까.

일체[62] 보살이[63] 다 결정하여

---
61 염念은 사념四念이고, 지智는 묘지妙智이다.

용맹스레 겁내거나 나약함이 없거늘
무슨 까닭으로 십지의 이름을 설하기만 하고
열어서 연설하지 않습니까.

모든 지위에 묘한 의취를
여기에 대중이 다 듣고자 하여
그 마음이 겁내거나 나약함이 없나니
원컨대 분별하여 연설하세요.

모인 대중이 다 청정하여
게으름을 떠나 단엄하고 맑으며
능히 견고하여 동요하지 아니하며
공덕과 지혜를 구족하였습니다.

서로 보고 다 공경하며
일체 대중이 다 오로지 첨앙하기를
마치 벌이 좋은 꿀을 생각하는 것과 같이 하며
목마른 사람이 감로수를 생각하는 것과 같이 합니다.

---

62 일체一切란, 모여 있는 대중이다.
63 일체 보살 운운은 『십지경』에는 이 일체 보살이 <u>큰 명칭을</u> 결정하였거늘 무슨 까닭으로 십지의 이름을 설하기만 하고 <u>그 뜻을 연설하지</u> 않습니까 하였다. 그 원문은 이렇다. 決定此一切의 菩薩大名稱거늘 何故說地名하고 而不演其意닛가.

疏

二는 以頌正請이니 文有五偈하야 顯說聽無過일새 是以應說이라 卽分爲二리니 初偈는 說者無過니 亦遣大衆의 何因之疑요 後四는 聽者無過니 亦遣大衆의 何緣之疑라 雖似初二는 徵默所由하야 爲拂衆疑하고 後三은 請說爲遂衆欲이나 文彰略耳라 非不互通이니 故依前判니라 今初는 歎說者의 淨覺無過니 偈初二字와 偈末三字는 合爲徵問之詞니 謂有中間에 淨覺無過어늘 何故不解釋耶아하리라 聖德雖多나 偏歎淨覺者는 是說因故니 覺卽覺觀이니 由此로 得爲口加行故며 具能所治하야 無思發言일새 故云淨覺이라하니라 淨覺之人은 名淨覺人이니 三字는 爲總이요 餘는 皆是別이라

두 번째는 게송으로써 바로 청한 것이니[64]
경문에 다섯 게송이 있어서 설하고 들음에 허물이 없음을 나타내기에 이에 응당 설하는 것이다.
곧 나누어 두 가지로 하리니
처음 게송은 설하는 사람이 허물이 없는 것이니
또한 대중이 무슨 원인인가 한 의심을 보내는 것이요
뒤에 네 가지 게송은 듣는 사람이 허물이 없는 것이니

---

64 원문에 이송정청以頌正請이라고 한 것은 『십지론十地論』에 말하기를 무슨 까닭으로 게송으로써 청청하는가 하면 적은 글자로 수많은 글자를 섭수하는 까닭이며, 찬탄하는 사람이 다분히 게송으로써 청하는 까닭이다 하였다.

또한 대중이 무슨 반연인가 한 의심을 보내는 것이다.
비록 처음에 두 게송은 침묵하는 까닭을 물어 대중의 의심을 떨치고, 뒤에 세 게송은 설하기를 청하여 대중의 욕망을 이루고자 한 것 같지만 경문이 그윽이 생략되었을 뿐 서로 통하지 않는 것은 아니니 그런 까닭으로 앞[65]을 의지하여 판단할 것이다.

지금은 처음으로 설하는 사람의 청정하게 깨달은 이가 허물이 없음을 찬탄한 것이니
게송 처음에 무슨 까닭(何故)으로라고 한 두 글자와 게송 끝에 해석하지 않는가(不解釋) 한 세 글자는 합하면 묻는 말이 되는 것이니 말하자면 중간에 청정하게 깨달은 사람이 허물이 없거늘 무슨 까닭으로 해석하지 않는가 하는 말이 있어야 할 것이다.
성인의 공덕이 비록 많지만 치우쳐 청정하게 깨달은 사람을 찬탄한 것은 이것은 설하는 원인이 되는 까닭이니
깨달았다고 하는 것은 곧 각관覺觀이니 이것을 인유하여[66] 입으로 가피하는 행을 삼는[67] 까닭이며

---

65 앞이란, 초게初偈 이하 하연지의何緣之疑까지니 제일의第一義다. 수사초雖似初 이하는 제이의第二義다.
66 원문에 유차由此라 한 此는 각관覺觀이다.
67 원문에 위구가행爲口加行이라고 한 것은 먼저 각관覺觀(깨달음)을 얻은 연후에 가히 발언發言하는 까닭이다. 『십지론十地論』에는 다만 是口言行이라고만 하였거늘 소가疏家가 뜻으로 하여금 쉽게 나타나게 하고자 한 까닭으로 한두 글자를 더하였다.

능치能治와 소치所治를 구족하여 생각 없이 말을 일으키기에 그런 까닭으로 말하기를 청정하게 깨달은 사람이라 하는 것이다.
청정하게 깨달은 사람은 청정하게 깨달은 사람이라 이름하는 것이니 청정하게 깨달은 사람(淨覺人)이라고 한 세 글자는 총이 되는 것이요 나머지 글자는 다 별이 되는 것이다.

鈔

雖似初二者는 文具二意하니 前意는 約所歎分別이니 歎說歎聽일새 故分爲二요 後釋은 約徵請分別이니 徵請互有일새 故依前判이라 言互有者는 如初二中에 何故不說은 卽正顯徵默所由요 旣云何故不開演은 亦是請說이니 爲順衆欲이라 如後三中에 此衆皆欲聞하니 願爲分別說은 正是請順欲說이니 若爲宣說인댄 衆疑卽除리라 相視恭敬은 義兼徵默이니 故論經云호대 迭共相瞻住하며 一切咸恭敬이라 하니 卽上句는 正是怪默意也일새 故云互通이라하얏거니와 歎說歎聽은 則不互有일새 故依前判이라하니라 疏에 合爲徵問之辭는 總言하면 何故不解釋고할것이어니와 細論하면 何故는 是徵問之辭요 不解釋은 是徵問之相이요 中間淨覺은 是徵問所以라 故疏合云호대 謂有中間에 淨覺無過거늘 何故不解釋耶라하니라 具能所治下는 別釋淨義라

비록[68] 처음에 두 게송이라고 한 것은 소문에 두 가지 뜻을 갖추었으니 앞에 뜻[69]은 찬탄할 바를 잡아 분별한 것이니

---

68 似 자는 전문全文을 인용하지 않아서 뜻이 다 드러나지 않았다.

설하는 사람도 찬탄하고 듣는 사람도 찬탄하기에 그런 까닭으로 나누어 두 가지로 한[70] 것이요

뒤에 해석한[71] 것은 묻고 청함을 잡아 분별한 것이니

묻고 청하는 것이 서로 있기에 그런 까닭으로 앞을 의지하여 판단할 것이다.

서로 있다고 말한 것은 저 처음 두 게송 가운데 무슨 까닭으로 설[72]하지 않는가 한 것은 곧 바로 침묵하는 까닭을 물은 것을 나타낸 것이요

이미 말하기를[73] 무슨 까닭으로 열어서 연설하지 않는가 한 것은 역시 설하기를 청한 것이니

대중의 욕망을 따르기 위한 것이다.

저 뒤에 세 게송 가운데 여기 대중이[74] 다 듣고자 하니 원컨대 분별하여 연설하세요라고 한 것은 바로 욕망을 따라 설하기를 청한 것이니 만약 선설한다면 대중의 의심이 곧 제멸될 것이다.

서로[75] 보고 다 공경한다고 한 것은 그 뜻이 침묵한 까닭을 묻는 것도 겸[76]하였다.

69　원문에 전의前意란, 초게설자初偈說者 이하이다.
70　원문에 분위이分爲二란, 전의前意 가운데 분이分二니 一은 初偈는 說者요 二는 后四偈는 聽者라 한 것이다.
71　원문에 후석後釋이란, 수사초이雖似初二 이하이다.
72　說 자는 경문經文에 釋 자이다.
73　원문에 기운旣云이라는 말은 여의하지 않다.
74　원문에 차중此衆 이하는 제삼게第三偈이다.
75　원문에 상시相視 이하는 제오게第五偈이다.

그런 까닭으로 『십지론경』[77]에 말하기를 번갈아 함께 서로 보고 머무르며
일체가 다 공경한다 하였으니
곧 위에 구절은 바로 침묵함을 괴이하게 여기는 뜻이기에 그런 까닭으로 서로 통한다 말하였거니와 설하는 사람도 찬탄하고 듣는 사람도 찬탄하는 것은 곧 서로 있지 않기에 그런 까닭으로 앞을 의지하여 판단할 것이다 하였다.

소문에 합하면 묻는 말이 된다고 한 것은 한꺼번에 말한다면 무슨 까닭으로 해석하지 않는가 할 것이어니와, 자세히 논한다면 무슨 까닭이라고 한 것은 이것은 묻는 말이요
해석하지 않는가 한 것은 이것은 묻는 모습이요
중간에 청정하게 깨달은 사람이라고 한 것은 이것은 묻는 까닭이다. 그런 까닭으로 소문에 합하여 말하기를 말하자면 중간에 청정하게 깨달은 사람이 허물이 없거늘 무슨 까닭으로 해석하지 않는가[78] 하는 말이 있어야 할 것이다 하였다.

---

76 원문에 兼 자는 중의즉제衆疑卽除와 징묵소이徵默所以이다.
77 『십지론경』이라고 한 것은 『십지론』 제일권에 번갈아 함께 서로 본다고 한 것은 잡염雜染이 없는 마음을 보인 것이요 다 공경한다고 한 것은 중요한 법을 공경하여 질투하지 않는 마음을 보인 까닭이다 하였다. 여기 초문에 인용한 글은 『십지경』 문이다.
78 원문 불해석야不解釋耶라고 한 아래에 혹본에는 성덕수다하聖德雖多下는 석편탄소이釋偏歎所以라는 말이 있다.

능치와 소치를 구족하였다고 한 아래는 청정한 뜻을 따로 해석한 것이다.

疏

別歎淨覺이 有二勝能하니 一은 攝對治니 謂念智具니 念謂四念이요 智謂如智라 二는 離諸過니 謂餘十字라 具字는 兩用이라 初中에 由有能治하야 所治不生이니 所治有二라 一者는 雜覺이니 謂凡夫 尋伺가 與四倒相應이라 卽迷事倒니 以四念爲治요 二는 雜覺因이니 憶想分別이니 謂隨名相轉이라 卽迷理倒니 以眞如智爲治니라 前唯凡夫요 後通凡小라

청정하게 깨달은 사람을 따로 찬탄한 것이 두 가지 수승한 능력이 있나니
첫 번째는 섭수하여 대치하는 능력이니
말하자면 염념과 지智를 구족한 것이니 염이라고 한 것은 사념처四念處를 말하는[79] 것이요
지라고 한 것은 진여의 지혜를 말하는 것이다.
두 번째는 모든 허물을 떠나는 것이니

---

[79] 원문에 염위사념념위四念 운운은 『십지론』에 염념이라고 한 것은 사념처이니 잡각을 대치하는 까닭이요 지智라고 한 것은 진여의 무상無相 지혜이니 잡각의 원인인 기억하는 것과 생각하는 것과 분별하는 것을 대치하는 까닭이다 하였다.

말하자면 나머지 열 글자[80]이다.
구具라는 글자는 두 곳으로 이용[81]할 것이다.

첫 번째 가운데 능치가 있음을 인유하여 소치가 생기하지 않는 것이니 소치가 두 가지가 있다.
첫 번째는 잡각雜覺이니
말하자면 범부凡夫의 심사尋伺가 네 가지 전도로 더불어 상응하는 것이다.
곧 사실에 미한 전도이니 사념으로 대치할 것이요
두 번째는 잡각의 원인(雜覺因)이니
기억하는 것과 생각하는 것과 분별하는 것이니
말하자면 명상名相을 따라 전도하는 것이다.
곧 진리에 미한 전도이니 진여의 지혜로써 대치할 것이다.
앞의 잡각은 오직 범부요
뒤에 잡각의 원인은 범부와 소승에 통하는 것이다.

鈔

一雜覺者는 常等四倒이니 思求名覺이요 穢濁之心을 目之爲雜이라 以四念爲治者는 觀身不淨等으로 能治淨倒等이라 二雜覺因者는 想

---

80 원문에 여십자餘十字라고 한 것은 경문에 공덕하功德下로 유력有力까지 열 글자(十字)이다.
81 원문에 양용兩用이라고 한 것은 염지구念智具와 공덕구功德具이다.

心見倒가 能生四倒일새 名雜覺因이라 憶想分別은 即三倒也니 憶是心倒요 想是想倒요 分別是見倒니 令心亦倒케하야 不能見如하고 妄取染淨과 因果相故니라 隨名相轉은 即疏釋論이니 由不了如일새 故隨名相거니와 若得如智하면 斯倒自亡하리라

첫 번째는 잡각이라고 한 것은 상常 등 네 가지 전도이니
생각하여 구하는 것을 이름하여 각覺이라 하고
더러운 마음을 이름하여 잡雜이라 하는 것이다.
사념으로써 대치한다고 한 것은 관신부정觀身不淨 등[82]으로 능히 정도淨倒 등을 대치하는 것이다.
두 번째는 잡각雜覺의 원인이라고 한 것은 상도想倒와 심도心倒와 견도見倒가 능히 사도四倒[83]를 생기하기에 잡각의 원인이라 이름하는 것이다.

기억하는 것과 생각하는 것과 분별하는 것이라고 한 것은 곧 삼도三倒이니
기억하는 것은 이 심도요,
생각하는 것은 이 상도요,

---

82 관신부정觀身不淨 등이라고 한 것은 관신부정觀身不淨으로 능히 정도淨倒를 대치하고 관법무아觀法無我로 능히 아도我倒를 대치하고 관수시고觀受是苦로 능히 낙도樂倒를 대치하고 관심무상觀心無常으로 능히 상도常倒를 대치하는 것이다.
83 사도四倒라고 한 것은 정도淨倒 등이다.

분별하는 것은 이 견도이니
진심으로 하여금 또한 전도케 하여[84] 능히 진여를 보지 못하고 허망하게 염정과 인과의 모습을 취하게 하는 까닭이다.
명상을 따라 전도한다고 한 것은 곧 소가가 『십지론』 문을 해석한 것이니
진여를 요달하지 못함을 인유하기에 그런 까닭으로 명상을 따라 전도하거니와, 만약 진여의 지혜를 얻는다면 이 전도가 스스로 없어질 것이다.

疏

言離過者는 離三種過니 一은 由無瞋等의 功德具일새 故離慳嫉過니 謂無瞋治嫉하고 等取無貪하나니 無貪治慳하고 不等無癡하나니 無癡는 卽前念智攝故니라 二는 由前已說上妙地일새 故無說法懈怠過요 三은 由有樂說辯力일새 無不樂說過니라

허물을 떠난다고 말한 것은 세 가지 허물을[85] 떠나는 것이니

---

84 원문에 영심역도令心亦倒라고 한 것은 앞에 사도四倒를 상대하기에 亦이라는 말을 이루는 것이니, 그 뜻은 이 위에 당사當事에서 전도를 일으키고 지금에 또 마음으로 하여금 전도가 있게 한다는 것이다.
85 세 가지 허물이라고 한 것은 『십지론』에 이 모든 허물에 세 가지가 있나니 세 가지 허물이 있으면 곧 능히 설법할 수 없는 것이다. 어떤 것이 세 가지 허물이 되는가. 첫 번째는 간탐과 질투이고 두 번째는 설법함에 게으른 것이고 세 번째는 즐겁게 설하지 못하는 것이다 하였다.

첫 번째는 무진無瞋 등의 공덕을 갖춤을 인유하기에 그런 까닭으로 간탐과 질투의 허물을 떠나는 것이니
말하자면 무진으로 질투를 대치하고, 무탐無貪을 등취하나니 무탐으로 간탐을 대치하고, 무치無癡는 등취하지 않나니 무치는 곧 앞[86]의 사념과 지혜에 섭속하는 까닭이다.
두 번째는 앞[87]에 이미 최상의 묘한 지위를 설함을 인유하기에 그런 까닭으로 설법함에 게으른 허물이 없는 것이요
세 번째는 요설변재력이 있음을 인유하기에 즐겁게 설하지 못하는 허물이 없는 것이다.

鈔

離慳嫉過者는 悋法爲慳이요 忌勝爲嫉이니 正是說法之過니라 三善根中에 無貪在初나 瞋爲菩薩大障일새 故論에 擧瞋等貪이라 無說法懈怠者는 有人이 雖無慳嫉이나 而惰開演故니라 無不樂說者는 有人이 雖勤而無巧慧하야 凡所言說이 令他不樂이니 故此不樂之言은 乃屬於他며 亦可屬自니라 若爾인댄 何異不懈怠耶아 謂復有人이 心勤欲說이나 無有辯才일새 故不樂說이라

간탐과 질투의 허물을 떠난다고 한 것은 법을 아끼는[88] 것이 아끼는

---

86 앞이란, 영인본 화엄 9책, p.155, 5행이다.
87 앞이란, 영인본 화엄 9책, p.152, 9행이다.
88 원문에 인법위간悋法爲慳이라고 한 것은 『十地論』에 慳者는 其心慳法이요

것이 되는 것이요

다른 이의 수승함을 시기하는 것이 질투하는 것이 되는 것이니 바로 설법함에 허물이 되는 것이다.

세 가지 선근 가운데 무탐이 처음에 있지만 탐욕이 보살의 큰 장애가 되기에 그런 까닭으로 『십지론』에 진애를 들어 탐욕[89]을 등취한 것이다.

설법함에 게으름이 없다고 한 것은 어떤 사람이 비록 간탐과 질투가 없지만 열어서 연설함에 게으른 까닭이다.

즐겁게 설하지 못함이 없다고 한 것은 어떤 사람이 비록 부지런히 설하지만 교묘한 지혜가 없어 무릇 설하는 바가 다른 사람으로 하여금 즐겁게 하지 못하나니

그런 까닭으로 여기에 즐겁게 하지 못한다고 한 말은 이에 다른 사람에게도 속하는 것이며 또한 가히 자기에게도 속하는 것이다.

만약 그렇다면[90] 어찌 게으르지 않는 것과 다르겠는가.

말하자면 다시 어떤 사람이 마음에 부지런히 설하고자 하지만 변재

　　嫉者는 忌他勝智라하니라. 즉 『십지론』에 아긴다고 한 것은 그 마음에 법을 아끼는 것이고, 질투한다고 한 것은 다른 이의 수승한 지혜를 시기하는 것이다 하였다.

[89] 원문에 瞋은 嫉이고, 貪은 慳이니 論에 擧瞋等貪은 意引也라. 즉 진애는 질투이고 탐욕은 간탐이니 『십지론』에 진애를 들어 탐욕을 등취한 것은 뜻으로 인용한 것이다.

[90] 만약 그렇다면이라고 한 것은 자기에게 속하는 것을 말한다.

가 없기에 그런 까닭으로 즐겁게 설하지 못하는 것이다.

疏

然念智는 正爲治雜覺等일새 故受治名거니와 而無瞋等은 本意가 不爲治於嫉等이라 有此면 任運自無彼故로 但名離過니라

그러나 염념과 지혜라고 한 것은 바로 잡각 등을 대치하기 위한 것이기에 그런 까닭으로 대치라는 이름을 받거니와 그러나 무진 등이라고 한 것은 본래의 뜻이 질투 등을 대치하기 위한 것이 아니라 이 무진이 있으면 자연히 스스로 저 간탐과 질투가 없어지는 까닭으로 다만 허물을 떠난다고만 이름한 것이다.

鈔

然念智者는 第三에 通妨難也니 謂有問言호대 雜覺是過니 有念智等이면 即得名離요 慳嫉是過니 功德具等이 豈非能治리요 何以前覺은 偏名攝治라하고 此離慳等은 爲離過耶아할새 故爲此通하니라 前엔 由先有雜覺일새 故修念智治之하고 此中엔 先有無貪等하면 自無慳嫉일새 故別立名이니 前엔 猶以藥治病하고 後엔 猶內有妙藥하야 衆病不生일새 故有二別하니라 又遠公釋云호대 念智는 內德이니 對治義顯이요 不貪은 無失이니 離過義彰일새 故有隱顯이언정 理實具通이라하니라

그러나 염과 지라고 한 것은 세 번째 방해하여 비난함을 통석한 것이니

말하자면 어떤 사람이 물어 말하기를 잡각은 이 허물이니 염과 지 등이 있다면 곧 떠난다고 이름함을 얻을 것이요

간탐과 질투는 이 허물이니 공덕을 구족한 등이 어찌 능히 대치하지 못하겠는가. 무슨 까닭으로 앞에 청정하게 깨달은 것은 치우쳐 섭수하여 대치한다 이름하고 여기에 간탐 등을 떠난 것은 허물을 떠난다 하는가 하기에 그런 까닭으로 이 통석[91]을 한 것이다.

앞에서는 먼저 잡각이 있음을 인유하기에 그런 까닭으로 염과 지를 닦아 대치하고 이 가운데는 먼저[92] 무탐 등이 있으면 스스로 간탐과 질투가 없어지기에 그런 까닭으로 따로 이름[93]을 세운 것이니 앞[94]에는 오히려 약으로써 병을 대치하는 것과 같고 뒤[95]에는 오히려 안에 묘한 약이 있어서 수많은 병을 생기하지 못하게 하는 것과 같기에 그런 까닭으로 두 가지 이름이 다름이 있는 것이다.

또 혜원법사가 말하기를 염과 지는 내덕內德이니 대치의 뜻을 나타낸 것이요

불탐不貪[96]은 허물이 없는 것이니 허물을 떠난 뜻을 밝힌 것이기에

---

91 원문에 차통此通이라고 한 것은 즉 소문疏文의 해석이다.
92 원문 先 자 아래 有 자가 있으면 좋을 듯하여 보증한다.
93 원문에 名이란, 이과離過이다.
94 앞이란, 대치對治이다.
95 뒤란, 이과離過이다.
96 불탐不貪은 곧 무탐無貪이다.

그런 까닭으로 숨고 나타남이 있을지언정 이치는 실로 갖추어 통한다 하였다.

疏

第二는 歎聽者無過中에 四偈分三하리니 初二는 歎同生衆이니 論云호대 同法決定故며 有樂聞故라하니라 次一偈는 歎異生衆이니 論云호대 復示餘者의 心淨故라하니라 後一偈는 雙歎이니 論云호대 又顯此衆이 皆堪聞法故라하니라

제 두 번째는 듣는 사람의 허물이 없음을 찬탄하는 가운데 네 가지 게송을 세 가지로 나누리니
처음에 두 게송은 동생同生대중을 찬탄한 것이니
『십지론』에 말하기를 동법同法[97]을 결정하는 까닭이며 즐겁게 들음이 있는 까닭이다 하였다.
다음에 한 게송은 이생異生대중을 찬탄한 것이니
『십지론』에 말하기를 다시 다른 사람의 마음이 청정함을 현시한 까닭이다 하였다.
뒤에 한 게송은 함께 찬탄한 것이니
『십지론』에 말하기를 또[98] 이 대중이 다 법을 감당하여 들음을 현시한

---

97 동법同法은 뒤에 곧 동생同生이라 하고, 결정決定은 근기根器라 하였다.
98 원문에 논운우현論云又顯 운운은 此上에 인용引用한 세 곳의 『십지론十地論』 文은 다 연결되어 있으니 잘 인지할 것이다.

까닭이다 하였다.

鈔

第二歎聽者無過는 疏文有二하니 先은 總科니 此中引論은 卽是釋前偈에 前論에서 雙明說聽無過호대 上疏에서 已明總意와 及說者無過할새 故今엔 但引聽者無過하니라 彼論云호대 復顯聽者의 同法決定故며 有樂聞故요 復示餘者의 心淨故니라 又顯此衆이 皆堪聞法故니 偈言迭共相瞻住故라하니라 釋曰上은 卽聽者論文이니 今疏에 以偈配之하니 於文可見이어다 同法二字는 該於二偈하니 是同生衆故니라 決定二字는 唯屬初偈요 有樂聞者는 是第二偈니 異上同法이라 而云餘者故는 是異生이요 此衆皆樂은 則知雙歎이니 皆者俱故니라

제 두 번째는 듣는 사람의 허물이 없음을 찬탄한다고 한 것은 소문에 두 가지가 있나니[99]
먼저는 총과總科이니
이 가운데 인용한 『십지론』은 곧 앞의 게송[100]을 해석함에 앞의 『십지론』[101]에서 설하는 사람과 듣는 사람이 허물이 없음을 함께 밝혔으되, 위의 소문에서 이미 총總의 뜻[102]과 그리고 설하는 사람이

---

99 원문에 소문유이疏文有二란, 先은 총과總科요, 后는 석문釋文이다.
100 원문에 전게前偈란, 『십지론十地論』엔 오게五偈를 먼저 한꺼번에 해석하고 뒤에 오게五偈를 별석別釋하였는데 총석오게總釋五偈가 별석오게別釋五偈 전에 있기에 전게前偈라 한다.
101 원문에 전론前論이란, 역시 전총석오게前總釋五偈의 논문論文이다.

허물이 없음[103]을 밝혔기에 그런 까닭으로 지금에는 다만 듣는 사람이 허물이 없는[104] 것만 인용하였을 뿐이다.
저 『십지론』[105]에 말하기를 다시 듣는 사람의 동법을 결정하는 것을 현시하는 까닭이며 즐겁게 들음이 있는 까닭이요
다시 다른 사람의 마음이 청정함을 현시하는 까닭이다.
또 이 대중이 다 법을 감당하여 들음을 현시하는 까닭이니
게송[106]에 말하기를 번갈아 함께 서로 첨앙하여 머무는 까닭이다 하였다.
해석하여 말하면 이상은 곧 듣는 사람을 찬탄한 논문이니
지금 소문에 게송으로써 배속하였으니[107] 소문을 가히 볼 것이다.

동법同法이라고 한 두 글자는 처음에 두 게송을 갖추었으니 이것은 동생대중인 까닭이다.
결정決定이라고 한 두 글자는 오직 처음 게송에만 배속한 것이요 즐겁게 들음이 있다고 한 것은 이것은 제 두 번째 게송이니 위에 동법과 다르다.

---

102 원문에 총의總意란, 오개五偈의 총의總意니 영인본 화엄 9책, p.159, 4행이다.
103 원문에 설자무과說者無過라고 한 것은 오게五偈 가운데 제일게第一偈이니 영인본 화엄 9책, p.159, 8행이다.
104 원문에 청자무과聽者無過라고 한 것은 오게五偈 가운데 후사게后四偈이다.
105 원문에 피론彼論이란, 곧 총석오게總釋五偈의 논문論文이다.
106 게송이란, 『십지론十地經』 게송偈頌이다.
107 원문에 이게배지以偈配之라고 한 것은 곧 초이게初二偈는 탄동생중歎同生衆 운운이다.

다른 사람인 까닭이라고[108] 한 것은 이것은 이생대중이요
이 대중이 다 즐겁게[109] 듣는다고 한 것은 곧 함께 찬탄하는 것인 줄 알 것이니
다(皆)라고 한 것은 함께(俱)라는 뜻인 까닭이다.

疏

今初二偈에 前偈歎根일새 故云決定이요 後偈歎欲일새 故云欲聞이라하니 若有欲無根인댄 雖聞不解요 有根無欲인댄 設聞不受일새 故須雙歎이라

지금에 처음 두 게송에 앞의 게송은 근기를 찬탄하기에 그런 까닭으로 말하기를 결정[110]한다 한 것이요
뒤의 게송은 욕망을 찬탄하기에 그런 까닭으로 말하기를 듣고자 한다[111] 하였으니
만약 욕망만 있고 근기가 없다면 비록 듣지만 알 수 없는 것이요
근기만 있고 욕망이 없다면 설사 듣지만 받아가질 수 없기에 그런 까닭으로 반드시 함께 찬탄하는 것이다.

---

108 다른 사람인 까닭이라고 한 것은 다른 사람의 마음이 청정함을 현시한 까닭이라고 한 것을 줄인 말이다.
109 원문에 차중개락此衆皆樂이라고 한 것은 偈文엔 차중개욕문此衆皆欲聞이라 하니 차중개감문법此衆皆堪聞法이다.
110 결정이란, 게송에 일체함결정一切咸決定이다.
111 원문에 욕문欲聞이란, 게송에 차중개욕문此衆皆欲聞이다.

鈔

若有欲下는 雙結上二라 根은 約器量이니 無之면 則猶牛跡이 不能受海요 欲은 約愛樂이니 無之면 若許由洗耳니라

만약 욕망만 있고 근기가 없다면이라고 한 아래는 위에 두 가지를 함께 맺는 것이다.
근기라고 한 것은 기량器量을 잡은 것이니
그것이 없다면 곧 소의 발자국이[112] 능히 바닷물을 받을 수 없는 것과 같은 것이요
욕망이라고 한 것은 사랑하고 좋아함을 잡은 것이니
그것이 없다면 허유許由[113]가 귀를 씻은 것과 같은 것이다.

疏

今初에 同法은 卽是同生이니 揀後異生이요 決定은 卽是根器니 揀後樂欲이라 初句爲總이니 論云決定者는 點慧明了故라하니라 點慧卽根이니 點能知敎요 慧入證故니라

---

112 원문에 우적牛跡 운운은 牛蹄之洿엔 無尺之鯉니, 즉 소의 발자국에 고인 물에는 한 자 되는 잉어는 없다는 뜻으로, 협소한 곳에는 대인大人이 없음에 비유한 것과 유사하다.
113 허유許由는 요堯임금이 허유에게 왕위를 물려주고자 하니 허유가 더러운 소리를 들었다 하여 영천수潁川水에 가서 귀를 씻었다고 한다.

지금은 처음으로 동법이라고 한 것은 곧 동생이니 뒤에 이생과 다름을 가린 것이요
결정이라고 한 것은 곧 근기이니 뒤에 낙욕과 다름을 가린 것이다.
처음 구절[114]은 총이 되는 것이니, 『십지론』에 말하기를 결정한다고 한 것은 민첩한 지혜[115]로 분명하게 아는 까닭이다 하였다.
민첩한 지혜라고 한 것은 곧 근기이니
민첩하다고 한 것은 능히 교教를 아는 것이요
지혜[116]라고 한 것은 증證에 들어가는 까닭이다.

鈔

點慧卽根者는 此疏釋論이라 點卽訓慧어니와 今分二別인댄 點卽當智니 智能了事하고 慧照理故로 分於教證이라 此二無暗일새 通曰明了라하니라 根體是慧일새 故以點慧로 釋根이라

민첩한 지혜라고 한 것은 곧 근기라고 한 것은 이것은 소가가 『십지론』을 해석한 것이다.
민첩하다(點)고 한 것은 곧 지혜를 훈석한 것이어니와 지금에 두 가지로 다르게 나눈다면 민첩하다(點)고 한 것은 곧 지智에 해당하

---

114 원문에 초구初句는 일체함결정一切咸決定이다.
115 원문에 할혜點慧라고 한 것은 할지點智이니 약은 지혜, 민첩한 지혜를 말한다.
  點 자는 약을 할, 즉 혜민慧敏한 것을 말한다.
116 원문 慧 자 아래 혹본에는 能 자가 있다,

나니,
지智로 능히 사실을 알고 혜慧로 진리를 비추는 까닭으로 교와 증을 나눈 것이다.
이 두 가지에 어둡지 않기에 모두 말하기를 분명하게 안다 하였다.
근기의 자체는 이 지혜(慧)이기에 그런 까닭으로 민첩한 지혜로써 근기를 해석한 것이다.

疏

次二句는 別이니 論云호대 決定有三하니 一은 上決定이니 願大菩提故라하니 云勇猛이요 二는 名聞決定이니 他善敬重故라하니 云無怯弱이니 由內無怯弱하야 外著大名이라 三은 攝受決定이니 謂彼說者가 善知故라하니 卽經說地名이니 由堪攝受하야사 方爲說耳니라 下句는 徵默이니 可知니라

다음에 두 구절[117]은 별이 되는 것이니
『십지론』에 말하기를 결정에 세 가지가 있나니
첫 번째는 최상을 결정하는 것이니,
큰 보리를 서원하는 까닭이다 하였으니
이 경에 용맹이라 말한 것이요
두 번째는 명문名聞을 결정하는 것이니,

---

[117] 원문에 차이구次二句라고 한 것은 용맹무겁약勇猛無怯弱과 하고설지명何故說地名이다.

다른 사람의 선행[118]을 공경하고 존중[119]하는 까닭이다 하였으니
이 경에 겁내거나 나약함이 없다 말한 것이니
안으로 겁내거나 나약함이 없음을 인유하여 밖으로 큰 이름이 나타나는 것이다.
세 번째는 섭수함을[120] 결정하는 것이니,
말하자면 저 설하는 사람이 잘 아는 까닭이다 하였으니
곧 이 경에 십지의 이름을 설한다 한 것이니 감당하여 섭수함을 인유하여야 바야흐로 설하는 것이다.
아래 구절은 침묵하는 이유를 묻는 것이니
가히 알 수가 있을 것이다.

鈔

願大菩提者는 然經云호대 勇猛無怯弱이라하고 論經云호대 菩薩大名稱이라하야거늘 今順經帖하니라 願大菩提는 卽是論釋이니 旣云菩提인댄 則諸德皆上이나 大願爲主일새 故偏說之니라 以梵云薩埵가 有勇猛義라하니 勇猛求菩提故니라 故二經語異나 願求菩提義同하니라 由內無怯弱者는 卽以此經으로 會論經也니 以論經云호대 大名稱故니라 上三決定을 若別相說인댄 前二는 是證決定이요 後一은 阿

---

118 원문에 타선他善이란, 금강장金剛藏의 선행善行을 그윽이 말하고 있다.
119 원문에 경중敬重이란, 청중을 가리킨다.
120 섭수한다고 한 것은 능섭의 사랑을 따로 잡는다면 곧 금강장에 속하지만 지금에는 소섭의 사랑을 취한 까닭이다.

含決定이거니와 通皆具二니라

큰 보리를 서원한다고 한 것은 그러나 이 경에는 말하기를 용맹스레 겁내거나 나약함이 없다 하고
『십지론경』[121]에는 보살이 큰 명칭을 얻었다 하였거늘 지금에는 이 경을 따라 첩석하였다.
큰 보리를 서원한다고 한 것은 곧 이것은 『십지론』에 해석한 것이니 이미 보리라고 말하였다면 곧 모든 공덕이 다 최상이지만 큰 서원이 주主가 되기에 그런 까닭으로 치우쳐 큰 보리를 서원하는 것을 말한 것이다.
범어에 말하기를 살타薩埵가 용맹의 뜻이 있다 하였으니
용맹스레 보리를 구하는 까닭이다.
그런 까닭으로 두 경전[122]이 말은 다르지만 보리를 구하기를 서원하는 뜻은 같다.

안으로 겁내거나 나약함이 없음을 인유한다고 한 것은 곧 이 경으로써 『십지론경』을 회석한 것이니
『십지론경』에 말하기를 큰 명칭을 얻었다 한 까닭이다.

---

121 『십지론경』 운운은 『십지경』에 말하기를 이 일체 보살이 큰 명칭을 결정하였거늘 무슨 까닭으로 십지의 이름을 설하기만 하고 그 뜻은 연설하지 않습니까 하였다. 영인본 화엄 9책, p.152, 말행 제 두 번째 게송에서 이미 주석한 바 있다.
122 원문에 이경二經이란, 『십지경十地經』과 차경此經이다.

위에 세 가지 결정을 만약 별상으로 말한다면
앞에 두 가지 결정은 이 증證 결정이요
뒤에 한 가지 결정은 이 아함(敎) 결정이거니와, 통상으로 말한다면
다 두 가지를 구족하였다 할 것이다.

疏

後偈歎欲中에 初句는 所欲之法이요 次二句는 正明有欲이요 後句는 結請이라

뒤에 게송[123]은 욕망을 찬탄한다고 한 가운데 처음 구절은 욕망하는 바 법이요
다음에 두 구절은 욕망함이 있음을 바로 밝힌 것이요
뒤에 구절은 맺어서 청하는 것이다.

疏

論云是中에 若但有阿含決定하고 無證決定거나 但有非現前決定하고 無現前決定인댄 如是決定은 法器不滿足故로 不能聽受者는 現前是欲이니 現見起故요 非現前是根이니 但冥具故니라 此中意는 明但有根하고 而無欲인댄 不堪聞法거니와 今前偈는 於敎決解하며 於理決證하야 具二決定은 爲非現前之根이요 復有今偈

---

123 원문에 후게後偈란, 제삼게第三偈이다.

에 現前之欲하야 敎證決定은 則具足決定이니 故堪受也니라

『십지론』에[124] 말하기를 이 가운데 만약 다만[125] 아함의 결정만 있고 증의 결정이 없거나[126] 다만[127] 비현전非現前의 결정만 있고 현전의 결정이 없다면 이와 같은 결정은 법기가 만족하지 못한 까닭으로 능히 듣고 받아가질 수 없다고 한 것은 현전은 이 욕망이니 현견現見이 생기하는 까닭이요
비현전은 이 근기이니 다만 그윽이 지혜만 구족하였을 뿐인 까닭이다. 이 가운데 뜻은 다만 근기만 있고 욕망이 없다면 법을 감당하여 들을 수 없음을 밝혔거니와 지금에 앞의 게송은 교에 결정코 알며 진리에 결정코 증득하여 두 가지 결정을 구족한 것은 비현전의 근기가 되는 것이요
다시 지금의 게송에 현전의 욕망이 있어서 교와 증에 결정[128]하는 것은 곧 구족한 결정이 되는 것이니 그런 까닭으로 감당하여 받아가 지는 것이다.

---

124 『십지론』이라고 한 것은 『십지론十地論』엔 시중전是中前에 결정자決定者라는 세 글자(三字)가 있다.
125 원문에 약단若但 두 글자(二字)는 본론本論에는 없다.
126 원문에 無 자는 본론本論엔 非 자이다.
127 원문에 但 자는 본론本論엔 없다.
128 원문에 교증결정敎證決定이라고 한 것은 意云前根中에 敎證決定은 有此欲然後에 方顯具足決定也니라. 즉 그 뜻에 말하기를 앞의 근기 가운데 교와 증에 결정하는 것은 여기에 현전의 욕망이 있은 연후에 바야흐로 구족한 결정을 나타낸다는 것이다.

鈔

論云下는 初擧論文이니 論初標云호대 決定者는 是中에 有阿含決定 等이라 所以先標決定者는 以前偈云호대 同法決定은 決定是根이니 根能受法일새 故云決定이라하얏거니와 今此意云호대 決定之言은 根欲具足하야사 方稱決定이니 唯根無欲인댄 法器不具하야 非眞決定일새 故此標云호대 言決定者는 必須根欲이니라 言是中者는 是聽者中이라 有阿含決定하고 非證決定者는 謂若前偈에 但有敎根하고 而非證根인댄 亦不具足이니 則反顯前에 具有敎證이라 次云호대 但有非現前決定하고 無現前決定者는 明若前偈에 有敎證之根인댄 爲非現前決定이나 而無今欲이 現前決定인댄 法器가 亦不具足일새 故結云호대 如是法器가 不滿足故로 不能聽受라하니 則反顯前偈有根하고 今此有欲하야 爲具足也니라 若但兩字는 是疏義加하야 使義明了니 不違論意니라 現前是欲下는 第二에 釋現非現義니라 言根但冥具者는 有人이 雖有堪聞之智를 爲冥具나 而未欲聞일새 故云冥具라하니라 冥具는 宿成故니 如五頂子가 具足七德하야 堪傳六句나 而著妻奴하야 未欲其敎하니라 此中意明下는 第三에 總出論意니 卽論云호대 示現此衆이 具足決定일새 故能聽受라하니라

『십지론』에 말하였다고 한 아래는 처음에 『십지론』 문을 거론한 것이니

『십지론』에 처음 표하여 말하기를 결정이라고 한 것은 이 가운데 아함의 결정만 있다 한 등이다.

먼저 결정을 표한 까닭은, 앞의 게송[129]에 말하기를 동법을 결정한다고 한 것은 결정이 이 근기이니 근기가 능히 법을 받아가지기에 그런 까닭으로 결정이라 하였거니와

지금 여기 뜻에 말하기를 결정이라는 말은 근기와 욕망을 구족하여야 바야흐로 결정이라 이름하는 것이니

오직 근기만 있고 욕망이 없으면 법기가 구족되지 아니하여 진실한 결정이 못되기에 그런 까닭으로 여기에 표하여 말하기를 결정이라고 말한 것은 반드시 근기와 욕망을 수구해야 한다는 것이다.

이 가운데라고 말한 것은 듣는 사람을 현시한 가운데이다.

아함의 결정만 있고 증의 결정이 없다고 한 것은 말하자면 만약 앞의 게송[130]에 다만 교의 근기만 있고 증의 근기가 없다고 한다면 또한 구족한 결정이 아니니, 곧 반대로 앞의 게송에 교의 결정과 증의 결정을 갖추고 있음을 나타낸 것이다.

다음에 말하기를 다만 비현전의 결정만 있고 현전의 결정이 없다고 한 것은 만약 앞의 게송에 교와 증의 근기가 있다고 한다면 비현전의 결정이 되지만

지금의 게송에 욕망이 현전의 결정이 없다고 한다면 법기가 또한 구족되지 않기에 그런 까닭으로 맺어서 말하기를 이와 같은 결정은 법기가 만족하지 못한 까닭으로 능히 듣고 받아가질 수 없다 하였

---

129 원문에 전게前偈란, 前의 總明五偈 가운데 第二偈를 해석함에 청자聽者는 동법결정고同法決定故라 하였다. 전게前偈라 한 偈 자는 論 자인 듯하다. 동법결정同法決定이 전론중前論中에는 있으나 게중偈中엔 없는 까닭이다.
130 원문에 전게前偈란, 제이게第二偈이다.

으니,
곧 반대로 앞의 게송에 근기가 있고 지금의 게송에 욕망이 있어서 구족한 결정이 됨을 나타낸 것이다.
만약 다만(若但)[131]이라고 한 두 글자는 이 소가가 뜻으로 더하여 뜻으로 하여금 분명하게 알게 한 것이니 『십지론』의 뜻에 어기지 않는다.

현전은 이 욕망이라고 한 아래는 두 번째 현전과 비현전의 뜻을 해석한 것이다.
비현전은 이 근기이니 다만 그윽이 지혜만 구족하였을 뿐이라고 말한 것은 어떤 사람이 비록 감당하여 들을 수 있는 지혜를 그윽이 구족하였으나 그러나 듣고자 하지 않기에 그런 까닭으로 말하기를 다만[132] 그윽이 지혜만 구족하였을 뿐이다 하였다.
그윽이 구족하였다고 한 것은 숙세에 성취한 까닭이니
마치 오정자五頂子가[133] 일곱 가지 공덕[134]을 구족하여 여섯 구절[135]을

---

131 원문에 약단若但 운운은 若但 두 글자(二字)만 더한 것이 아니라 아래 단유但有라 한 但 자도 소가疏家가 더한 것이다.
132 원문 故云 아래에 但 자가 있으면 좋다.
133 오정자五頂子 운운은 홍자권洪字卷 58장을 볼 것이다.
134 원문에 칠덕七德은 一은 生中國, 二는 父母俱是婆羅門姓, 三은 有般涅槃性, 四는 身相具足, 五는 聰明辨捷, 六은 性行柔和, 七은 有大悲心이다. 즉 첫 번째는 중국에 태어나는 것이고, 두 번째는 부모가 함께 바라문성婆羅門姓을 가지는 것이고, 세 번째는 반열반성般涅槃性이 있는 것이고, 네 번째는 신상을 구족하는 것이고, 다섯 번째는 총명하고 변재 있고 민첩한 것이고,

감당하여 전하지만 아내와 노비를 나타내어 그 가르침을 희망하지 않는 것과 같다.

이 가운데 뜻은 다만 근기만 있고 욕망이 없다면 법을 감당하여 들을 수 없음을 밝힌 것이라고 한 아래는 세 번째 『십지론』의 뜻을 한꺼번에 설출한 것이니
곧 『십지론』에 말하기를 여기에 대중이 구족한 결정을 시현하기에 그런 까닭으로 능히 받아가진다 하였다.

疏

其心無怯弱者는 論經云호대 佛子야 智無畏라하니 無畏는 卽無怯弱이요 契理之心은 卽名爲智라 然智有二種하니 一은 證法故라하니 此屬前根이요 二는 現受故라하니 此屬今欲이라 欲亦須智일새 故於樂聞에 心無怯弱이라 總前二偈에 根欲雙具일새 諸地妙義를 願爲說之하소서하니라

그 마음이 겁내거나 나약함이 없다고 한 것은 『십지론경』에 말하기를[136] 불자여, 지혜가 두려움이 없다 하였으니

여섯 번째는 성행性行이 유화柔和한 것이고, 일곱 번째는 대비심이 있는 것이다.
135 원문에 육구六句는 외도外道의 소오所悟인 육구의법六句義法이니 실實, 덕德, 업業, 대유大有, 동이同異, 화합和合이다.

두려움이 없다고 한 것은 곧 겁내거나 나약함이 없다고 한 것이요 진리에 계합한 마음은 곧 이름이 지혜가 되는 것이다.
그러나 지혜가[137] 두 가지가 있나니
첫 번째는 증법인 까닭이라 하니 이것은 앞의 근기에 속하는 것이요
두 번째는 현수現受인 까닭이라 하니 이것은 지금의 욕망에 속하는 것이다.
욕망도 또한 지혜를 수구하기에 그런 까닭으로 즐겁게 들음에 마음이 겁내거나 나약함이 없는 것이다.
앞의 두 게송을 총괄함에 근기와 욕망을 함께 갖추었기에 모든 지위에[138] 묘한 의취를 원컨대 연설하세요 한 것이다.

其心無怯弱下는 第三에 隨要重釋이라 於中有二하니 先은 正釋此句요 後에 總前二偈下는 雙結歎意니 釋於初句와 及第四句라

---

136 원문에 논경론經 운운은 十地論에 偈言호대 佛子智無畏故는 智有二種하니 一은 證法故요 二는 現受故라. 즉『십지론』에 게송에 말하기를 불자여, 지혜가 두려움이 없다 한 까닭은 지혜가 두 가지가 있나니 첫 번째는 증법인 까닭이요 두 번째는 현수인 까닭이다 하였다.

137 원문에 지유智有라고 한 아래는 불자지무외고佛子智無畏故에 이어지는『십지론十地論』文이다.

138 원문에 제지諸地 운운은 여기에 제삼게第三偈이니, 제지묘의諸地妙義는 초구初句이고 원위설지願爲說之는 제사구第四句이다.

그 마음이 겁내거나 나약함이 없다고 한 아래는 제 세 번째는 요를 따라 거듭 해석한 것이다.
그 가운데 두 가지가 있나니
먼저는 바로 이 구절[139]을 해석한 것이요
뒤에 앞의 두 게송을 총괄한다고 한 아래는 찬탄하는 뜻을 함께 맺는 것이니
처음 구절[140]과 그리고 제 네 번째 구절[141]을 해석한 것이다.

疏

第二一偈는 歎異生衆이니 但云衆會일새 故雙歎根欲이라 初句爲總이니 心無濁故로 名爲淸淨이라 三句爲別이니 別離六濁이라 一은 不欲濁이니 謂無心餐採故로 離懈怠治之요 二는 威儀濁이니 不恭肅故로 嚴整治之요 三은 五蓋濁이니 貪名等故로 潔淨治之요 四는 異想濁이니 謂貢高雜染과 輕慢雜染等이 皆名異想이니 今說行堅固하야 不動治之요 五는 不足功德濁이니 善根微少故로 於彼說中에 心不樂住일새 具功德治요 六은 愚癡濁이니 謂愚闇不了故로 智慧治之니라

제 두 번째 한 게송[142]은 이생대중(異生衆)을 찬탄한 것이니

---

139 원문에 차구此句란, 기심무겁약其心無怯弱이다.
140 원문에 초구初句란, 제지묘의취諸地妙義趣이다.
141 원문에 제사구第四句란, 원위분별설願爲分別說이다.

다만 모인 대중이라고만 말하였기에 그런 까닭으로 근기와 욕망을 함께 찬탄한 것이다.

처음 구절[143]은 총이 되는 것이니

마음이 혼탁함이 없는 까닭으로 이름을 청정이라 하는 것이다.

나머지 세 구절은 별이 되는 것이니

여섯 가지 혼탁함을 따로 떠나는 것이다.

첫 번째는 욕망하지 않는 것이 혼탁한 것이니,

말하자면 채취할 마음이 없는[144] 까닭으로 게으름을 떠남으로 대치하는 것이요

두 번째는 위의가 혼탁한 것이니,

공손하고 엄숙함이 없는 까닭으로 엄숙하고 단정함으로 대치하는 것이요

세 번째는 다섯 가지 번뇌[145]가 혼탁한 것이니,

명예 등[146]을 탐착하는 까닭으로 맑고 깨끗함으로 대치하는 것이요

네 번째는 다른 생각이 혼탁한 것이니,

말하자면 공고貢高한 잡되고 오염된 마음과 경만輕慢한 잡되고 오염

---

142 원문에 第二에 一偈란, 곧 제사게송第四偈頌이다.

143 원문에 초구初句란, 중회실청정衆會悉清淨이다. 『십지경十地經』엔 차중개청정此衆皆清淨이라 하였다.

144 원문에 무심찬채無心餐採라고 한 것은 다른 사람의 설법說法에 듣고 취하고자 하지 않는 것이다. 즉 청취하려는 마음이 없다는 것이다. 찬채餐採는 법문을 듣는 것이다.

145 원문에 오개五蓋라고 한 蓋는 오개五蓋와 십개十蓋이다.

146 등等이라고 한 것은 재財, 색色, 식食, 수睡 등을 등취한 것이다.

된 마음 등이 다 이름이 다른 생각이니

지금에 행이[147] 견고함을 설하여 동요하지 아니함으로 대치하는 것이요

다섯 번째는 공덕을 구족하지 못한 것이 혼탁한 것이니, 선근이 작은 까닭으로 저 금강장이 설하는 가운데 마음이 즐겁게 머물지 못하기에 공덕을 구족[148]함으로 대치하는 것이요

여섯 번째는 어리석음이 혼탁한 것이니,

말하자면 어리석고 어두워 알지 못하는 까닭으로 지혜로 대치하는 것이다.

鈔

四異想濁者는 論云호대 四는 異想濁이니 妬勝心故며 破壞心故라하니라 釋曰妬勝就人이요 破壞約法이며 又亦通二하나니 今不依論하니라 云貢高等者는 義廣異想이니 卽瑜伽論三十八云호대 聽法에 由六種相하야 遠離貢高雜染하고 由四種相하야 遠離輕慢雜染하고 由一種相하야 遠離怯弱雜染하나니라 言六種者는 一은 應時聽이요 二는 殷重聽이요 三은 恭敬聽이요 四는 不爲損惱聽이요 五는 不爲隨順聽이요 六은 不求過失聽이라 言四相者는 一은 恭敬正法이요 二는 恭敬說人이요 三은 不輕正法이요 四는 不輕說人이라 言一相者는 謂不自輕蔑이라 復由五相故로 無散亂心으로 聽法이니 一은 求悟解心이요 二

---

147 지금에 행이 운운은 경문 제사게에 제삼구이다.
148 공덕구족이라고 한 것은 경문 제사게에 제사구이다.

는 專一極心이요 三은 聆音屬耳요 四는 掃滌其心이요 五는 攝一切心이라 故總有二하니 謂不雜染하며 心無散亂하야사 一心聽法이라하니 今疏엔 擧前二名하야 等取怯弱하며 及散亂하니라 上皆異想으로 妬勝破壞의 此二偏重일새 故本論擧之니라 五不足功德濁은 此段은 全是論文이니 善根微少는 語因中이요 心不樂住는 明無現果니 謂由善少하야 多緣多病하며 懈怠散動할새 故於說中에 心不樂住니라 六愚癡濁下는 愚謂迷敎요 暗謂惑理니 卽釋上癡니라

네 번째는 다른 생각이 혼탁한 것이라고 한 것은『십지론』에 말하기를 네 번째는 다른 생각이 혼탁한 것이니
질투하여 이기려는 마음인 까닭이며 파괴하는 마음인 까닭이다 하였다.
해석하여 말하면 질투하여 이기려는 마음은 사람에 나아가 말한 것이요
파괴하는 마음은 법을 잡아 말한 것이며
또 또한 두 가지[149]에 다 통하나니
지금에는 『십지론』을 의지하지 않는다.
공고한 등이라고 말한 것은 그 뜻이 다른 생각(異想)을 널리 해석한 것이니
곧『유가론』삼십팔권에 말하기를 법을 들음에[150] 여섯 가지 모습을

---

149 두 가지란, 人人과 法法이다.
150 원문 청법청법이라고 한 아래에 本『유가론瑜伽論』엔 菩薩이 具足功德하고 往法師所하야 無雜染心하며 無散亂心하야 聽正法이니 云何無雜染心고.

인유하여 공고한 잡되고 오염된 마음을 멀리 떠나고 네 가지 모습을 인유하여 경만한 잡되고 오염된 마음을 멀리 떠나고 한 가지 모습을 인유하여 겁내고 나약한 잡되고 오염된 마음을 멀리 떠나는 것이다.

여섯 가지라고 말한 것은 첫 번째는 때에 응하여 듣는 것이요

두 번째는 은중하게 듣는 것[151]이요

세 번째는 공경하게 듣는 것[152]이요

네 번째는 손뇌損惱하지 않고 듣는 것이요

다섯 번째는 수순하지 않고 듣는 것이요

여섯 번째는 허물을 구하지 않고 듣는 것이다.

네 가지 모습이라고 말한 것은 첫 번째는 정법을 공경하는 것이요

두 번째는 설하는 사람을 공경하는 것이요

세 번째는 정법을 가볍게 여기지 않는 것이요

네 번째는 설하는 사람을 가볍게 여기지 않는 것이다.

한 가지 모습이라고 말한 것은 말하자면 스스로 경멸하지[153] 않는

謂聽法時에 其心이 遠離三種雜染이니 謂由六種相 云云. 즉 보살이 공덕을 구족하고 법사의 처소에 나아가 잡되고 오염된 마음이 없으며 산란한 마음이 없어서 정법을 들나니, 어떤 것이 보살의 잡되고 오염된 마음이 없는 것인가. 정법을 들을 때에 그 마음이 세 가지 잡되고 오염된 모습을 멀리 떠나는 것이니, 말하자면 여섯 가지 모습을 인유하여 운운하였다. 세 가지 잡되고 오염된 모습은 一은 육종상六種相이고, 二는 사종상四種相이고, 三은 일종상一種相이다.

151 원문에 은중청殷重聽이라고 한 것은 재심在心이니 마음으로 듣는 것이다.
152 원문에 공경청恭敬聽이라고 한 것은 재신在身이니 공경스레 몸소 듣는 것이다.
153 원문 경멸輕蔑이라고 한 아래에 本『유가론瑜伽論』에는 云何無散亂心으로

것이다.
다시 다섯 가지 모습을 인유한 까닭으로 산란함이 없는 마음으로 법을 듣나니
첫 번째는 깨달음을 구하는 마음이요
두 번째는 오로지 한결같이 지극한[154] 마음이요
세 번째는 소리를 듣고자[155] 귀를 묶는 마음이요
네 번째는 그 번뇌를 쓸어 깨끗이 한 마음이요
다섯 번째는 일체를 섭수한 마음이다.
그런 까닭으로 모두 두 가지가 있나니
말하자면 잡되고 오염되지 아니하며 마음에 산란이 없어야 일심으로 법을 듣는다 하였으니
지금 소문에는 앞에 두 가지 이름[156]만 거론하여 겁내거나 나약하며 그리고 산란함을 등취하였다.
이상은 다 다른 생각으로 질투하여 이기려는 마음과 파괴하려는 마음이 이 두 가지가 치우치게 중요하기에 그런 까닭으로 본 『십지론』에서 그 두 가지 마음을 거론한 것이다.

다섯 번째는 공덕을 구족하지 못한 것이 혼탁한 것이라고 한 것은

聽聞正法고라는 말이 있다. 즉 어떤 것이 산란함이 없는 마음으로 정법을 듣는 것인가 하는 말이 더 있다. 蔑은 '업신여길 멸' 자이다.
154 원문에 極 자는 본론엔 趣 자이다.
155 원문에 聆은 '들을 령' 자이다.
156 원문에 이명二名이란, 공고貢高와 경만輕慢이니 둘 다 이상탁異想濁에 속한다.

이 단락은 온전히 『십지론』 문이니,
선근이 작다고 한 것은 원인 가운데 일을 말한 것이요
마음이 즐겁게 머물지 못한다고 한 것은 현재의 과보가 없음을 밝힌 것이니
말하자면 선근이 적음을 인유하여 반연이 많고 병이 많으며, 게으르고 산란하여 동요하기에 그런 까닭으로 설하는[157] 가운데 마음이 즐겁게 머물지 못한다는 것이다.
여섯 번째는 어리석음이 혼탁한[158] 것이라고 한 아래는 어리석음이라고 한 것은 교에 미혹함을 말한 것이요
어둠이라고 한 것은 진리에 미혹함을 말한 것이니
곧 위에 어리석음을 해석한 것이다.

疏

第三一偈는 雙歎二衆이니 云一切故니라 相視爲總이니 論云迭共相瞻者는 示無雜染故라하니라 餘皆是別이니 咸恭敬等은 無輕慢雜染이요 下半은 喩顯이니 敬法轉深거니 何有雜染이리오

제 세 번째 한 게송[159]은 두 대중[160]을 함께 찬탄한 것이니

---

157 원문 於 자 아래에 본론에는 彼 자가 더 있다.
158 원문 濁 자 아래에 等 자나 下 자가 있어야 옳다.
159 원문 第三에 一偈는 제오게第五偈이다.
160 원문에 이중二衆이란, 동생중同生衆과 이생중異生衆이다.

일체 대중을 말한 까닭이다.
서로 본다고 한 것은 총[161]이 되는 것이니
『십지론』에 말하기를 번갈아 함께 서로 첨앙한다고 한 것은 잡되고 오염된 마음이 없음을 시현한 까닭이다 하였다.
나머지는 다 별[162]이 되는 것이니
다 공경한다고 한 등은 경만한 잡되고 오염된 마음이 없는 것이요
아래 반 게송은 비유로 나타낸 것이니
법을 공경하는 것이 더욱 깊거니 어찌 잡되고 오염된 마음이 있겠는가.

鈔

第三一偈는 雙歎中三이니 初總釋偈니 相視爲總者는 正是此偈之總이라 旣雙歎二衆인댄 則相視之總이 遍前四偈로대 而論엔 正說是此偈總이라하니라 下例餘偈에 皆有總別하니 則歎異生中에 不濁是總이요 上歎欲中에 欲聞是總이요 初歎根中에 決定是總이요 歎能說中에 淨覺是總이니 別等可知니라

제 세 번째 한 게송은 함께 찬탄한 가운데 세 가지가 있나니
처음에는 게송을 한꺼번에 해석한 것이니
서로 본다고 한 것은 총이 된다고 한 것은 바로 이 게송의 총이

---

161 원문에 總은 論에는 총상總相이라 하였다.
162 원문에 別은 論에는 별상別相이라 하였다.

되는 것이다.

이미 두 대중을 함께 찬탄한 것이라고 한다면 곧 서로 본다고 한 총이 앞의 네[163] 게송에 두루한다고 해야 할 것이지만 『십지론』에는 바로 이 게송의 총이라고[164] 설하였다.

이 아래[165] 나머지 게송[166]을 비례함에 다 총과 별이 있나니
곧 이생대중을 찬탄하는 가운데[167] 혼탁하지 않는 것은 총이 되고
위에 욕망을 찬탄하는 가운데 듣고자 하는 것은 총이 되고
처음에 근기를 찬탄하는 가운데 결정은 총이 되고

---

163 원문에 四 자는 三 자가 아닌가 한다. 영인본 화엄 9책, p.158, 6행에 네 가지 게송을 세 가지로 나누리니 처음 두 게송은 동생대중을 찬탄한 것이고 다음에 한 게송은 이생대중을 찬탄한 것이라 하였으니 듣는 사람에 국한한 것이다. 최초의 한 게송은 설하는 사람에 국한한 것이니 듣는 사람의 세 게송이 옳은 듯하다. 그러나 초문鈔文을 기준하면 四 자가 틀린 것은 아니다.

164 『십지론』에는 바로 이 게송의 총이라 운운한 것은 『십지론』에 이 게송의 번갈아 함께 서로 첨앙한다고 한 것은 이것은 총상이고 일체가 다 공경한다고 한 것은 이것은 별상이다. 이와 같이 나머지 게송도 초구初句는 총상이고 나머지 구절(餘句)은 별상이다. 동상·이상·성상·괴상도 위에서 말한 바와 같다 하였다.

165 이 아래라고 한 것은 『십지론』에 이 게송의 총이라 한 아래이니 갖추어 말하면 이 게송의 번갈아 함께 서로 첨앙한다고 한 것은 이것은 총상이라고 한 아래이다.

166 원문에 여게餘偈 운운은 此第五偈 외에 前四偈도 초구初句는 총상總相이고, 여구餘句는 별상別相이다. 그리고 동상同相·이상異相·성상成相·괴상壞相도 위에서 말한 것과 같다.

167 원문에 탄이생중歎異生中이라고 한 것은 제사게第四偈이다.

능설을 찬탄하는 가운데 청정하게 깨달은 사람은 총이 되나니 별상 등은 가히 알 수가 있을 것이다.

疏

論經云호대 如蜂欲熟蜜이라하니 古釋云호대 齊心趣證은 如蜂熟蜜이요 專意求敎는 如渴思甘露라하얏거니와 今卽但云念蜜이라하니 則二句가 皆通敎證이라

『십지론경』에 말하기를 벌이 꿀을 숙성시키고자 하는 것과 같다 하니
고인이 해석하여 말하기를 가지런한 마음으로 증도에 나아가는 것은 마치 벌이 꿀을 숙성시키는 것과 같고
오롯한 뜻으로 교도를 구하는 것은 마치 목마른 사람이 감로수를 생각하는 것과 같다 하였거니와 지금 이 경에는 다만 말하기를 꿀을 생각하는 것과 같이 한다고만 하였으니
곧 두 구절[168]이 다 교도와 증도에 통하는 것이다.

鈔

論經云下는 二에 會經文이라 於中三이니 初는 擧論經이요 二는 引古

---

[168] 원문에 이구二句란, 『십지론十地論』에 여봉욕숙밀如蜂欲熟蜜과 여갈사감로如渴思甘露이다.

釋이요 三은 會今經이라 念通敎證者는 熟蜜如敎요 蜜成如證이라 今念有二하니 若明記爲念인댄 即是念敎요 若無念念者인댄 即是念證이라 故起信云호대 若知無有能念所念인댄 是名隨順이라하니 此念敎也요 若離於念인댄 名爲得入이라하니 此念證也니라

『십지론경』에 말하였다고 한 아래는 두 번째 경문을 회석한 것이다. 그 가운데 세 가지가 있나니
처음에는 『십지론경』을 거론한 것이요
두 번째는 고인의 해석을 인용한 것이요
세 번째는 지금에 이 경을 회석한 것이다.
꿀을 생각하는 것이 교도와 증도에 통한다고 한 것은 꿀을 익히는 것은 교도와 같고[169] 꿀을 이루는 것은 증도와 같은 것이다.
지금 꿀을 생각함에 두 가지가 있나니
만약 분명하게 기억함으로 생각을 삼는다면 곧 이것은 교도를 생각하는 것이요
만약 무념으로 생각을 삼는다면 곧 이것은 증도를 생각하는 것이다. 그런 까닭으로 『기신론』에 말하기를 만약 능념과 소념이 없는 줄 안다면 이 이름을 수순이라 한다 하였으니 이것은 교도를 생각하는

---

169 원문에 숙밀여교熟蜜如敎라고 한 것은 고인古人의 해석은 감로甘露를 생각하는 것으로 교教를 삼고 꿀을 익히는 것으로 증證을 삼았거니와, 지금에는 꿀을 이루는 것으로 證을 삼고 꿀을 익히는 것으로 敎를 삼았으니, 이것은 수행修行과 성취成就로서 敎와 證을 나눈 까닭이다. 즉 수행은 교이고 성취는 증이라 하겠다.

것이요
만약 생각을 떠난다면 이름을 득입이라 한다 하였으니 이것은 증도를 생각하는 것이다.

疏

然蜂之念蜜과 渴之思漿은 喩希法喜解脫之味어늘 更言好蜜이라 하며 復思甘露라하니 顯法之妙며 思渴情深이라

그러나 벌이 꿀을 생각하는 것과 목마름에 물을 생각하는 것은 법희해탈의 맛을 희망함에 비유한 것이어늘 다시 말하기를 좋은 꿀을 생각한다 하며 다시 감로수를 생각한다 하였으니
법을 나타내는 묘이며 목마름을 생각하는 정이 깊은 것이다.

鈔

然蜂之下는 三에 別釋喩라 法喜如蜜이니 蜜卽食故라 故法華云호대 法喜禪悅食이요 更無餘食想이라하니라 解脫은 合上甘露니 甘露는 如漿故라 故淨名云호대 甘露는 法之食이요 解脫味는 爲漿이라하니 卽甘露爲食거니와 今엔 以蜜當於食일새 故以甘露로 配於解脫이라 故涅槃中에도 亦以甘露로 況於涅槃하니 涅槃이 卽解脫故니라

그러나 벌이 꿀을 생각한다고 한 아래는 세 번째 따로 비유를 해석한 것이다.

법희라고 한 것은 꿀과 같나니 꿀은 곧 밥인 까닭이다.
그런 까닭으로 『법화경』에 말하기를 법희선열의 밥만 생각할 뿐 다시 다른 밥[170]에는 생각이 없다 하였다.
해탈이라고 한 것은 위의 감로에 법합한 것이니
감로는 장과 같은[171] 까닭이다.
그런 까닭으로 『정명경』에 말하기를 감로는 법의 밥이요 해탈의 맛은 물이 된다 하였으니
곧 감로로써 밥을 삼았거니와 지금에는 꿀로써 밥에 해당시켰기에 그런 까닭으로 감로로써 해탈에 배속한 것이다.
그런 까닭으로 『열반경』 가운데도 또한 감로로써 열반에 비유하였으니 열반이 곧 해탈인 까닭이다.

---

170 원문에 여식餘食이란, 촉식觸食 등 사식四食이다.
171 원문에 감로여장甘露如漿이라고 한 것은 감로가 장과 같다고 한다면 『정명경淨名經』 가운데 장으로써 해탈의 맛을 삼은 까닭으로 가히 감로로써 해탈에 법합하며, 혹은 가히 소문 가운데 이미 감로를 장이라 말하지 아니한 까닭으로 여기에서 회석會釋하는 것이다. 대개 해탈로써 감로에 배속하는 것은 감로로써 갈증을 해소하는 것이 마치 해탈로써 모든 번뇌를 해탈하는 것과 같은 까닭이다.

經

爾時에 大智無所畏인 金剛藏菩薩이 聞說是已에 欲令衆會로 心歡喜故로 爲諸佛子하야 而說頌言호대

그때에 큰 지혜가 있어 두려워하는 바가 없는 금강장보살이 이렇게 설함을 들은 이후에 모인 대중으로 하여금 마음을 환희케 하고자 한 까닭으로 모든 불자를 위하여 게송을 설하여 말하기를

疏

第二에 爾時大智下는 法深難受止라 文中二니 先은 敘意요 後偈는 酬라 前中에 令衆歡喜는 是總酬答相이니 謂說偈는 本爲除前疑惱하야 得心喜故니라 酬答有二하니 一은 堪酬答이니 自有大智故요 二는 不怯弱酬答이니 不畏大衆之不堪故니 論云此二는 示現自他無過故라하니라 故後偈意는 明法難說이언정 非己無智하야 而不能說이요 但言難聞이언정 非斥大衆이 全不堪聞이라

제 두 번째 그때에 큰 지혜라고 한 아래는 법이 깊어 받아가지기가[172] 어려워 침묵하고 가만히 있는 것이다.
경문 가운데 두 가지가 있나니

---

[172] 원문에 수지受止라고 한 것은 영인본 화엄 9책, p.194, 4행에 默然不說이라 하였다. 즉 침묵하고 설하지 않는다는 것이다.

먼저는 서술하는 뜻이요

뒤에 게송은 답하는 것이다.

앞의 서술하는 뜻 가운데 모인 대중으로 하여금 환희케 한다고 한 것은 이것은 한꺼번에 답하는 모습이니

말하자면 게송을 설하는 것은 본래 앞에 의심하여 고뇌함을 제멸하여 마음에 환희를 얻게 하기 위한 까닭이다.

답하는 것이 두 가지가 있나니

첫 번째는 감당하여 답하는 것이니

스스로 큰 지혜가 있는 까닭이요

두 번째는 겁내거나 나약하지 않고 답하는 것이니

대중이 감당하지 못함을 두려워하지 않는[173] 까닭이니

『십지론』에 말하기를 이 두 가지는 자타가 허물이 없음을 시현한 까닭이다 하였다.

그런 까닭으로 뒤에 게송의 뜻은 법의 설하기 어려움을 밝힌 것일지언정 자기[174]가 지혜가 없어서 능히 설하지 못하는 것이 아니요 다만 듣기 어려움을 말한 것일지언정 대중이 온전히 감당하여 듣지

---

173 원문에 불외대중지불감不畏大衆之不堪이라고 한 것은 이미 앞에서 받아가지기가 어렵다고 하고 또 말하기를 받아가지기가 어렵다고 한 것은 법이 깊고 현묘함을 나타낸 것이요, 대중이 감당하지 못함을 두려워하지 않는다고 한 것은 사람이 허물이 없음을 밝힌 것이다.

174 자기란, 금강장金剛藏이다. 영인본 화엄 9책, p.178, 3행에 五偈中에 初二頌은 明法難說이요 次頌은 顯法難聞이라 하였다. 즉 다섯 게송 가운데 처음에 두 게송은 법의 설하기 어려움을 밝힌 것이요 다음 게송은 법의 듣기 어려움을 나타낸 것이라 하였다는 것이다.

못함을 배척한 것이 아니다.

鈔

除前疑惱者는 由前觀默生疑니 疑則心惱니라 又請未說인댄 心尙疑惱일새 故爲除之하야 令心得喜케하니라 然大智無畏는 乃是經家가 取當時意하야 讚述說者니 是故로 論主用此하야 成於總令意悅라 二는 不怯弱酬答은 論釋云호대 離不正說者는 若畏大衆不堪하야 隨情而說인댄 是不正說이라

앞에 의심하여 고뇌함을 제멸한다고 한 것은 앞에 침묵함을 보고 의심을 냄을 인유한 것이니
의심하는 것은 곧 마음의 고뇌이다.
또 청하여도 설하지 않는다면 마음에 오히려 의심하여 고뇌하기에 그런 까닭으로 제멸하여 마음으로 하여금 환희를 얻게 하는 것이다. 그러나 큰 지혜로 두려움이 없다고 한 것은 이에 이 경을 번역한 사람이 당시의 뜻을 취하여 설하는 사람[175]을 찬술한 것이니 이런 까닭으로 『십지론』 주가 이 말을 인용하여[176] 한꺼번에 대중의 마음으로 하여금 환희케 한다는 것을 성립한 것이다.

---

175 원문에 설자說者는 금강장金剛藏이다.
176 원문에 논주용차論主用此 운운은 소문疏文에 영중생희令衆生喜는 시총주답상是總酬答相이라 한 말을 해석한 것이니, 소가疏家가 논문論文을 그대로 인용한 것이다.

두 번째는 겁내거나 나약하지 않고 답한 것이라고 한 것은 『십지론』에 해석하여 말하기를 바르게 설하지 못함을 떠난다[177]고 한 것은 만약[178] 대중이 감당하지 못함을 두려워하여 정을 따라 설한다면 이것은 바르게 설하는 것이 아니다.

---

177 원문에 이부정설離不正說이라고 한 것은 本論에 離不堪答이며 離不正答이라 하였다. 즉 『십지론』에는 감당하지 못함을 떠나고 답하는 것이며 바르게 설하지 못함을 떠나고 답하는 것이다 하였다.
178 원문에 약외若畏 운운은 이 위에는 『십지론十地論』을 첩석한 것이고, 여기는 초가鈔家가 『십지론十地論』을 해석한 것이다.

經

菩薩行地事가　最上諸佛本이니
顯示分別說이　第一希有難이니다

微細難可見이며 離念超心地며
出生佛境界일새 聞者悉迷惑하리다

보살의 행과 십지의 일이
최상으로 모든 부처님의 근본이니
현시하고 분별하여 설하는 것이
제일로 희유하여 어렵습니다.

미세하고 가히 보기 어려우며
생각을 떠나고 심지를 초월하였으며
부처님의 경계를 출생하기에
듣는 사람이 다 미혹할 것입니다.

疏

偈中에 五偈分四리니 初에 二頌은 明法難說이니 遣上何因之疑하야 成上有智요 次頌은 顯法難聞이니 遣上何緣之疑하야 成前無畏요 三에 一偈는 喩難說聞이요 後에 一偈는 擧難結默이라

게송 가운데 다섯 게송을 네 가지로 나누리니

처음에 두 게송은 법의 설하기 어려움을 밝힌 것이니

위[179]에 무슨 원인인가 한 의심을 보내어 위에 지혜가 있다[180]고 한 것을 성립한 것이요

다음 게송은 법의 듣기 어려움을 나타낸 것이니

위[181]에 무슨 반연인가 한 의심을 보내어 앞[182]에 두려움이 없다고 한 것을 성립한 것이요

세 번째 한 게송은 설하기도 어렵고 듣기도 어려움에 비유한 것이요

뒤에 한 게송은 어려움[183]을 들어 침묵함을 맺는 것이다.

鈔

遣上何因之疑者는 上云何因何緣不說고할새 論釋云호대 爲因說者의 不能說耶아 爲緣聽者의 不堪聞耶아하니 今云難說은 非不能說이라 成上有智者는 亦由難說이요 顯法難聞下는 遣上何緣이니 例此可知니라

위에 무슨 원인인가 한 의심을 보낸다고 한 것은 위[184]에 말하기를

---

179 위란, 영인본 화엄 9책, p.153, 5행이다.
180 원문에 상유지上有智란, 위의 책 p.169, 8행에 대지大智이다.
181 위란, 위의 책 p.153, 6행이다.
182 앞이란, 위의 책 p.169, 8행이다.
183 여기서 어려움이란, 부처님의 지혜는 사의하기 어렵다는 것이다.
184 위란, 위의 책 p.151, 말행末行이다.

무슨 원인과 무슨 반연으로 설하지 않는가 하기에 『십지론』에 해석
하여[185] 말하기를 설하는 사람이 능히 설하지 못함을 원인함이 되는가
듣는 사람이 감당하여 듣지 못함을 반연함이 되는가 하였으니
지금에 설하기 어렵다고 말한 것은 능히 설하지 못한다는 것이
아니다.
위에 지혜가 있다고 한 것을 성립한다고 한 것은 또한 설하기 어렵다
는 것을 인유한 것이요
법의 듣기 어려움을 나타낸 것이라고 한 아래는 위에 무슨 반연인가
한 의심을 보내는 것이니
여기에 비례한다면 가히 알 수가 있을 것이다.[186]

疏

初中分二리니 前偈는 顯難說之法이요 後偈는 彰難說所以라 今初
에 偈末難字는 卽是總相이니 謂難得故요 難得所以는 後偈明之라
此難이 有二種하니 一은 最難이니 體出名相이라 故經云第一이요
二는 未曾有難이니 在相所無라 故經云希有라하니 上二는 明難相

---

185 원문에 논석論釋이라고 한 것은 영인본 화엄 9책, p.152, 3행에 설출說出하
였다.
186 원문에 예차가지例此可知라고 한 것은 지금에 듣기 어렵다고 말한 것은
능히 듣지 못한다는 것이 아니라 앞에 두려움이 없다는 것을 성립한다고
한 것도 또한 듣기 어렵다고 한 것을 인유하는 것임을 가히 알 수가 있다는
것이다.

이라 何者가 是難法體고 卽偈初二句니라 菩薩行者는 是出世間智
니 謂卽是證道니 證心涉境일새 故名爲行이요 地事者는 謂十地事
行이니 卽是敎道니 相差別故요 最上者는 通說上二勝故니라 諸佛
本者는 釋上證智로 得菩薩行名所以니 行是因義니라 覺於佛智
일새 所以名佛이나 今此證智로 亦覺佛智일새 故爲彼本이니 本卽
因也니라 此之敎證이 於何處成難고 謂顯示分別說이니 證道亡
心일새 故難顯示요 敎道依證일새 亦難分別이라

처음 가운데 두 가지로 나누리니
앞에 게송은 설하기 어려운 법을 나타낸 것이요
뒤에 게송은 설하기 어려운 까닭을 밝힌 것이다.
지금은[187] 처음으로 게송 끝에 어렵다고 한 글자는 곧 이것은 총상이
니 얻기 어려운 것을 말한 까닭이요
얻기 어려운 까닭이라고 한 것은 뒤에 게송을 밝힌 것이다.
이 어려운[188] 것이 두 가지가 있나니
첫 번째는 가장 어려운 것이니 자체가 명상을 벗어난 것이다. 그런
까닭으로 경에 말하기를 제일이라 한 것이요
두 번째는 일찍이 있지 아니한 어려운 것이니 모습에 있어 없는
바이다. 그런 까닭으로 경에 말하기를 희유하다 하였으니
위에 두 가지는 어려운 모습을 밝힌 것이다.

---

187 第一은 석난자釋難字이다.
188 第二는 별석제사구別釋第四句이다.

어떤 것이[189] 이 설하기 어려운 법의 자체인가.
곧 처음 게송에 처음 두 구절이다.
보살의 행이라고 한 것은 이것은 출세간의 지혜이니,
말하자면 곧 이 증도니 증득한 마음이 경계를 간섭하기에 그런 까닭으로 이름을 행이라 하는 것이요
십지의 일이라고 한 것은 말하자면 십지의 일을 행하는 것이니, 곧 이 교도이니 서로 차별한 까닭이요
최상이라고 한 것은 위에 두 가지가 다 수승함을 통설한 까닭이다.
모든 부처님의 근본이라고 한 것은 위에 증득한 지혜로 보살의 행이라는 이름을 얻은 까닭을 해석한 것이니
행은 이 원인의 뜻이다.
부처님의 지혜를 깨달았기에 그런 까닭으로[190] 부처님이라 이름하지만 지금에는 이 증득한 지혜로 또한 부처님의 지혜를 깨닫기에 그런 까닭으로 저 부처님의 근본이 된다 한 것이니
근본이 곧 원인의 뜻이다.
이 교와 증이[191] 어느 곳에 어려움을 이루는가.
말하자면 현시하고 분별하여 설하는 것이니
증도는 마음이 없기에 현시하기 어려운 것이요
교도는 증도를 의지하기에 또한 분별하기 어려운 것이다.

---

189 第三은 석초이구釋初二句이다.
190 원문에 소이所以는 초문鈔文에 故 자이다. 즉 고명위불故名爲佛이라 하였다.
191 第四는 석제삼구釋第三句이다.

鈔

今初에 偈末難字下는 疏文有四하니 初는 釋難字요 此難有二者는 二에 別釋第四句의 上四字하야 明難義相이요 何者是下는 三에 釋初二句하야 明難法體라 覺於佛智者는 然論但云호대 諸佛之根本者는 覺佛智故라하니 此語迷人이 以佛은 是梵音이요 覺은 是此語라 若順西方인댄 應云佛佛智故요 若順此方인댄 應云覺覺智故라하리니 安得以唐譯梵이 爲釋義耶아 此有深意하니 謂佛智는 卽是菩提니 此但云覺이요 佛陀는 是人이니 此云覺者니라 以人得法일새 故名覺者니 故今疏云호대 覺佛智故니 故名爲佛이라하니라 今엔 十地菩薩이 爲能覺人하야 亦將因智하야 以覺佛智일새 故爲佛本이라하니 爲分人法하야 唐梵互彰은 譯者之妙니라 今加於字는 以釋論故니라 此之敎下는 四에 釋第三句하야 顯其難處니 難示難說은 卽同淨名에 其說法者는 無說無示요 後에 約難聞은 卽其聽法者는 無聞無得이라 然이나 無則一向約遮요 難則遮表雙辨이라 若準楞伽인댄 宗通은 自修行이요 說通은 示未悟라하니 宗說은 卽是敎證이니 則二全別거니와 今明敎證에 皆約說者는 有示有說이나 但云難耳라하니 則示가 卽說卽證이니 說證之相을 如何可知고 廢詮論實인댄 眞體一味일새 說之爲證이니 亦如義大와 及說大와 三漸次中辨하니라 若眞俗詮異로 說爲十地인댄 目之爲敎니 以證攝敎일새 故俱難說이니라

지금은 처음으로[192] 게송 끝에 어렵다고 한 글자라고 한 아래는

---

[192] 원문 금초今初라고 한 아래 文也라는 두 글자는 없어야 한다며 영인본에

소문에 네 가지가 있나니

처음에는 어렵다는 글자(難字)를 해석한 것이요

이 어려운 것이 두 가지가 있다고 한 것은 두 번째 제사구에 위에 네 글자[193]를 따로 해석하여 어렵다는 뜻[194]의 모습을 밝힌 것이요 어떤 것이 이 설하기 어려운 법의 자체인가 한 아래는 세 번째[195] 처음 게송에 처음 두 구절을 해석하여 설하기 어려운 법의 자체를 밝힌 것이다.

부처님의 지혜를 깨달았다고 한 것은 그러나 『십지론』에 다만 말하기를 모든 부처님의 근본이라고 한 것은[196] 부처님의 지혜를 깨달은 까닭이다 하니

이 말을 미혹한 사람이 부처님이라(佛字)고 한 것은 범어의 음역이요, 깨달음이라(覺字)고 한 것은 이 나라 말[197]이다.

삭제하고 없다. 『유망기』에는 今初下는 二에 釋이라 하는 것이 여의如意하다고 보지만 문야文也라는 두 글자만 삭제하는 것이 좋다 하겠다.

193 원문에 상사자上四字란, 제일희유第一希有이다.

194 원문에 의난義難이라고 한 것은 난의難義라야 옳다. 『유망기』는 명의明義를 의명義明이라 하여 四字義하야 明難相이라고 하였다. 그러나 뜻은 크게 다르지 않다 하겠다.

195 원문 下 자 아래 三 자가 있어야 한다.

196 『십지론十地論』엔 本 자 아래에 佛 자가 있다. 本論엔 偈言호대 諸佛之根本은 佛者는 覺佛智故라하니라. 즉 본 『십지론』에는 게송에 말하기를 모든 부처님의 근본이라고 한 것은 부처님이라고 한 것은 부처님의 지혜를 깨달은 까닭이라 하였다.

197 원문에 차어此語란, 당唐나라 말이다.

만약 서방의 말을 따른다면 응당 불불의 지혜인 까닭(佛佛智故)이라 해야 할 것이요

만약 이 나라 말을 따른다면 응당 각각의 지혜인 까닭(覺覺智故)이라 해야 할 것이다 하니

어찌 당나라에서 번역[198]한 범어가 인도의 천친이 해석한 뜻[199]이 됨을 얻겠는가.

여기에 깊은 뜻이 있나니

말하자면 부처님의 지혜는 곧 보리이니 여기에서 다만 깨달음(覺)이라 말하는 것이요

불타佛陀는 이 사람이니 여기에서 깨달은 사람(覺者)이라 말하는 것이다.

사람으로써 법을 얻기에 그런 까닭으로 깨달은 사람이라 이름하는 것이니

그런 까닭으로 지금 소문에 말하기를[200] 부처님의 지혜를 깨달은 까닭이니 그런 까닭으로 부처님이라 이름한다 하였다.

지금에는 십지보살이 능히 깨닫는 사람이 되어 또한 인지因智를 가져 부처님의 지혜를 깨닫기에 그런 까닭으로 부처님의 근본이 된다[201] 하였으니

---

198 원문에 釋은 譯 자인 듯하다. 나는 고쳤다.
199 원문에 석의釋義라고 한 것은 『십지론十地論』 저자 천친天親이 『십지론』에서 제불지근본자諸佛之根本者는 각불지고覺佛智故라 한 것을 말한다.
200 원문에 금소수소今疏 운운은 소문疏文에 각어불지覺於佛智일새 소이명불所以名佛이라 한 것이다.

사람과 법을 나누어 당나라 말과 범어로 서로 밝힌 것은 번역한 사람[202]의 묘妙이다.

지금에 어於라는 글자를 더한 것[203]은 『십지론』의 말을 해석한 까닭이다.

이 교와 증이라고 한 아래는 네 번째[204] 제삼구를 해석하여 그 어려운 곳을 나타낸 것이니

현시하기 어렵고 설하기 어렵다고 한 것은 곧 『정명경』에 그 법을 설하는 사람은 설할 수도 없고 현시할 수도 없다고 한 것과 같은 것이요

뒤에[205] 듣기 어려움을 잡은 것은 곧 그 법을 듣는 사람은 들을 수도 없고 얻을 수도 없다고 한 것과 같은 것이다.

그러나 없다고 한 것은 곧 한결같이 막는 것만 잡아 말한 것이요 어렵다고 한 것은 막고 표하는 것을 함께 분별한 것이다.

만약 『능가경』을 기준한다면 종통宗通은 스스로 수행하는 것이요 설통說通은 깨닫지 못한 사람에게 현시하는 것이다 하였으니 종통과 설통은 곧 이 교와 증[206]이니 곧 두 가지가 온전히 다르거니와

---

201 원문에 고위불본故爲佛本이라고 한 것은 소문疏文엔 고위피본故爲彼本이라 하였다.

202 원문에 역자譯者는 『십지론十地論』의 번역가 보리유지이다.

203 원문에 금가어자今加於字란, 『십지론十地論』에서는 각불지고覺佛智故라 하였으나 今疏에서는 각어불지覺於佛智라 했다는 것이다.

204 원문 下 자 아래 四 자가 있어야 한다.

205 뒤에라고 한 것은 영인본 화엄 9책, p.180, 2행에서 말한 제 두 번째 한 게송은 현난문顯難聞이다.

지금에 교와 증을 밝힘[207]에 다 설함을 잡은 것은 현시함이 있고 설함이 있지만 다만 어려울 뿐이다 말한 것이니

곧 현시하는 것이 곧 설하는 것이며 곧 증득하는 것이니 설하고 증득하는 모습을 어떻게 가히 알겠는가.[208]

교전을 폐지하고 진실만을 논한다면[209] 진실의 자체는 한맛이기에 그것을 설하여 증이라 하는 것이니

또한 의대義大와[210] 그리고 설대說大와[211] 삼점차三漸次[212] 가운데 분별한 것과 같다.

---

206 교敎는 설통說通이고, 증證은 종통宗通이다.
207 원문에 금명교증今明敎證 운운은 영인본 화엄 9책, p.172, 9행 이하의 설명이다.
208 원문에 설증지상가지說證之相可知라고 한 것은 설하고 증득하는 모습이 상즉相卽하는 모습을 밝힌 것이다.
209 원문에 폐전론진廢詮論眞이라고 한 아래는 證 가히 說할 것이 있다는 뜻을 밝힌 것이다.
210 원문에 역여의대亦如義大 운운은 중간中間에 거처하여 證 가히 說할 것이 있다는 뜻을 증거하고, 아래로 敎도 또한 설하기 어렵다는 뜻을 증거하는 것이니, 아래 허설분제許說分齊 가운데 의대義大는 가히 설할 것이 없지만 또한 가히 설할 것이 있으며, 설대說大는 가히 설할 것이 있지만 또한 가히 설할 것이 없는 것도 있는 까닭이다 하였다.
211 의대義大와 설대說大라고 한 것은 此下에 허설분제許說分齊에서 말한 것이다.
212 삼점차三漸次라고 한 것은 영인본 화엄 9책, p.275, 1행에 관점차觀漸次, 증점차證漸次, 수행점차修行漸次라 하였다. 『능엄경』에도 삼점차를 말하고 있으니 첫 번째는 제기조인除其助因이고 두 번째는 제기정성除其正性이고 세 번째는 위기현업違其現業이다. 첫 번째는 오신채五辛菜이고 두 번째는 음욕이다. 여기 삼점차와는 관점이 다르지만 이름만 이끌어 왔다.

만약 진제와 속제의 교전이 다름으로[213] 설하여 십지를 삼는다면 그것을 이름하여 교라 하는 것이니
증으로써 교를 섭수하기에 그런 까닭으로 함께 설하기 어려운 것이다.

疏

第二에 釋難所以者는 彼前菩薩行事가 所以難者는 由住微妙深義故니 故論云호대 彼菩薩行事義住는 不可如是說이라하니라

제 두 번째 설하기 어려운 까닭을 해석한 것이라고 한 것은 저 앞에 보살의 행과 십지의 일이 어려운 까닭은 미묘하고 깊은 뜻에 머무름을 인유한 까닭이니
그런 까닭으로 『십지론』에 말하기를 저 보살의 행과 십지의 일이 깊은 뜻에 머무는 것은 가히 이와 같이 설할 수 없다 하였다.

鈔

第二에 釋難所以中에 疏文有二하니 先은 總明所以니 卽是論意라 論云行者는 卽牒前菩薩行이요 事者는 卽牒前地事라 義住者는 語倒니 應言住義니 故疏云호대 由住微妙深義라하니라 深義는 卽義大의 妙理也니라

---

[213] 원문에 약진속전이若眞俗詮異라고 한 아래는 敎도 또한 설하기 어렵다는 뜻을 밝힌 것이다.

제 두 번째 설하기 어려운 까닭을 해석한 가운데 소문이 두 가지가 있나니
먼저는 설하기 어려운 까닭을 한꺼번에 밝힌 것이니
곧 이것은 『십지론』의 뜻이다.
『십지론』에 말하기를 행이라고 한 것은 앞에 보살의 행을 첩석한 것이요
사事라고 한 것은 곧 앞에 십지의 일을 첩석한 것이다.
의주義住라고 한 것은 말이 전도된 것이니
응당 주의住義라고 말해야 할 것이니, 그런 까닭으로 소문에 말하기를 미묘하고 깊은 뜻에 머무름을 인유한다 하였다.
깊은 뜻이라고 한 것은 곧 의대義大의 묘한 의리이다.

疏

偈中에 初二句는 對劣彰深이요 次句는 就勝顯妙요 末句는 擧聞迷惑하야 顯成難說이라 於中難者는 是總相이라 云何難고 難得難證故니라

게송 가운데[214] 처음에 두 구절은 하열함을 상대하여 깊은 것을 밝힌 것이요
다음 구절은 수승함에 나아가 묘함을 나타낸 것이요
끝 구절은 듣는 사람이 미혹함을 들어 설하기 어려움을 나타내어

---

214 원문에 게중偈中이란, 제이게第二偈이다.

성립한 것이다.
그 가운데 어렵다고 한 것은 이것은 총상이다.
어떻게 어려운가.
얻기 어렵고 증득하기 어려운 까닭이다.

鈔

偈中初二句下는 二에 隨文解釋이라 難得難證者는 論經云호대 難得이라하얏거늘 論釋云호대 難得者는 難證故라하니 即以證釋得이라 今疏엔 經論雙牒耳니 以論經엔 有難字及難得字어니와 今經엔 但有一難字일새 故雙牒彼經論이라 論經偈云호대 微難見離念하며 非心地難得이며 境界智無漏일새 若聞則迷悶이라하니라

게송 가운데 처음에 두 구절이라고 한 아래는 두 번째 경문을 따라 해석한 것이다.
얻기 어렵고[215] 증득하기 어렵다고 한 것은 『십지론경』[216]에 말하기를 얻기 어렵다 하였거늘, 『십지론』에 해석하여 말하기를 얻기 어렵다고 한 것은 증득하기 어려운 까닭이다 하였으니
곧 증이라는 글자로써 득이라는 글자를 해석한 것이다.

---

215 원문 난득難得이라고 한 위에 게중초이구하偈中初二句下는 二에 隨文解釋이라는 말이 있어야 한다. 그 이유는 네 줄 앞의 초문에 소문이 두 가지가 있다 한 때문이니 바로 여기가 그 두 번째이다.
216 『십지경十地經』은 非心地難得이라. 즉 게송 제 두 번째 구절로써 심지의 경계가 아니어서 얻기 어렵다 한 것이다.

지금 소문에는 『십지론경』에 어렵다고 한 것을 함께 첩석[217]하였으니 『십지론경』에는 난難이라는 글자와 그리고 난득難得이라는 글자가 있거니와, 지금 경에는 다만 하나의 난이라는 글자만 있기에 그런 까닭으로 저 『십지론경』에 어렵다고 한 것을 함께 첩석한 것이다. 『십지론경』 게송에 말하기를

미세하여 보기 어렵고 생각을 떠났으며
심지의 경계가 아니어서 얻기 어려우며
경계의 지혜가 무루이기에
만약 듣는다면 곧 미혹할 것이다 하였다.

疏

難得有四하니 一은 微細難得이니 顯非聞慧境故니라

얻기 어려운 것이 네 가지가 있나니
첫 번째는 미세하여 얻기 어려운 것이니
문혜聞慧의 경계가 아님을 나타내는 까닭이다.

鈔

難得有四下는 釋別이라 於中有三하니 初는 釋對劣彰深이니 初之二

---

[217] 원문에 쌍첩雙牒이란, 難得難證이니, 즉 얻기 어렵고 증득하기 어렵다는 것이다.

句라 一에 非聞慧境者는 乃有二義하니 一은 非所知境이요 二는 非分齊境이니 聞慧之中엔 無此相故니라 論에 釋聞慧云호대 麤事는 不須思惟라하니 謂教法麤事는 聞慧能得故니라

얻기 어려운 것이 네 가지가 있다고 한 아래는 별상을 해석한 것이다. 그 가운데 세 가지[218]가 있나니
처음에는 하열함을 상대하여 깊은 것을 밝힘을 해석한 것이니 처음에 두 구절[219]이다.
첫 번째 문혜의 경계가 아니라고 한 것은 이에 두 가지 뜻이 있나니
첫 번째는 알 바의 경계가 아니요
두 번째는 분제의 경계가 아니니
문혜 가운데는 이 십지의 모습[220]이 없는 까닭이다.
『십지론』에 문혜를 해석하여 말하기를 큰일은 사유함을 수구하지 않는다 하였으니
말하자면 교법의 큰일은 문혜로 능히 얻을 수 있는 까닭이다.

疏

二는 難見難得이니 亦非思慧의 心眼見故니라

---

218 세 가지라고 한 것은 처음은 여기와 같고 기비사심하旣非四心下는 二에 석제삼구釋第三句요 말구운하末句云下는 三에 석제사구釋第四句이다. 二는 영인본 화엄 9책, p.179, 2행에 있고 三은 같은 책 p.179, 9행에 있다.
219 원문에 초이구初二句란, 제이게第二偈의 초이구初二句이다.
220 원문에 차상此相이란, 차십지상此十地相, 즉 이 십지의 모습이다.

두 번째는 보기 어려워 얻기 어려운 것이니
또한 사혜思慧의 심안心眼으로 볼 수 없는 까닭이다.

鈔

二에 思慧는 則可了見於心이라

두 번째 사혜는 곧 가히 저 마음의 경계를 알아보는 것[221]이다.

疏

三은 離念難得이니 亦非世間에 修慧境故라 以地智는 是於眞修일새 故非地前에 心數分別로 緣修之境이라

세 번째는 생각을 떠나 얻기 어려운 것이니
또한 세간에 수혜修慧의 경계가 아닌 까닭이다.
십지의 지혜는 이 진실한 수행이기에 그런 까닭으로 십지 이전에 심수心數의 분별로 반연하여 수행하는 경계가 아닌 것이다.

---

221 원문에 가료견어심可了見於心이란, 이 십지十地의 행행과 사사는 사혜思慧로 알 수 있는 경계가 아니라는 뜻이다. 원문 어심於心이라 한 아래에 三에 世間 등 열세 글자(十三字)는 다음 초문 三慧라는 말 위로 가야 한다. 나는 고쳐 놓았다.

鈔

三에 世間之修는 未忘念慮일새 故並非之니라 三慧가 皆是世間이거늘 何以就修하야 偏云世間고 答有二義하니 一은 修有眞僞하니 眞修는 似於正證일새 故不揀之요 二는 報生識智니 亦是修慧니 今取世間之修耳니라

세 번째 세간의 수혜는 생각이 없지 않기에 그런 까닭으로 모두 아닌[222] 것이다.
세 가지[223] 지혜(三慧)가 다 이 세간의 지혜거늘 무슨 까닭으로 수혜에 나아가 치우쳐 세간이라 말하는가.
답함에 두 가지 뜻이 있나니[224]
첫 번째는 수혜에 진실과 거짓이 있나니
진실한 수혜는 정증正證과 같기에 그런 까닭으로 가리지 않는 것이요

---

222 원문에 병비並非라고 한 것은 위에 사혜思慧를 겸하여 모두 아니라 한 것이다.
223 북장北藏에는 三 자 위에 問 자가 있다.
224 원문에 답유이의答有二義라고 한 것은 이 위에 문혜와 사혜는 순수한 이 세간과 출세간뿐이니 수고롭게 간별할 것이 없다. 그러나 여기에 수혜는 세간의 수혜와 출세간의 수혜가 있는 까닭으로 그 이치를 반드시 상대하여 간별해야 하나니, 첫 번째 뜻은 오직 지전地前의 수혜(수행)만 잡아 속제俗諦를 간별하고 진제眞諦를 간별하지 아니한 까닭이고, 두 번째 뜻은 지전地前과 지상地上의 수혜를 모두 잡아 상대하여 지전地前을 간별하고 지상地上을 간별하지 아니한 까닭이다. 지전地前은 세간이고 속제俗諦이다. 지상地上은 출세간이고 진제眞諦이다.

두 번째는 업보로 생기하는 분별 지혜이니
또한 이것도 수혜이니, 지금에는 세간의 수혜만 취하였을 뿐이다.

疏

四는 超心地難得이니 非唯非地前之境이라 亦非登地已上報生에 善得修道智境이니 謂變易所起인 異熟心識이 名爲報生이요 生便能知無常等故로 名善得修道智니 以非照實之智일새 故亦不測地智니라 知無常等이나 未忘心境이 名爲心地니 以七地已還은 皆容出觀故니라 又此善得修道智는 卽加行後得智요 非根本故로 所以揀之니 故瑜伽五十五修道位中에 有出世斷道와 世出世斷道라하니 旣通於世일새 故非其境이니라

네 번째는 십지의 경계를 초월하여 얻기 어려운 것이니
오직 십지 이전의 경계가 아닐 뿐만이 아니라 또한 십지에 오른 이상의 과보로 생기함에 잘 얻어 수도[225]한 지혜의 경계도 아니니 말하자면 변역으로 생기한 바 이숙異熟의 심식[226]이 이름이 과보로 생기함이 되는 것이요

---

225 원문에 수도修道는 수도위修道位이니 대승大乘에서는 초지初地로부터 십지十地까지이다.
226 원문에 이숙심식異熟心識이라고 한 것은 대개 이 이숙식異熟識이 능히 무상無常 등을 아는 까닭으로 비록 식識이라 하지만 또한 지혜(智)라는 이름도 얻는 것이다.

생기함에 곧 능히 무상 등을 아는 까닭으로 이름이 잘 얻어 수도한 지혜가 되는 것이니
진실을 비추는 지혜가 아니기에 그런 까닭으로 또한 십지의 지혜를 측량할 수 없는 것이다.
무상 등을 알지만 아직 심지의 경계를 잊지 못한 것이 이름이 심지가 되는 것이니
칠지 이상에는[227] 다 삼매에서 나오는[228] 것을 용납하는 까닭이다.
또 이 잘 얻어 수도한 지혜라고 한 것은 곧 가행한 뒤에 얻은 후득지요 근본지가 아닌 까닭으로 가리는 바이니
그런 까닭으로 『유가론』 오십오권 수도위 가운데 출세간에서 끊는 도와 세간과 출세간에서 끊는 도[229]가 있다 하였으니
이미 세간에 통하기에 그런 까닭으로 그 경계가 아닌 것이다.

鈔

故名善得者는 生而卽得하고 不假修習일새 故名善得이니 其由生하야 而知之者는 上也니라 言無常等은 等取苦空無我와 及常樂我淨이니 以昔久修無漏因故로 變易酬彼가 名爲報生이라 言以非照實者는

---

227 원문에 이칠지以七地 운운은 완전히 칠지七地 이상을 가리는 것이 아니라 오직 전칠지중前七地中에 삼매三昧에서 나오는 때만 가리는 것이다.

228 원문에 출관出觀은 出三昧이니 삼매(觀)에서 나온다는 것이다.

229 원문에 출세단도出世斷道라고 한 것은 근본지根本智이고, 세출세단도世出世斷道라고 한 것은 근본지根本智와 후득지後得智를 함께 거론한 것이다. 자세한 것은 『회현기會玄記』 25권, 31장 上을 볼 것이다.

釋不能知니 夫照實者는 忘心體極거늘 今報生識은 雖知無常等이나 不契合故로 不能知此니라 未忘心境者는 心地之言이 通有二義하니 一은 就體性이니 如梵網經에 說盧舍那佛의 心地法門이니 謂心體가 包含生成住持요 亦如法華에 一切智地니 斯爲妙也니라 今에 言心地가 是所揀者는 卽是心量法門이니 故楞伽說호대 覺自心現量하야는 非心爲心量일새 我說爲心量이라하니 心量은 卽心地故니라

그런 까닭으로 이름이 잘 얻는다고 한 것은 생기함에 곧 얻고 닦아 익힘을 가지하지 않기에 그런 까닭으로 잘 얻는다고 이름하는 것이니
그 생기함을 인유하여 아는 것은 상근기이다.
무상 등이라고 말한 것은 고와 공과 무아와 그리고 상·낙·아·정을 등취한 것이니
옛날에 오랫동안 무루의 인행을 닦은 까닭으로 변역으로 저 과보를 받는 것이 이름이 과보로 생기함이 되는 것이다.
진실을 비추는 지혜가 아니라고 말한 것은 능히 알 수 없음을 해석한 것이니
대저 진실을 비춘다고 한 것은 심지의 경계를 잊어 자체가 지극하거늘, 지금에 과보로 생기하는 심식은 비록 무상 등을 알지만 계합하지 못한 까닭으로 능히 이 십지의 지혜를 알 수 없는 것이다.

아직 심지의 경계를 잊지 못한 것이라고 한 것은 심지라는 말이 통틀어 두 가지 뜻이 있나니

첫 번째는 체성에 나아가 말한 것이니
저 『범망경』에 비로자나 부처님이 심지법문을 설한 것과 같나니, 말하자면 심지의 체성이[230] 생성生成하고 주지住持함을 포함하고 있는 것이요
또한 『법화경』에 일체 지혜의 지위라고 한 것과 같나니
이것이 묘함이 되는 것이다.
지금에[231] 심지[232]가 이 가리는 바라고 말한 것은 곧 이것은 심량心量의 법문이니
그런 까닭으로 『능가경』에 말하기를[233] 자심의 현량現量을 깨달아

---

230 원문에 심체포함心體包含 운운은 영인본 화엄 9책, p.186, 7행에 이개심지자而 皆心地者는 생성주지의生成住持義라 하였다.
231 원문에 금언수言이라고 한 아래는 영인본 화엄 9책, p.177, 末行 소문에 소이간지所以揀之라 한 것이다.
232 심지心地란, 위에 心地에 有二라고 한 그 심지心地이다.
233 『능가경楞伽經』 운운은 四卷 楞伽經 第三에 觀諸有爲法하야 離攀緣所緣하야 無心之心量을 我說爲心量하며 量者自性處엔 緣性二俱離하야 性究竟妙淨 을 我說名爲量이라 하였고, 七卷 楞伽經 第三에 觀諸有爲法하야 離能緣所緣 하야 決定唯是心일새 故我說心量하며 量之自性處엔 緣法二俱離하야 究竟 妙淨事를 我說名爲量이라 하였고, 十卷 楞伽經 第五에 觀諸有爲法하야 見諸唯心起일새 故我說唯心의 量體及形相하며 離緣及諸法하야 究竟有眞 淨을 我說如是量이라 하였다. 즉 사권『능가경』 제삼권에 모든 유위법을 관찰하여 / 반연하는 것과 반연할 바를 떠나 / 무심의 심량을 / 내가 심량이 라 설하며, 심량의 자성처에는 / 반연하는 것과 자성의 두 가지를 함께 떠나 / 자성이 구경에 묘하게 청정한 것을 / 내가 심량이라 설한다 하였고. 칠권『능가경』 제삼권에는 모든 유위법을 관찰하여 / 능히 반연하는 것과

서는 마음이 없음[234]으로 심량을 삼기에 내가 심량이라 설한다[235]
하였으니
심량이라고 한 것은 곧 심지인 까닭이다.

疏

旣非四心之境인댄 是誰境耶오 卽佛智境이라 何者是智오 見實
義故라 出生有二義하니 一은 生彼佛智故요 二는 出離於生이니
是無漏故니라

이미 네 가지 마음의 경계가 아니라고 한다면 이 무슨 경계인가.
곧 부처님 지혜의 경계인 것이다.
어떤 것이[236] 지혜인가.

반연할 바를 떠나 / 결정코 오직 이 마음인 줄 알기에 / 그런 까닭으로 내가
심량이라 설하며, 심량의 자성처에는 / 반연하는 것과 법의 두 가지를 함께
떠나 / 구경에 묘하게 청정한 일을 / 내가 설하여 심량이라 이름한다 하였고.
십권『능가경』제오권에는 모든 유위법을 관찰하여 / 모든 것이 오직 마음으
로 일어나는 줄 보기에 / 그런 까닭으로 내가 오직 마음의 / 양과 자체와
그리고 형상이라 설하며 / 반연하는 것과 그리고 모든 법을 떠나 / 구경에
있는 진실로 청정한 것을 / 내가 이와 같은 심량이라 설한다 하였다. 금자하권
金字下卷 29장을 잘 살펴볼 것이다.

234 원문에 비심非心은 곧 무심無心이다.
235 원문에 아위설심량我爲說心量이란, 아설위심량我說爲心量이니 사권四卷『능
가경楞伽經』의 말이다.
236 원문 하자何者 아래에 여덟 글자는『십지론十地論』의 말이다.

진실한 뜻을 보는 까닭이다.
출생한다고 한 것에 두 가지 뜻이 있나니
첫 번째는 저 부처님의 지혜를 출생하는 까닭이요
두 번째는 번뇌의 출생[237]을 벗어나는 것이니
이 무루지혜인 까닭이다.

鈔

二出離於生者는 如見道를 名離生이니 是無漏故니라 離生之義는 前已頻釋거니와 以論經云호대 境界智無漏라할새 故爲此會하니라 無漏出生은 皆是離過니 當體得名이요 生於佛智는 就於功能이니 望他立稱이라 然二相成이니 由無漏故로 能生佛智니라

두 번째는 번뇌의 출생을 벗어났다고 한 것은 저 견도를 번뇌의 출생을 벗어났다[238] 이름하는 것이니
이 무루지혜인 까닭이다.
번뇌의 출생을 벗어났다고 한 뜻은 앞에서 이미 자주 해석하였거니와, 『십지론경』[239]에 말하기를 경계의 지혜가 무루라 하기에 그런 까닭으로 여기에 회석하였다.

---

237 원문에 生이란, 번뇌煩惱의 출생出生을 말한다.
238 원문에 이생離生(離於生)이라고 한 것은 정성이생正性離生이니 견도위見道位에 들면 성도聖道인 열반涅槃의 정성正性을 얻어 번뇌煩惱의 生을 멀리 떠나는 것이다.
239 『십지론경』이란, 영인본 화엄 9책, p.176, 1행에 선출先出하였다.

무루지혜로 출생²⁴⁰한다고 한 것은 다 허물을 떠나는 것이니
자체에 당하여 이름을 얻은 것이요
부처님의 지혜를 출생한다고 한 것은 공능功能에 나아가 말한 것이니
저 불지를 희망하여 이름을 세운 것이다.
그러나 두 가지가 서로 성립하나니 무루지혜를 인유한 까닭으로
능히 부처님의 지혜를 출생하는 것이다.

疏

末句는 云所以難說者는 聞者가 隨聞取著하야 悉迷惑故니라

끝 구절은²⁴¹ 설하기 어려운 까닭이라고 말한 것은 듣는 사람이
들음을 따라 취착하여 다 미혹할까 염려하는 까닭이다.

---

240 원문에 무루출생無漏出生이라고 한 것은 출생出生의 이의二義 가운데 제이의
第二義인 출리어생出離於生이니 이것은 무루無漏를 의인意引한 것이다.
241 원문에 말구末句 운운이란, 영인본 화엄 9책, p.171, 末行에 后偈는 창난설소
이彰難說所以라 한 것이다. 末句란 문자실미혹聞者悉迷惑이다.

經

持心如金剛하야사 深信佛勝智하며
知心地無我하야사 能聞此勝法하니라

받아가져 듣는 마음이 금강과 같아야
부처님의 수승한 지혜를 깊이 믿으며
심지를 앎에 아가 없어야
능히 이 수승한 법을 들을 수 있습니다.

疏

第二一偈는 顯難聞者는 論云호대 已辯難說일새 復顯難聞이라하니라 然偈中에 擧具德能聞은 反顯難聞이며 兼欲使人으로 學能聞故니라 於中三句는 擧德이요 末句는 結成能聞이라 初中初句는 爲總이니 謂持聽法心이 堅如金剛하야사 則能得聞이니라 下二句는 別이라 堅有二種하니 一은 決定信堅이니 卽第二句니 若無此堅인댄 於他分法에 不能入故요 二는 證得堅이니 卽第三句니 若無證堅인댄 於自分法에 不能入故니라

제 두 번째 한 게송은[242] 법의 듣기 어려움을 나타낸다고 한 것은

---

242 원문 第二에 一偈 운운이란, 영인본 화엄 9책, p.171, 4행에 차송次頌은 현법난문顯法難聞이라 하였다.

『십지론』에 말하기를 이미 설하기 어려움을 분별하였기에 다시 듣기 어려움을 나타낸다 하였다.
그러나 게송 가운데²⁴³ 공덕을 갖추어야 능히 들음을 거론한 것은 듣기 어려움을 반대로 나타낸 것이며
겸하여 사람으로 하여금 배워서 능히 듣게 하고자 하는 까닭이다.
그 가운데 처음에 세 구절은 공덕을 거론한 것이요
끝 구절은 능히 들을 수 있음을 맺어서 성립한 것이다.
처음 세 구절 가운데 처음 구절은 총이 되는 것이니
말하자면 법을 받아가져 듣는 마음이 금강과 같이 견고하여야 곧 능히 들음을 얻을 수 있는 것이다.
아래 두 구절은 별이 되는 것이다.
견고한 것이 두 가지가 있나니²⁴⁴
첫 번째는 결정코 믿는 것이 견고한 것이니
곧 제 두 번째 구절이니 만약 이 견고함이 없다면 저 불지의 분법分法에 능히 들어갈 수 없는 까닭이요
두 번째는 증득하는 것이 견고한 것이니
곧 제 세 번째 구절이니 만약 증득하는 것이 견고함이 없다면 자분自分

---

243 원문 게중偈中 이하는 차송此頌을 의인意引한 것이다.
244 원문에 견유이종堅有二種이라고 한 것은 十地論엔 如金剛者는 堅如金剛이라 堅有二種하니 一은 決定信堅이요 二는 證得堅이라 하였다. 즉『십지론』에는 금강과 같다고 한 것은 금강과 같이 견고한 것이다. 견고한 것이 두 가지가 있나니 첫 번째는 결정코 믿는 것이 견고한 것이고 두 번째는 증득하는 것이 견고한 것이다 하였다.

의 법에 능히 들어갈 수 없는 까닭이다.

疏

深信之相은 云何고 謂於佛智에 設心智不及이나 仰推佛智는 非我境界라호미 是深信相이니 卽勝鬘의 三種正智中에 仰推智也니라 所信是何고 謂佛智慧니 以此地智가 上同佛智故니라 佛智有二하니 一은 菩提智니 是自行證法이 稱性無邊이요 二는 化生權智니 是利他敎法이 隨機隱顯하야 種種差別이라 卽是法華에 諸佛智慧와 及智慧門이니 於此二深에 皆能信故니라

깊이 믿는 모습은[245] 어떤 것인가.
말하자면 부처님의 지혜에 설사 십지心智가 미칠 수 없지만 부처님의 지혜는 나의 경계가 아니라고 우러러 미루는 것이 이것이 깊이 믿는 모습이니
곧『승만경』세 가지 바른 지혜 가운데 우러러 미루는 지혜이다.
믿는 바는 이 무엇인가.
말하자면 부처님[246]의 지혜이니 이 십지의 지혜가 위로 부처님의 지혜와 같은 까닭이다.

---

[245] 원문에 심신지상深信之相 운운은 十地論에 云何深信佛智慧고 唯佛所知요 非我境界라하니라. 즉『십지론』에 어떤 것이 부처님의 지혜를 깊이 믿는 것인가. 오직 부처님만이 알 바이고 나의 경계는 아니다 하였다.
[246] 원문 佛 자 아래 초문에는 勝 자가 있다.

부처님의 지혜가 두 가지가 있나니
첫 번째는 보리의 지혜이니
스스로 수행하여 증득한 법이 자성에 칭합하여 끝이 없는 것이요
두 번째는 중생을 교화하는 방편의 지혜이니
다른 사람을 이롭게 하는 교법이 근기를 따라 숨기도 하고 나타나기도 하여 가지가지로 차별한 것이다.
곧 이것은 『법화경』에 모든 부처님의 지혜와 그리고 지혜의 문門이니 이 두 가지 깊은 것에 다 능히 믿는 까닭이다.

鈔

卽勝鬘의 三種正智中에 仰推智者는 彼經에 勝鬘白佛言호대 云何三種이닛가 善男子善女人이 於甚深法義에 離自毀謗하면 生大功德하야 入大乘道하리라 何等爲三고하면 謂若有善男子善女人이 自成就甚深法智거나 若善男子善女人이 成就隨順法智거나 若善男子善女人이 於諸深法에 不自了知어든 仰推世尊은 非我境界요 唯佛所知라하면 是名善男子善女人의 仰推如來智니라 除此諸善男子善女人已하고 餘諸衆生이 於諸深法에 堅著妄說하야 違背正法하며 習諸外道하야 腐敗種子하면 當以王力과 及天龍鬼神力으로 而調伏之라하니라 所信是何下는 釋佛勝智字라 於中有四하니 初는 明地智가 得名佛智所以요 佛智有二下는 二에 開義別釋이라 此中有四對義가 共成一義하니 謂一은 前是菩提實智며 後是化生權智요 二는 前是自行이며 後是利他요 三은 前是證道며 後是敎道요 四는 前實智稱性하야 無分

量이며 後權智則差別하야 有隱顯이니 說權爲實인댄 則隱實施權이요 說權爲權인댄 則權實皆顯이라 其無邊과 種種은 卽是論文이니 由佛菩提가 無有邊故니라 故佛化生에 所說法門이 種種差別하니라

곧 『승만경』 세 가지 바른 지혜 가운데 우러러 미루는 지혜라고 한 것은 저 『승만경』에 승만부인이 부처님께 여쭈어 말하기를 어떤 것이 세 가지 바른 지혜입니까.
선남자와[247] 선녀인이 깊고도 깊은 법의 뜻에 스스로 훼방함을 떠난다면 큰 공덕을 생기하여 대승의 도에 들어갈 것이다.
어떤 등이 세 가지가 되는가[248] 하면, 말하자면 만약 선남자와 선녀인이 스스로 깊고도 깊은 법의 지혜를 성취하거나 만약 선남자와 선녀인이 수순하는 법의 지혜를 성취하거나 만약 선남자와 선녀인이 모든 깊은 법에 스스로 요달하여 알지 못함이 있거든 세존은 나의 경계가 아니요 오직 부처님만이 알 바라고 우러러 미룬다면 이 이름이 선남자와 선녀인이 여래에게 우러러 미루는 지혜이다. 이 모든 선남자와 선녀인을 제외하여 마치고 나머지 모든 중생이 저 모든 깊은 법에 굳게 집착하고 허망하게 설하여 정법을 어기고 등지며 모든 외도의 법을 익혀 종자가 부패한다면 마땅히 왕의 힘과 그리고 하늘과 용과 귀신의 힘으로써 조복할 것이다 하였다.

---

247 선남자善男子라고 한 아래는 불답佛答이다. 즉 부처님의 답이다.
248 원문에 하등위삼何等爲三이라고 한 아래는 별명삼종정지別明三種正智이다. 즉 세 가지 바른 지혜를 따로 밝힌 것이다.

믿는 바는 이 무엇인가 한 아래는 부처님의 수승한 지혜(佛勝智)라는 글자를 해석한 것이다.

그 가운데 네 가지가 있나니

처음에는 십지의 지혜가 부처님의 지혜라고[249] 이름함을 얻는 까닭을 밝힌 것이요

부처님의 지혜가 두 가지가 있다고 한 아래는 두 번째[250] 뜻을 열어 따로 해석한 것이다.

이 가운데[251] 네 가지 상대의 뜻이 함께 한 가지 뜻을 이루는 것이 있나니

말하자면 첫 번째는 앞은 이 보리의 진실한 지혜이며 뒤는 이 중생을 교화하는 방편의 지혜요

두 번째는 앞은 이 자리행이며 뒤는 이 이타행이요

세 번째는 앞은 이 증도이며 뒤는 이 교도요

네 번째는 앞은 진실한 지혜가 자성에 칭합하여 분량이 없는 것이며 뒤는 방편의 지혜가 곧 차별하여 숨고 나타남이 있는 것이니 방편을 설하여 진실이라 한다면[252] 곧 진실을 숨기고 방편을 시여하는

---

249 원문 지득智得 아래에 名 자가 있어야 한다.
250 下 자 아래 二 자가 있는 것이 좋아 보증하였다.
251 이 가운데라고 한 것은 두 번째 가운데이다.
252 원문에 설권위실說權爲實 등이라고 한 것은 여기에 방편과 진실이라는 글자는 다 방편의 지혜 가운데 설한 바 교법을 잡아 말한 것이니, 앞에 방편과 진실이라는 글자를 지혜가 그 자성에 칭합함을 잡아 말한 것과는 같지 않은 것이다.

것이요

방편을 설하여 방편이라 한다면 곧 방편과 진실을 다 나타내는 것이다.

그 끝이 없다는 것과 가지가지[253]라고 한 것은 곧 이 『십지론』문[254]이니 부처님의 보리가 끝이 없음[255]을 인유한 까닭이다.

그런 까닭으로 부처님이 중생을 교화함에 설한 바 법문이 가지가지로 차별한 것이다.

卽是法華下는 三에 證成勝義니 卽方便品初云호대 爾時世尊이 從三昧로 安詳而起하사 告舍利弗하사대 諸佛智慧는 甚深無量하며 其智慧門은 難解難入이라하얏거늘 論釋云호대 諸佛智慧는 卽證甚深이요 其智慧門은 則阿含甚深이라하니 故此二句이 卽佛의 敎證二道니라 故古人云호대 二深先唱하야 警察群座之心이라하니 是也니라 彼經自釋호대 如來知見이 廣大深遠이라하니 卽實智也요 如來의 方便知見波羅蜜이 皆已具足이라하니 卽權智也라 所以難解者는 一은 當體深故요 二는 權實隱顯故라 故云唯有諸佛이 乃能知之라하니라 下廣文云호대 諸佛의 隨宜說法이 意趣難解라하니 卽智慧門難入也요 唯以一大事因緣故로 出現於世라하니 卽智慧甚深也라 昔不言三이 是

---

253 원문에 무변無邊은 칭성무변稱性無邊이고, 종종種種은 종종차별種種差別이다.
254 원문에 시론문是論文이라고 한 것은 『십지론十地論』 문이다.
255 원문에 불보리佛菩提 운운은 『십지론』에는 佛菩提는 無邊이요 佛化衆生에 所說法門의 種種信故라하니라. 즉 부처님의 보리는 끝이 없고 부처님이 중생을 교화함에 설한 바 법문의 가지가지를 믿는 까닭이다 하였다.

方便故로 方便門閉어니와 今云三乘은 是方便門開니 開則見實이라
故彼經云호대 此經은 開方便門하야 示眞實相이라하니 故方便門은
如蓮之華하고 眞實相者는 如華之蓮하니 此華不有則已어니와 有則
華實雙含이요 此經不說則已어니와 說則權實雙辨이라 一經이 唯爲
說佛智慧니 故彼文云호대 說佛智慧故로 諸佛出於世라하니라 以佛
智慧가 不離敎證과 權之與實일새 故說二深하니 卽已略示法華經宗
하니라 此二는 亦卽淨名經中에 智度菩薩母요 方便以爲父니 一切衆
導師가 無不由是生이라 故地智二道가 徹果海之二深이라하니 是所
信也니라 於此二深에 皆能信故는 四에 結成信義라

곧 이것은 『법화경』이라고 한 아래는 세 번째 수승한 뜻을 증거하여 성립한 것이니

곧 방편품 초에 말하기를 그때에 세존이 삼매로 좇아 편안히 일어나 사리불께 말씀하시기를 모든 부처님의 지혜는 깊고도 깊어 헤아릴 수 없으며 그 지혜의 문은 알기 어렵고 들어가기 어렵다 하였거늘, 『법화론』[256]에 해석하여 말하기를 모든 부처님의 지혜라고 한 것은 곧 증득함의 깊고 깊은 것이요

그 지혜의 문이라고 한 것은 곧 아함의 깊고 깊은 것이다 하였으니 그런 까닭으로 이 두 구절이 곧 부처님의 교와 증의 이도二道인 것이다.

그런 까닭으로 고인이 말하기를 두 가지 깊은 것을 먼저 말을 하여

---

256 『법화론法華論』은 세친世親이 지었다. 서품, 방편품을 주로 해석하였다.

앉아 있는 수많은 대중의 마음을 경계하고 살핀다 하였으니 이것이다.

저 『법화경』에 스스로 해석하기를 여래의 지견이 넓고 크고 깊고 멀다 하였으니 곧 진실한 지혜요

여래의 방편 지견 바라밀이 다 이미 구족되었다 하였으니 곧 방편의 지혜이다.

그런 까닭으로 알기 어렵다고 한 것은 첫 번째는 당체가 깊은[257] 까닭이요

두 번째는 방편과 진실이 숨고 나타나는[258] 까닭이다.

그런 까닭으로 말하기를 오직 모든 부처님만이 이에 능히 알 수 있다 하였다.

아래 널리 설한 경문에[259] 말하기를 모든 부처님이 마땅함을 따라 법을 설한 것이 그 뜻이 알기 어렵다 하였으니 곧 지혜의 문에 들어가기 어렵다는 것이요

오직 일대사인연인 까닭으로 세간에 출현한다 하였으니 곧 지혜가 깊고도 깊다는 것이다.

옛날[260]에는 삼승이 이 방편이라고 말하지 아니한 까닭으로 방편문을 닫았거니와 지금[261]에 삼승을 말한 것은 이 방편문을 연 것이니

---

257 당체가 깊다고 한 것은 지혜이다.
258 방편과 진실이 숨고 나타난다고 한 것은 지혜의 문門이다.
259 아래 널리 설한 경문이라고 한 것은 『법화경』이 아래 경문이니 이 위에는 곧 약설略說이고 이 아래는 광설廣說이다.
260 원문에 昔이란, 『법화경法華經』을 설하기 이전이다.

연 것은 곧 진실을 보인 것이다.

그런 까닭으로 저 『법화경』에 말하기를 이 경은 방편문을 열어 진실한 모습을 보이는 것이다 하였으니

그런 까닭으로 방편문은 연蓮의 꽃과 같고 진실한 모습은 꽃의 연과 같나니

이 꽃이 있지 않다고 한다면 곧 그만이거니와 있다고 한다면 곧 꽃과 열매를 함께 포함하고 있는 것이요

이 경을 설하지 않는다고 한다면 곧 그만이거니와 설한다고 한다면 곧 방편과 진실을 함께 분별해야 하는 것이다.

이 한 경[262]이 오직 부처님의 지혜를 설하기 위한 것이니

그런 까닭으로 저 『법화경』 문에 말하기를 부처님의 지혜를 설하기 위한 까닭으로 모든 부처님이 세상에 출현하셨다 하였다.

부처님의 지혜가 교와 증과 방편과 더불어 진실을 떠나지 아니하였기에 그런 까닭으로 두 가지 깊은 것[263]을 설하였으니

곧 이미[264] 『법화경』의 종요를 간략하게 현시한 것이다.

이 두 가지[265]는 또한 곧 『정명경』 가운데 지혜바라밀[266]이 보살의 어머니요 방편바라밀[267]이 아버지가 되나니, 일체 수많은 도사가

---

261 원문에 수이란, 『법화경法華經』을 설할 때이다.
262 원문에 일경一經이란, 『법화경法華經』이다.
263 원문에 이심二深이란, 불지혜佛智慧와 지혜문智慧門이다.
264 원문에 以는 已 자가 옳다. 나는 고쳤다.
265 원문에 차이此二란, 불지혜佛智慧와 지혜문智慧門이다.
266 원문에 지도智度란, 또한 증도證道이다.
267 방편方便이란, 또한 교도敎道이다.

이 중생을 인유하지 아니함이 없는 것이다.
그런 까닭으로 십지의 지혜에 교와 증의 이도二道가 과해果海의 두 가지 깊은 것에 사무친다 하였으니
이것은 믿는 바이다.

이 두 가지 깊은 것에 다 능히 믿는 까닭이라고 한 것은 네 번째[268] 믿는 뜻을 맺어 성립한 것이다.

疏

云何證堅고 此亦有二하니 一에 知는 是能證이요 二에 心地는 是所證이라 言無我者는 通能所證이라 心地는 卽二空眞理의 所依之事니 謂唯識相이라 論云隨心所受인 三界中報라하니 此卽異熟識이요 又隨心所行인 一切境界도 亦名心地라하니 此卽前七轉識과 及通八識相分의 內外諸境이니 於此二類에 如實了知我法二空하야사 成無我智니라

어떤 것이 증득하는 것이 견고한 것인가.
여기에 또한 두 가지가 있나니
첫 번째 안다[269]고 한 것은 이 능증이요
두 번째 심지[270]라고 한 것은 이 소증이다.

---

268 원문 故 자 아래 四 자가 있으면 좋아 보증하였다.
269 원문에 知라고 한 것은 영인본 화엄 9책, p.180, 1행 경문이다.

아가 없다고 말한 것은 능증과 소증에 통하는 것이다.
삼지라고 한 것은 곧 이공二共 진리의 의지할 바 일이니 말하자면 유식의 모습이다.
『십지론』에 말하기를 마음을 따라 받은 바[271] 삼계 가운데 과보라 하였으니 이것은 곧 이숙식異熟識이요
또 마음을 따라[272] 행한 바 일체 경계도 또한 심지라 이름한다 하였으니 이것은 곧 앞의 칠전식七轉識[273]과 그리고 제팔식 상분상분의 안과 밖의 모든 경계[274]에 통하는 것이니
이 두 가지 유형에 아와 법의 이공二空을 여실하게 요달하여 알아야 무아의 지혜를 이루는 것이다.

鈔

心地等者는 義出體性也라 言所依之事者는 明非能依理니 理卽無我故니라 言唯識相者는 則顯非唯識性이니 唯識性은 卽二無我理요

---

270 원문에 심지心地라고 한 것은 역시 같은 책 p.180, 1행 경문이다.
271 원문에 수심소수隨心所受라고 한 것은 能受心則是前異熟이요 所受報則是今異熟이라. 즉 능히 받을 마음은 곧 앞에 이숙식이고 받은 바 과보는 곧 지금에 이숙식이다.
272 원문에 우수심又隨心이라고 한 아래는 『십지론十地論』 文이다.
273 원문에 전칠전식前七轉識이란, 전오식前五識과 제육식第六識과 제칠식第七識이 제팔식第八識 앞(前)에 있기에 전칠전식前七轉識이라 한다.
274 전칠전식前七轉識은 능행能行의 마음이고, 팔식상분경계八識相分境界는 소행所行의 경계이다.

二無我理는 卽勝義諦라 故唯識云호대 此諸法勝義며 亦卽是眞如니 常如其性故로 卽唯識實性이라하니 此分性相의 二門不同이라 卽此心地는 便是無我일새 事理가 非異非一이니 是此所證이라 論云下는 論釋心地가 通於二類하니 初는 卽第八識이요 又隨心下는 次에 卽通七識과 及八識의 所緣之境이라 言內外境界者는 六識緣六塵은 卽是外境이요 第七緣第八은 卽爲內境이요 第八緣三境하나니 根身種子는 卽是內境이요 緣器世間은 卽是外境이라 又意識도 亦通緣內外하고 五識도 亦有通內外義일새 故云諸境이라하니라 而皆名心地者는 生成住持義故니 依八生於七하고 七復熏成八하며 以心變於境하고 託境而生心일새 皆得心地名하니라 於此二類下는 總相收束一句之意니라

심지라고 한 등은 그 뜻이 자체성을 설출한 것이다.
의지할 바 일이라고 말한 것은 능히 의지하는 진리가 아님을 밝힌 것이니 진리는 곧 무아인 까닭이다.
유식의 모습이라고 말한 것은 곧 유식의 자성이 아님을 나타낸 것이니 유식의 자성은 곧 두 가지 무아[275]의 진리요,
두 가지 무아의 진리는 곧 승의제勝義諦이다.
그런 까닭으로 『유식론』에[276] 말하기를

---

275 원문에 이무아二無我라고 한 것은 인무아人無我와 법무아法無我이다.
276 『유식론』 운운은 『유식삼십송』이다.

이것은 모든 법의 승의勝義이며
또한 곧 이것은 진여이니
항상 그 자성과 같은 까닭으로
곧 유식의 진실한 자성이다 하였으니

이것은 자성과 모습[277]의 이문二門이 같지 아니함을 나눈 것이다.[278] 곧 이 심지는 곧 이 무아이기에 사리事理가 다르지도 않고 하나도 아니니 이것은 증득[279]하는 바이다.

『십지론』에 말하였다고 한 아래는 『십지론』에 심지가 두 가지 유형에 통한다고 해석하였으니
처음에는 곧 제팔식이요
또 마음을 따라 행하는 바라고 한 아래는 다음에 곧 칠전식과 그리고 제팔식의 반연하는 바 경계에 통하는 것이다.
안과 밖의 모든[280] 경계라고 말한 것은 육식이 육진을 반연하는

---

277 원문에 性은 유식성唯識性이고, 相은 유식상唯識相이다.
278 이것은 자성과 모습의 이문二門이 같지 아니함을 나눈 것이라고 한 것은 대개 유식의 진실한 자성 가운데는 매양 심지心地로써 유식의 모습을 삼고 무아無我로써 유식의 자성을 삼는 까닭으로 소가가 저 유식종을 따라 이문二門이 같지 아니함을 나누었지만 그 본래의 뜻인즉 일찍이 있지 아니함이 없어서 사리가 하나도 아니고 다르지도 않으니 이와 같은 이후에사 바야흐로 이 경의 종취를 따르는 까닭이다. 그런 까닭으로 말하기를 심지는 곧 이 무아 등이라 하였다.
279 원문에 信 자는 證 자의 잘못이다.

것은 곧 이것은 밖의 경계요

제칠식이 제팔식을 반연하는 것은 곧 안의 경계요

제팔식이 세 가지 경계를[281] 반연하나니

근신根身과 종자種子는 곧 이것은 안의 경계요

기세간을 반연하는 것은 곧 이것은 밖의 경계이다.

또 제육의식도 또한 안과 밖의 경계를 모두 반연하고[282] 전오식도 또한 안과 밖의 경계를 모두 반연하는 뜻이 있기에 그런 까닭으로 말하기를 모든 경계라 하는 것이다.

그러나 다 심지라고 이름한 것은 생성生成하고 주지住持하는 뜻인 까닭이니

제팔식을 의지하여 제칠식을 생기하고 제칠식이 다시 훈습하여

---

280 원문 경계境界를 소문疏文엔 제경諸境이라 하였다.
281 원문 三境 아래에 緣 자가 있어야 한다.
282 원문에 우의식역통연내외又意識亦通緣內外라고 한 것은 『잡화기雜華記』는 다만 의식意識이 아我(內)와 아소我所(外)를 반연하는 까닭이고, 오식통연내외五識通緣內外라고 한 것은 오식五識이 자기 오진五塵(內)과 다른 오진五塵(外)을 반연하는 까닭이라고만 하였으나, 『유망기遺忘記』는 좀 더 구체적으로 말하고 있다. 즉 이 위에는 육식을 모두 잡아 다만 밖으로 육진六塵을 반연한다고만 하였으나 지금에는 모든 육식六識 가운데 제육식第六識과 전오식前五識을 구분하여 다 안과 밖의 경계를 모두 반연한다 하였다. 그리고 제육식第六識이 我와 我所를 반연하니 我는 안(內)이고 我所는 밖(外)이다. 그리고 전오식前五識은 다만 밖의 경계만 반연하지만 그러나 이 경계가 곧 제팔식第八識의 상분相分인 까닭으로 또한 안의 경계도 반연한다고 말하고 있다.

다시 제팔식을 이루며, 마음이[283] 경계를 변화하고 경계를 의지하여 마음을 생기하기에[284] 다 심지라는 이름을 얻는 것이다.
이 두 가지 유형이라고 한 아래는 총상으로 한 구절[285]의 뜻을 거두어 묶은 것이다.

疏

下句는 結成이니 旣知難聞之義가 如是로대 具上二堅하야사 方聞上來에 微細勝智니라

아래 구절[286]은 맺어 성립한 것이니
이미 듣기 어렵다는 뜻이 이와 같은 줄 알았지만 위에 두 가지 견고함[287]을 갖추어야 바야흐로 상래에 미세하고 수승한 지혜를 들을 수 있는 것이다.

---

283 원문에 이심以心이라 한 心은 제팔식第八識이다.
284 원문에 생심生心이라 한 心은 육六·칠식七識이다.
285 원문에 일구一句란, 지심지무아知心地無我이다.
286 원문에 하구下句란, 경문에 능문차승법能聞此勝法이다.
287 원문에 이견二堅이란, 決定信堅과 證得堅이니 즉 결정코 믿음이 견고한 것과 증득함이 견고한 것이다.

經

如空中彩畫하며 如空中風相하나니
牟尼智如是하야 分別甚難見하니다

허공 가운데 채색한 그림과 같으며
허공 가운데 바람의 모습과 같나니
석가모니의 지혜도 이와 같아서
분별로는 매우 보기 어렵습니다.

疏

第三一偈는 喩難說聞中에 上半喩요 下半法合이라 此中喩意는 不單取虛空이니 以無畫處空으로는 不爲喩故며 亦不單取畫니 以壁上畫로는 不將喩故니라 正取空中之畫니 風喩亦然하야 於中에 能依風畫로 以喩阿含하고 所依之空으로 以喩證智하니라 然空中風畫를 不可言無니 謂若依樹壁인댄 則可見故요 亦不可言有니 依空不住故니라 非有非無일새 故不可說이니 文意正爾니라

제 세 번째 한 게송은 설하기 어렵고[288] 듣기 어려움을 비유하는 가운데 위에 반 게송은 비유요
아래 반 게송은 법합이다.

---

288 원문에 난설難說이라 한 難 자를 顯 자라 한 것은 잘못이다. 難 자가 옳다.

이 가운데 비유의 뜻은 단순히 허공만을 취한 것이 아니니 그림이 없는 처소의 허공으로는 비유할 수 없다는 까닭이며
또한 단순히 그림만을 취한 것이 아니니 벽상에 그림으로는 가져 비유할 수 없다는 까닭이다.
바로 허공 가운데 그림을 취한 것이니 바람의 비유도 또한 그러한 것이다.
그 가운데 능히 의지하는 바람과 그림으로 아함에 비유하고, 의지하는 바 허공으로 증득한 지혜에 비유한 것이다.
그러나 허공 가운데 바람과 그림을 가히 없다고 말할 수 없나니[289] 말하자면 만약 수벽樹壁을 의지한다면 곧 가히 볼 수 있는[290] 까닭이요

---

289 원문에 연공중풍화불가언무然空中風畫不可言無 운운은 이 가운데는 비록 다만 허공의 바람과 허공의 그림만을 잡아 있는 것도 아니고 없는 것도 아니라고 말하는 것이지만 이치는 실로 허공의 자체도 또한 있는 것도 아니고 없는 것도 아니라고 말하고 있다. 허공이 있지 않다는 것은 가히 알 수 있거니와 허공이 없지 않다는 것은 바람과 그림이 허공에 있는 것이 다만 없다는 다른 허공과는 다른 까닭이다. 그렇다면 법합法合에 나아가서도 비록 다만 교법敎法만이 있는 것도 아니고 없는 것도 아니라고 말하는 것이지만 이치는 실로 또한 증법證法도 있는 것도 아니고 없는 것도 아니라고 말하고 있다. 증법이 있지 않다는 것은 가히 알 수 있거니와 증법이 있지 않다는 것은 모든 성인이 친히 진여를 증득함이 있음을 말하는 것이다. 그렇다면 증법으로써 교법을 섭수하여도 교법 또한 가히 있다고 말할 수 없고, 교법으로써 증법을 섭수하여도 증법 또한 가히 없다고 말할 수 없는 것이다. 아래 허공 가운데 새의 자취를 비유한 곳에도 또한 이와 같은 예가 있다. 이상은 『잡화기雜華記』의 말로서 설명이 다단하여 이 소문을 이해하기가 더 어렵다. 차라리 이 소문을 보면 더 쉽게 이해가 된다 하겠다.

또한 가히 있다고 말할 수 없나니
허공을 의지하여 머물지 않는 까닭이다.
있지도 않고 없지도 않기에 그런 까닭으로 가히 말할 수 없는 것이니
경문의 뜻이 바로 그런 것이다.

疏

論有三段하니 初釋喩相이요 次釋合相이요 後揀喩不同이라 初中 有三하니 初는 離釋二喩하야 以明非有요 次는 合釋二喩하야 以明 非無요 三은 雙結二喩하야 成不可說이라 前中에 畫喩有二하니 一은 正顯喩相이니 云此偈는 示現如空中畫色이 如壁者는 謂此 空中畫色이 不異壁上畫色일새 故云如壁이라하니라 若爾인댄 何 以不見고 二는 顯其非有니 論云호대 是中不住일새 故不可見이라 하니 謂壁上之畫는 有壁可住일새 故可得見거니와 空中之畫는 無 可依住일새 故不可見이라 下風喩도 亦有二段하니 一은 云如空中 風이 如樹葉이라하니 此正顯喩相이요 二는 云是中不住일새 故不 可得見이라하니 此顯非有니 謂樹葉上風은 有葉可依일새 故可得 見거니와 空中之風은 無可依住일새 故不可見이라 二는 合釋二喩 하야 以辯非無니 云此動作者는 非不空中에 有是二事라하니 此論

---

290 원문에 약의수벽즉가견若依樹壁則可見이라고 한 것은 법합法合에 있어 말하자 면 만약 증득한 지혜로 섭수한 바 名·句·文·身이 아니라면 곧 가히 말할 수 있고 가히 들을 수 있는 까닭이다.

意는 明但無可依일새 故不得見이언정 非風動畫作이 其體全無니라 三은 結成不可說義니 云是虛空處와 事不可得說處者는 虛空處는 是風畫의 所依之空이요 虛空事는 是空中에 風畫之相이니 由前義故로 不可說有요 由後義故로 不可說無니라 故此空處와 及畫事風事를 皆不可說其處所니라

『십지론』에 삼단이 있나니
처음에는 비유의 모습을 해석한 것이요
다음에는 법합의 모습을 해석한 것이요
뒤에는 비유가 같지 아니함을 가린 것이다.
처음 가운데 세 가지가 있나니
처음에는 두 가지 비유를 분리하여 해석하여 있지 아니함을 밝힌 것이요
다음에는 두 가지 비유를 합하여 해석하여 없지 아니함을 밝힌 것이요
세 번째는 두 가지 비유를 함께 맺어 가히 말할 수 없음을 성립한 것이다.

앞의 가운데 그림의 비유가 두 가지가 있나니
첫 번째는 바로 비유의 모습을 나타낸 것이니
『십지론』에 말하기를 이 게송은 허공 가운데 화색과 같은 것이 벽상에 화색과 같음을 시현한 것이라고 한 것은 말하자면 이 허공 가운데 화색이 벽상에 화색과 다르지 않기에 그런 까닭으로 말하기

를 벽상에 화색과 같다 하였다.
만약 그렇다고 한다면 무슨 까닭으로 보지 못하겠는가.
두 번째는 그것이 있지 아니함을 나타낸 것이니
『십지론』에 말하기를 이 가운데 머물지 않기에 그런 까닭으로 가히 볼 수 없다 하였으니
말하자면 벽상에 그림은 벽상에 가히 머물 수 있기에 그런 까닭으로 가히 봄을 얻거니와 허공 가운데 그림은 가히 의지하여 머물 수 없기에 그런 까닭으로 가히 볼 수 없는 것이다.

아래 바람의 비유도 또한 이단이 있나니
첫 번째는 『십지론』에 말하기를 허공 가운데 바람과 같은 것이 나뭇잎과 같다 하였으니
이것은 바로 비유의 모습을 나타낸 것이요
두 번째는 『십지론』에 말하기를 이 가운데 머물지 않기에 그런 까닭으로 가히 봄을 얻을[291] 수 없다 하였으니
이것은 있지 아니함을 나타낸 것이니
말하자면 나뭇잎 위에 바람은 잎을 가히 의지할 수 있기에 그런 까닭으로 가히 봄을 얻거니와 허공 가운데 바람은 가히 의지하여 머물 수 없기에 그런 까닭으로 가히 볼 수 없는 것이다.

두 번째는 두 가지 비유를 합하여 해석하여 없지 아니함을 분별[292]한

---

291 원문에 得 자는 본론本論엔 없다.

것이니

『십지론』에 말하기를 이 풍동風動과 화작畵作은 허공 가운데 이 두 가지 일이 있지 않는 것이 아니다 하였으니

이『십지론』의 뜻은 다만 가히 의지하여 머물 수 없기에 그런 까닭으로 봄을 얻을 수 없는 것일지언정 풍동과 화작이 그 자체가 온전히 없는 것이 아님을 밝힌 것이다.

세 번째는 가히 말할 수 없는 뜻을 맺어 성립한 것이니
『십지론』에 말하기를 이 허공의 처소와 일을 가히 설할 곳을 얻을 수 없다고 한 것은 허공의 처소는 바람과 그림이 의지할 바 허공이요 허공의 일은 이 허공 가운데 바람과 그림의 모습이니
앞에 뜻을 인유한 까닭으로 가히 있다고 말할 수 없고
뒤에 뜻을 인유한 까닭으로 가히 없다고 말할 수 없는 것이다.
그런 까닭으로 이 허공의 처소와 그리고 그림의 일과 바람의 일을 다 가히 그 처소를 설할 수 없는 것이다.

鈔

論有三段下는 三에 擧論廣釋이라 具引論文이 科釋畢備하니 細尋可見이라

『십지론』에 삼단이 있다고 한 아래는 세 번째『십지론』을 들어

---

292 원문에 辨 자는 앞에서는 明 자로 되어 있다.

널리 해석한 것이다.
갖추어 인용한 논문이 과목과 해석을 다 갖추었으니[293]
자세히 찾아보면 가히 볼 수 있을 것이다.

疏

第二에 釋合喩中에 次第로 合上三段호대 而但雙合하니 初는 論云 是畫風如說者는 此合上喩相이라 次는 論云以非自性하야 不可 得이니 是不住故며 以其客故者는 合上非有니 卽以非自性은 合 上不住요 以其客故者는 出名無性과 不住所以니 謂名은 是實之 賓일새 故無所住며 無自性也니라 二는 合前非無니 云非不於中에 有此言說이라하니라 三은 合前結成不可說이니 云如是佛智를 言 說顯示하야 地校量勝이니 分別難見者는 佛智는 卽所分別이니 合 上空處요 言說顯示下는 是能分別이니 合上空中事라 以詮從旨 일새 故亦難見은 合上不可說處니 然論佛智는 卽今經牟尼智니 牟尼는 此云寂默이니 以智相이 卽智性故니라 此卽地智어늘 而名 佛智者는 無二體故며 亦是譯人이 見牟尼之言이 謂是釋迦故耳 니라

제 두 번째 비유를 법합하여[294] 해석하는 가운데 차례로 위에 삼단을

---

293 원문에 과석필비科釋畢備라고 한 것은 『십지론十地論』을 들어 널리 해석한 삼단三段을 다 가리킨 것이지 다만 뒤에 소문疏文만 가리킨 것이 아니다.
294 원문에 합유合喩라고 한 것은 영인본 화엄 9책, p.187, 말행末行에 석합상釋合上

합하여 해석하되 다만 두 가지만 합하여²⁹⁵ 해석하였으니
처음에는 『십지론』에 말하기를 이 그림과 바람이 교설과 같다고
한 것은 이것은 위에 비유하는 모습에 법합한 것이다.
다음에는 논문에 말하기를 자성이 없어서 가히 얻을²⁹⁶ 수 없나니
이것은 머물지 않는 까닭이며 그것은 객인 까닭이라고 한 것은
위에 있지 않다고 함에 법합한 것이니
곧 자성이 없다고 한 것은 위에 머물지 않는다고 한 것에 법합한
것이요
그것은 객인 까닭이라고 한 것은 성명聲名의 자성이 없는 것과 머물지
않는 까닭을 설출한 것이니
말하자면 성명은 이 진실의 객이기에 그런 까닭으로 머무는 바가
없으며 자성이 없는 것이다.
두 번째는 앞에 없지 않다고 한 것에 법합한 것이니
『십지론』에 말하기를 저 가운데 언설이 있지 아니함이 없다 하였다.
세 번째는 앞에 가히 말할 수 없음을 맺어 성립한다고 한 것에
법합한 것이니
『십지론』에 말하기를 이와 같이 부처님의 지혜를 언설로 현시하여
십지의 수승함을 헤아리지만 분별로는 보기 어렵다고 한 것은 부처
님의 지혜는 곧 분별할 바이니 위에 허공의 처소에 법합한 것이요
언설로 현시한다고 한 아래는 이것은 능히 분별하는 것이니 위에

相이라 하였다.
295 원문에 쌍합雙合이라고 한 것은 화畵와 풍風이다.
296 원문 得 자 아래 본론本論엔 見 자가 더 있다.

허공 가운데 일에 법합한 것이다.

언전言詮으로써 뜻을 좇기에²⁹⁷ 그런 까닭으로 또한 보기 어렵다고 한 것은 위에 가히 설할 곳이 없다고 한 것에 법합한 것이다. 그러나 『십지론』²⁹⁸에 부처님의 지혜라고 한 것은 곧 지금 경에 석가모니의 지혜라고 한 것이니

모니牟尼는 여기에서 말하면 적묵寂默이니 지혜의 모습이 곧 지혜의 자성²⁹⁹인 까닭이다.

이것은 곧 십지의 지혜거늘 그러나 부처님의 지혜라고 이름한 것은 두 가지 자체³⁰⁰가 없는 까닭이며 또한 이것은 번역하는 사람³⁰¹이 모니라는 말이 석가모니라고 말함을 나타낸 것일 뿐인 까닭이다.

---

297 원문에 이전종지以詮從旨 운운은 곧 분별난견分別難見이다.
298 원문에 논論이란, 혹 초문鈔文처럼 『십지경十地經』이라 할 수 있으나 이 대목의 게송에는 불지佛地란 말이 없고 『십지론十地論』에만 있다. 그러나 다음 게송에는 아념불지혜我念佛智慧라 하여 있기는 하다. 그러나 여기서는 아니다. 앞에서도 심신불지혜深信佛智慧라 하였다.
299 원문에 지상즉지성智相卽智性이라고 한 것은 論經(論)에 旣但云 佛智則是智相이라 하얏거늘 而今經에 旣有寂默之言則 以智相卽智性故니라. 즉 『십지론』에 이미 다만 부처님의 지혜가 곧 이 지혜의 모습이라 하였거늘 그러나 지금 경에 이미 적묵이라는 말이 있었다면 곧 지혜의 모습이 곧 지혜의 자성인 까닭이라는 것이다.
300 원문에 이체二體라고 한 것은 지지地智와 불지佛智이다.
301 원문에 역인譯人이라고 한 것은 『십지론경十地論經』의 역자譯者이다.

鈔

但文中云호대 合上非有니 卽以非自性者는 由上論云호대 以非自性
하야 不可得이니 是不住故니라 卽知하라 非自性不可得은 是聲名等
이 從緣無性일새 故不可得이니 如彼風畫가 依空無住일새 故云以無
自性은 合上不住也라하니라 出名無性者는 謂聲從緣生일새 故無自
性이며 依法立名일새 故是虛假니라 故肇公云호대 名은 無得物之功
하고 物은 無當名之實하니 名無得物之功은 非名也요 物無當名之實
은 非物也라하니라 若實卽名인댄 見面則應知名이요 若名卽實인댄
召火則應燒口리니 故知하라 名是假設이라 安有自性이리요 卽如風
等이 與虛空合하니라 然論經云호대 佛智者는 卽會論經今經의 二經
同異라

다만 소문 가운데[302] 말하기를 위에 있지 않다고 함에 법합한 것이니
곧 자성이 없다고 한 것은 위에 『십지론』에 말하기를 자성이 없어서
가히 얻을 수 없나니

이것은 머물지 않는 까닭이라고 한 것을 인유한 것이다.

곧 알아라. 자성이 없어서 가히 얻을 수 없다고 한 것은 이것은
성명 등이 인연으로 좇아 자성이 없기에 그런 까닭으로 가히 얻을
수 없는 것이니

마치 저 바람과 그림이 허공을 의지하여 머물지 않는 것과 같기에

---

302 원문에 단문중但文中 세 글자(三字)를 『잡화기』에는 돌출突出한 말이라 하나
『유망기』에는 초문과 연결하여 읽는다면 돌출한 말이 아니라고 하였다.

그런 까닭으로 말하기를[303] 자성이 없다고 한 것은 위에 머물지 않는다고 한 것에 법합한 것이다 하였다.

성명의 자성[304]이 없는 것을 설출한다고 한 것은 말하자면 성명은 인연을 좇아 생기하기에 그런 까닭으로 자성이 없는 것이며 법을 의지하여 이름을 세우기에 그런 까닭으로 거짓이다.
그런 까닭으로 승조법사[305]가 말하기를 이름은 사물을 얻는 공이 없고[306] 사물은 이름에 해당하는 진실이 없나니
이름이 사물을 얻는 공이 없는 것은 이름이 아니요
사물이 이름에 해당하는 진실이 없는 것은 사물이 아니다 하였다.
만약 진실이 곧 이름이라고 한다면 얼굴을 봄에 곧 응당 이름을 알 것이요

---

303 원문에 고운故云이라고 한 것은 본론本論의 말이다. 영인본 화엄 9책, p.190, 初行이다.
304 원문 出 자 아래 名 자가 있어야 하고 자성自性이라 한 自 자는 없어야 한다. 소문에는 出名無性이라 하였다.
305 원문 故 자 아래 조공肇公이라는 두 글자가 있어야 한다. 이 말은 승조법사의 부진공론不眞空論의 말이다. 앞 조자권調字卷 31장에 이미 말하였다.
306 원문에 명무득물名無得物 이하는 조공肇公의 말이다. 『조론』 부진공론에 말하기를 대저 이름으로써 사물을 구함에 사물이 이름에 해당하는 진실이 없고 사물로써 이름을 구함에 이름이 사물을 얻는 공이 없나니 사물이 이름에 해당하는 진실이 없는 것은 사물이 아니요 이름이 사물을 얻는 공이 없는 것은 이름이 아니다. 이런 까닭으로 이름은 진실에 해당하지 않고 진실은 이름에 해당하지 않는 것이니 이름과 진실이 해당이 없다고 한다면 만물이 어찌 있겠는가 하였다.

만약 이름이 곧 진실이라고 한다면 불이라 부름에 곧 응당 입이 탈 것이니
그런 까닭으로 알아라. 이름은 이 거짓으로 시설한 것이다. 어찌 자성이 있겠는가. 곧 바람 등이 허공으로 더불어 합하는 것과 같다 하겠다.

그러나 『십지론경』[307]에 말하기를 부처님의 지혜라고 한 것이라 한 것은 곧 『십지론경』과 지금 경의 두 경전[308]이 같고 다름을 회석한 것이다.

疏

第三에 揀喩不同者에 擧二喩者는 喩旨別故니라 論云畫者는 喩名字句니 依相說故라하니 謂畫有相狀이 如名句之屈曲으로 能顯他相이요 風者는 以喩音聲이라하니 聲無屈曲이 如風之相하나니 假實旣殊일새 故雙擧之니라 又假實相依라 闕一不可일새 故云說者는 以此二事說하고 聽者는 以此二事聞이라하니 故擧二喩하야 雙喩說聞이라 若將二喩하야 喩所詮者인댄 仍有兩重하니 一은 風畫喩地相이니 所以不可見者는 以同地智故니 如風畫合空이요 二는 將風畫하야 復喩地智니 地智를 所以不可說者는 以卽同果

---

307 원문에 논경論經은 논론論論이다. 소문疏文 주注에서 말한 것과 같다.
308 원문에 이경二經이란, 논경論經을 논론論論으로 본다면 일경일론一經一論이다.

分의 離說相故니 如風畫合空이라 若以果從因인댄 則亦可說이요 以智從相인댄 地有差殊요 以旨從詮인댄 可聞可說이니 是則無聞 說之聞說也니라

제 세 번째 비유가 같지 아니함을 가림에 두 가지 비유를 거론한 것은 비유한 뜻이 다른 까닭이다.
『십지론』에 말하기를 그림이라고 한 것은 명자구名字句[309]에 비유한 것이니 모습을 의지하여 설한 까닭이다 하였으니
말하자면 그림은 형상이 있는 것이 마치 명구名句의 굴곡으로 능히 다른[310] 모습을 나타내는 것과 같은 것이요
바람[311]이라고 한 것은 음성에 비유한다 하였으니
음성은 굴곡이 없는 것이 마치 바람의 한 모습과 같나니 거짓과 진실이 이미 다르기에 그런 까닭으로 함께 거론한 것이다.
또 거짓과 진실이 서로 의지하는지라 하나라도 빠지면 옳지 않기에 그런 까닭으로 『십지론』에 말하기를 설하는 사람은 이 두 가지 일[312]로써 설하고 듣는 사람은 이 두 가지 일로써 듣는다 하였으니 그런 까닭으로 두 가지 비유를 들어 설하고 들음에 함께 비유한

---

309 원문 句 자 아래 論에는 身 자가 있다. 초문鈔文엔 名句文이라 하였다.
310 원문에 他 자는 북장北藏엔 地의 잘못이라 하였으나 『사기私記』에는 他 자가 옳다 하였다.
311 원문에 풍자風者 이하는 『십지론十地論』의 말이다.
312 원문에 이사二事란, 一은 假니 名字句요 二는 實이니 音聲이다. 설자이차이사 說者以此二事 운운은 영인본 화엄 9책, p.405, 5행에도 설하였다.

것이다.

만약 두 가지 비유를 가져 소전所詮에 비유한다면 이에 양중(二重)이 있나니
첫 번째는 바람과 그림은 십지의 모습[313]에 비유한 것이니 그런 까닭으로 가히 볼 수 없다고 한 것은 십지의 지혜와 같은 까닭이니 마치 바람과 그림이 허공에 합한 것과 같은 것이요
두 번째는 바람과 그림을 가져 다시 십지의 지혜에 비유한 것이니 십지의 지혜를 그런 까닭으로 가히 설할 수 없다고 한 것은 곧 과분果分의 설하는 모습을 떠난 것과 같은 까닭이니 마치 바람과 그림이 허공에 합한 것과 같다.
만약 결과로써 원인을 좇는다면 곧 또한 가히 설할 수 있는 것이요 지혜로써 모습을 좇는다면 십지가 차별하여 다름이 있는 것이요 뜻으로써 교전을 좇는다면 가히 들을 수 있으며 가히 설할 수 있나니 이것은 곧 듣고 설함이 없이 듣고 설하는 것이다.

鈔

假實旣殊者는 出用四所以也니 謂聲爲實이요 名句文假일새 故卽總取四法하야 爲敎體義耳니라 又假實相依者는 重釋用四所由니 名等

---

313 원문 지상地相 아래에 地相 두 글자(二字)가 더 있어야 좋을 듯하다. 왜냐하면 아래는 地智니 地智라고 되어 있기에 그렇다. 그렇지 않으면 下文에 지지地智 두 글자를 제외하든지.

依聲하야 得有曲屈일새 故名等爲能依요 若無名等하고 空有一聲인 댄 不能詮表일새 故非敎體니 則聲依名等이라 故云假實相依라하 니라 若將二喩하야 喩所詮下는 四에 例釋說默이니 謂上論文은 但以風 畫로 喩於能詮하고 但以空으로 喩所詮佛智하얏거니와 今例論意인댄 唯就所詮하야 自有兩重의 能所之異하니 兼上論意인댄 則有三重하 니라 於中有二하니 先은 以能依로 就所依인댄 則三重을 皆不可說이 니 一은 以詮就旨요 二는 以相就智요 三은 以因就果라 若以果從因 下는 後에 以所依로 就能依인댄 則三重을 皆可寄言이니 一은 以果從因 이요 二는 以智從相이요 三은 以旨就詮이라 是則風畫로 喩於三法이 니 一은 喩敎요 二는 喩地相이요 三은 喩地智라 當知하라 虛空도 亦喩 三法이니 一은 喩所詮이요 二는 喩地智요 三은 喩果海라 總有四法이 成三重能所나 逆順互望하면 則有六重하나니 可自思之니라

거짓과 진실이 이미 다르다고 한 것은 작용이 네 가지인 까닭을 설출한 것이니

말하자면 음성은 진실이 되고 명·구·문은 거짓이 되기에 그런 까닭 으로 곧 네 가지 법을 모두 취하여 교체敎體의 뜻을 삼은 것이다. 또 거짓과 진실이 서로 의지한다고 한 것은 작용이 네 가지인 이유를 거듭 해석한 것이니

명·구 등이 음성을 의지하여 굴곡이 있음을 얻기에 그런 까닭으로 명·구 등이 능히 의지함이 되는 것이요

만약 명·구 등이 없고 허공에 한 가지 음성만 있다고 한다면 능히 설명하여 표현할 수 없기에 그런 까닭으로 교체의 뜻이 아니니

곧 음성은 명구 등을 의지하는 것이다.
그런 까닭으로 말하기를 거짓과 진실이 서로 의지한다 하였다.

만약 두 가지 비유를 가져 소전에 비유한다면이라고 한 아래는 네 번째 침묵함을 설함[314]에 비례하여 해석한 것이니
말하자면 위[315]에 『십지론』문은 다만 바람과 그림으로써 능전에 비유하고 다만 공으로써 소전의 불지에만 비유하였거니와, 지금[316]에 논문의 뜻에 비례한다면 오직 소전에만 나아가 스스로 양중兩重의 능소가 다름이 있나니
위에 논문의 뜻을 겸한다면 곧 삼중三重이 있는 것이다.
그 가운데 두 가지가 있나니
먼저는 능의能依로써 소의所依에 나아간다면 곧 삼중三重을 다 가히 말할 수 없는 것이니
첫 번째는 교전으로써 뜻에 나아가는 것이요
두 번째는 모습으로써 지혜에 나아가는 것이요
세 번째는 원인으로써 결과에 나아가는 것이다.

만약 결과로써 원인을 좇는다면이라고 한 아래는 뒤[317]에 소의所依로

---

314 원문에 설묵說默이라고 한 것은 영인본 화엄 9책, p.141, 6행, 7행을 참조할 것이다.
315 위란, 上疏文이니 영인본 화엄 9책, p.191, 9행에 논운화자論云畫者 이하이다.
316 지금이란, 약장이유若將二喩 이하이다.
317 원문에 例 자는 后 자의 잘못이다.

써 능의能依[318]에 나아간다면 곧 삼중三重을 다 가히 말을 의지할 수 있는 것이니

첫 번째는 결과로써 원인을 좇는 것이요

두 번째는 지혜로써 모습을 좇는 것이요

세 번째는 뜻으로써 교전에 나아간 것이다.

이것은 곧 바람과 그림으로써 세 가지 법에 비유한 것이니

첫 번째는 교전에 비유한 것이요

두 번째는 십지의 모습에 비유한 것이요

세 번째는 십지의 지혜에 비유한 것이다.

마땅히 알아라. 허공도 또한 세 가지 법에 비유하였으니

첫 번째는 소전에 비유한 것이요

두 번째는 십지의 지혜에 비유한 것이요

세 번째는 과위의 바다에 비유한 것이다.

모두 네 가지 법[319]이 삼중의 능소를 이룸이 있지만 역순[320]으로 서로 바라본다면 곧 육중六重이 있나니

가히 스스로 생각할 것이다.[321]

---

318 원문 能 자 아래에 依 자가 있어서 능의能依라 해야 옳다.

319 원문에 사법四法이란, 교敎와 지상地相과 지지地智와 과분果分이다.

320 역순逆順이라고 말한 것은 역은 뒤에 삼중三重이니 소취所就이고 순은 먼저 삼중三重이니 능취能就이다.

321 스스로 생각할 것이라고 한 것은 역삼중逆三重과 순삼중順三重이 육중임을 스스로 생각하면 가히 알 수가 있다는 것이다.

> 經

我念佛智慧는　最勝難思議하야
世間無能受일새 默然而不說하니다

내가 부처님의 지혜는
가장 수승하여 사의하기 어려워
세간에 능히 받아가질 이가 없음을 생각하기에
침묵하고 설하지 않습니다.

> 疏

第四一偈는 擧難結默者는 若準上義의 以二事說하고 以二事聞인댄 則可說可聞이요 但是難見이어니 如何不說고할새 故有此偈하니 意云호대 說聞은 本在證見거늘 難見인댄 說之何益이며 況復加以難信이리요 故我默然이라하니라 初句는 所證見法이요 次句는 難證이니 難中之難일새 故云最勝이라하니라 次句는 難信이니 非地前證信일새 故曰世間이라하니라 上三句는 擧難이요 後一句는 結默이라

제 네 번째³²² 한 게송은 어려움을³²³ 들어 침묵함을 맺는다³²⁴고 한

---

322 제 네 번째 운운은 영인본 화엄 9책, p.171, 5행에 세 번째 한 게송은 설하기 어렵고 듣기 어려움을 비유한 것이요 뒤에 한 게송은 어려움을

것은 만약 위의 뜻에 두 가지 일로써 설하고 두 가지 일로써 듣는다고 한 것을 기준한다면 곧 가히 설하고 가히 들을 것이요 다만 보기만 어려울 뿐이거니 어떻게 설하지 않는가 하기에 그런 까닭으로 이 게송이 있는 것이니

그 뜻에 말하기를 설하여 듣게 하는 것은 본래 증득하여 보게 하는 데 있거늘 보기 어렵다[325]고 한다면 설한들 무슨 이익이 있으며 하물며 다시 믿기 어려움을 더함이겠는가. 그런 까닭으로 내가 침묵하는 것이다 하였다.

처음 구절은 증득하여 볼 바 법이요

다음 구절은 증득하기 어려운 것이니

어려운 가운데 어렵기에 그런 까닭으로 말하기를 가장 수승하다 하였다.

다음 구절은 믿기 어려운 것이니

십지 이전에 증신證信이 아니기에 그런 까닭으로 말하기를 세간이라 하였다.

위에 세 구절은 어려움을 거론한 것이요

뒤에 한 구절은 침묵함을 맺는 것이다.

들어 침묵함을 맺는다 하였다.
323 어렵다고 한 것은 부처님의 지혜는 사의하기 어렵다는 것이다.
324 원문에 결묵結默이란, 침묵하는 이유를 맺는다는 것이다.
325 원문에 난견難見이라고 한 것은 旣難證見也라. 즉 이미 증득하여 보기 어렵다는 것이다.

經

爾時에 解脫月菩薩이 聞是說已에 白金剛藏菩薩言호대

그때에 해탈월보살이 이 말을 들은 이후에 금강장보살에게 여쭈어 말하기를

疏

第三은 解脫月이 歎衆堪聞請이니 前已歎竟거늘 此復歎者는 由聞上言證信難得하야 現示此衆이 有信有證하야 有堪能故니라

제 세 번째는 해탈월보살이 대중이 감당하여 들음을 찬탄하여 청하는 것이니
앞에서 이미 찬탄하여 마쳤거늘 여기에 다시 찬탄한 것은 위[326]에서 증득함을 얻기도 어렵고 믿음을 얻기도 어렵다고 말한 것을 들음을 인유하여 여기 대중이 믿음도 있고 증득함도 있어서 감당하여 능히 들을 수 있다는 것을 현시한 까닭이다.

鈔

此復歎下는 生起歎意라 先問言호대 此復歎者는 以前怪默하야 騰疑

---

326 위란, 원문原文으로는 바로 위에 게송인 아념我念 운운이고, 소문疏文으로는 바로 위에 영인본 화엄 9책, p.194, 8행, 9행이다.

請中에 已有四偈로 歎衆請竟거늘 今何重歎고 從由聞上言證信下는 釋重歎意니 謂前歎衆은 不因止生이요 今歎은 因前法主止生일새 故得復歎이라

여기에 다시 찬탄한 것이라고 한 아래는 찬탄한 뜻을 생기한 것이다. 먼저 물어 말하기를 여기에 다시 찬탄한 것은 앞[327]에 침묵함을 괴이하게 여겨 의심이 폭등함에[328] 청한 가운데 이미 네 가지 게송으로 대중을 찬탄하고 청하여 마쳤거늘 지금에 어찌 거듭 찬탄함이 있는가.

위에서 증득함을 얻기도 어렵고 믿음을 얻기도 어렵다고 말한 것을 들음을 인유하였다고 한 것으로 좇아 아래는 거듭 찬탄한 뜻을 해석한 것이니

말하자면 앞에 대중을 찬탄한 것은 가만히 있음을 인유하여 생기한 것이 아니요[329]

지금에 찬탄한 것은 앞에 법주[330]가 가만히 있음을 인유하여 생기한 것이기에 그런 까닭으로 다시 찬탄함을 얻는 것이다.

---

327 앞이란, 영인본 화엄 9책, p.152, 8행이다.
328 의심이 폭등 운운은 대중의 의심이 폭등함에 해탈월이 금강장에게 청한 것이다.
329 원문에 불인지생不因止生이라고 한 것은 前默雖止나 通爲請本일새 故云不因止生이라. 즉 앞에 침묵한 것은 비록 가만히 있는 것이지만 모두 청하는 근본이 되기에 그런 까닭으로 말하기를 가만히 있음을 인유하여 생기한 것이 아니다 하였다.
330 법주法主는 금강장金剛藏이다.

疏

先은 長行이요 後는 偈頌이라 前中分二러니 先은 敘請因이라

먼저는 장행문이요
뒤에는 게송문이다.
앞의 가운데 두 가지로 나누리니
먼저는 청하는 원인[331]을 서술한 것이다.

---

331 원문 請 자 아래에 因 자가 있어야 한다. 즉 경문經文에 문시설이聞是說已라는 말이 이 청하는 원인이라 하겠다.

> 經

佛子야 今此衆會에 皆悉已集하니

불자여, 지금 이 회중에 대중이 다 이미 모였으니

> 疏

後에 佛子下는 發言正請이라 於中三이니 初는 陳衆集이요 二에 善淨下는 歎衆德이요 三에 善哉下는 結請이라

뒤에 불자라고 한 아래는 말을 일으켜 바로 청한 것이다.
그 가운데 세 가지가 있나니
처음에는 대중이 모인 것을 진술한 것이요
두 번째 깊은 마음을 잘 깨끗이 하였다고 한 아래는 대중의 공덕을 찬탄한 것이요
세 번째 거룩합니다[332] 불자여, 라고 한 아래는 청함을 맺는 것이다.

---

[332] 세 번째 거룩합니다 운운은 영인본 화엄 9책, p.213, 4행이다.

經

善淨深心하며

깊은 마음을 잘도 깨끗이 하였으며

疏

二中十句에 初總이요 餘別이라 總은 謂善淨深心이니 離敎證過일새 故名善淨이라 深心有二하니 一은 具修一切諸善行故니 卽下敎淨이요 二는 與理相應故니 卽下證淨이라

두 번째 가운데 열 구절에 처음 구절은 총구요
나머지 구절은 별구이다.
총구는 말하자면 깊은 마음을 잘 깨끗이 하는 것이니
교와 증의 허물을 떠났기에 그런 까닭으로 잘 깨끗이 한다 이름하는 것이다.
깊은 마음이라고[333] 한 것은 두 가지가 있나니
첫 번째는 일체 모든 선행을 갖추어 닦는 까닭이니
곧 아래에 교가 청정한 것이요
두 번째는 진리로 더불어 상응하는 까닭이니
곧 아래에 증이 청정한 것이다.

---

333 원문에 심심深心 운운은 즉 『기신론』의 심심深心의 뜻이다.

經

善潔思念하며 善修諸行하며 善集助道하며 善能親近百千億佛하며 成就無量功德善根하며

생각[334]을 잘도 맑게 하며,
모든 행을 잘도 닦으며,
도를 돕는 법을 잘도 모으며,
백천억 부처님을 친근하기를 잘도 능히 하며,
한량없는 공덕 선근을 성취하기를 잘도 능히 하며

疏

下九別中에 前五는 阿含淨이요 後四는 證淨이니 謂順敎修行이 名阿含淨이요 證理起行이 名爲證淨이니 敎通地前이요 證唯地上이라

아래 아홉 가지 별구 가운데 앞에 다섯 구절은 아함이 청정한 것이요 뒤에 네 구절은 증득함이 청정한 것이니
말하자면 교를 따라 수행하는 것이 이름이 아함이 청정한 것이요 진리를 증득하여 행行을 일으키는 것이 이름이 증득함이 청정한 것이니

---

[334] 원문에 사념思念이라고 한 것은 思는 사각思覺이고, 念은 욕념欲念이라 하여 초문鈔文에 구분하였다.

교는 십지 이전에도 통하는 것이고
증득함은 오직 십지 이상에만 통하는 것이다.

疏

今初五中에 一에 善潔思念은 卽欲淨이니 隨所念阿含하야 得方便
念覺淨이라하니 謂得方便은 卽不取念相이니 名爲善潔이라

지금은 처음으로 다섯 구절 가운데 첫 번째 생각을 잘도 맑게 한다고
한 것은 곧 욕구가 청정한 것이니 생각하는 바 아함을 따라 방편으로
염각念覺함을 얻는 것이 청정하다 하였으니
말하자면 방편으로 염각함을 얻는다고 한 것은 곧 염각하는 모습에
취착하지 않는 것이니 이름이 잘도 맑게 하는 것이 되는 것이다.

鈔

一에 善潔思念等者는 此之五淨에 前二는 聞慧요 三四는 思慧요 五는
是修慧라 欲淨은 是求法心이니 樂法稱欲이라 隨所念阿含하야 得方
便念覺淨은 卽是論文이요 謂得方便下는 疏釋論文이라 上言隨所念
者는 所念非一故라 得方便念覺은 是能念心이니 念是欲念이요 覺是
思覺이나 疏家가 但釋得方便言이라 然方便이 乃有二意하니 一은 以
念覺이 與聞慧爲由요 二는 不取念相이니 今疏엔 但出深意耳니라

첫 번째 생각을 잘도 맑게 한다고 한 등은 이 다섯 가지 청정[335]에

앞에 두 가지는 문혜聞慧요,
세 번째와 네 번째는 사혜思慧요,
다섯 번째는 이 수혜修慧이다.
욕구가 청정하다고 한 것은 이것은 법을 구하는 마음이니
법을 좋아하는 것이 욕심에 칭합하는 것이다.
생각하는 바 아함을 따라 방편으로 염각함을 얻는 것이 청정하다고 한 것은 곧 이것은 『십지론』문이요
말하자면 방편으로 염각함을 얻는다고 한 아래는 소가가 『십지론』 문을 해석한 것이다.
위에 생각하는 바 아함을 따른다고 말한 것은 생각하는 바가 하나가 아닌 까닭이다.
방편으로 염각念覺함을 얻는다고 한 것은 이것은 능히 생각하는 마음이니
염念은 욕구하는 생각이고 각覺은 사각思覺이지만 소가가 다만 방편을 얻는다는 말만 해석한 것이다.
그러나 그 방편이 이에 두 가지 뜻이 있나니
첫 번째는 염각이 문혜로 더불어 인유함이 되는[336] 것이요

---

335 원문에 차지오정此之五淨이라고 한 것은 논문論文에 是阿含淨에 有五種이라 하였다. 즉 『십지론』문에 이 아함이 청정한 것에 다섯 가지가 있다 하였다.

336 원문에 爲由者는 旣由念覺하야 而得聞慧則是爲他方便이라 然旣以後義로 爲深則此之爲淺이니 可知니라. 즉 원문에 위유爲由라고 한 것은 이미 염각함을 인유하여 문혜를 얻었다면 곧 이것은 저 방편이 되는 것이다. 그러나 이미 뒤에 뜻으로써 깊음을 삼았다면 곧 이것은 얕음이 되는 것이니 가히

두 번째는 염각하는 모습에 취착하지 않는 것이니
지금 소문에는 다만 깊은 뜻[337]만을 설출하였을 뿐이다.

疏

二에 善修諸行者는 求淨이니 三業敬順하야 起求法行故니라

두 번째 모든 행을 잘도 닦는다고 한 것은 구하는 것이 청정한 것이니
삼업으로 공경하고 수순하여 법을 구하는 행을 일으키게 하는 까닭이다.

鈔

三業敬順者는 起行攝法일새 故名爲求니 但令三業으로 修行順法이 卽名求耳니라

삼업으로 공경하고 수순한다고 한 것은 행을 일으켜 법을 섭수하기에 그런 까닭으로 이름을 구한다 한 것이니
다만 삼업으로 하여금 수행하여 법을 수순케 하는 것이 곧 이름이 구한다고 하는 것일 뿐이다.

　　알 수가 있을 것이다.
337 원문에 심의深意란, 제이의第二意가 심의深意이다.

疏

三에 善集助道는 卽生得淨이니 願得益衆生處에 上上勝生하고 生而便得悲智勝念하야 以助正道故니라

세 번째 도를 돕는 법을 잘도 모은다고 한 것은 곧 생기함을 얻는 것이 청정한[338] 것이니
중생을 이익케 하는 처소에서 상상上上의 수승한 몸이 생기함을 얻고 생기함에 곧 자비와 지혜의 수승한 생각을 얻기를 서원하여 정도正道를 도우는 까닭이다.

鈔

卽生得淨은 論當第四니 今엔 以論就經耳라 益衆生處는 卽是上上勝生이요 悲智勝念은 卽是思心이니 此順論文이라 若遠公意云인댄 論文語倒니 合云得生淨이라하리니 生은 是所求勝生이요 得은 是思慧로 集於勝念이라하니 亦是一理니라

곧 생기함을 얻는 것이 청정하다고 한 것은 『십지론』에 제 네 번째 청정에 해당하는 것이니
지금에는 『십지론』으로써 지금 경에 나아가 해석한 것이다.

---

338 원문에 생득정生得淨이라고 한 것은 生이란 上上으로 수승한 몸이 생기하는 것이고, 得이란 자비와 지혜의 수승한 생각을 얻는 것이다. 논의 뜻은 生"하여" 得"하는" 吐이고, 遠公의 뜻은 生"을" 得"하는" 吐이다.

중생을 이익케 하는 처소라고 한 것은 곧 이것은 상상의 수승한 몸이 생기하는 처소요
자비와 지혜의 수승한 생각이라고 한 것은 곧 이것은 생각하는 마음이니
이것은 『십지론』문을 따라 해석한 것이다.
만약 혜원법사의 뜻339에 말한 것이라면 『십지론』문의 말이 전도된 것이니
합당히 말한다면 생기함을 얻는 것이 청정하다 해야 할 것이니
생기한다고 한 것은 이것은 구할 바의 수승한 몸이 생기하는 것이요
얻는다고 한 것은 이것은 사혜思慧로 수승한 생각을 모으는 것이다 하였으니
역시 일리가 있다.

疏

四에 善能等은 卽受持淨이니 親近多佛은 意在多聞憶持故니라

네 번째 잘도 능히 한다고 한 등은 곧 받아가지는 것이 청정한

---

339 혜원법사의 뜻이라고 한 것은 혜원법사의 뜻인즉 수승한 몸이 생기한다고 한 것은 이것은 소득所得이요, 사혜思慧로 수승한 생각을 모은다고 한 것은 이것은 능득能得이니 그러한즉 수승한 몸이 생기함을 얻고자 하는 까닭으로 사혜로 수승한 생각을 모으는 것이다. 그러나 소주疏主가 수승한 몸이 생기함을 얻음을 인유하여 곧 사혜로 수승한 생각을 모은다는 뜻과는 같지 않은 것이다. 단 일리는 있다 하겠다.

것이니

수많은 부처님을 친근한다고 한 것은 그 뜻이 많이 듣고 기억하여 받아가짐에 있는 까닭이다.

鈔

卽受持淨은 論當第三이라 持卽思慧로 憶持不忘이라 經言近佛이라 하얏거늘 論言受持라하니 義豈爲同이리요할새 故疏出意云호대 近佛은 意在受持法故라하니라 然論經은 約由見多佛하야 受持法故로 常得勝生일새 故受持第三이요 今經은 約由得勝生하야 生生見佛하야 受持妙法일새 故受持는 第四而同思慧니라

곧 받아가지는 것이 청정하다고 한 것은 『십지론』에 제 세 번째 청정에 해당하는 것이다.
받아가진다고 한 것은 곧 사혜로 기억하여 받아가져 잊지 않는 것이다.
경에는 부처님을 친근한다 말하였거늘 『십지론』에는 받아가진다 말하니 그 뜻이 어찌 같은가 하기에 그런 까닭으로 소문에 그 뜻을 설출하여 말하기를 부처님을 친근한다고 한 것은 그 뜻이 법을 받아가짐에 있는 까닭이다 하였다.
그러나 『십지론경』은 수많은 부처님을 친견함을 인유하여 법을 받아가진 까닭으로 항상 수승한 몸이 생기함을 얻는 것을 잡았기에 그런 까닭으로 받아가지는 것이 청정한 것은 제 세 번째 청정에

해당하는 것이요.

지금에 경은 수승한 몸이 생기함을 얻음을 인유하여 세세생생에 부처님을 친견하여 묘한 법을 받아가지는 것을 잡았기에 그런 까닭으로 받아가지는 것이 청정한 것은 제 네 번째 청정에 해당하지만 그러나 사혜思慧와 같은 것이다.

疏

五에 成就善根은 卽行淨이니 爲求地上에 眞證法故로 習少欲頭陀等의 離著善根이라

다섯 번째 선근을 성취한다고 한 것은 곧 행이 청정한 것이니 십지 이상에서 진실로 증득하는 법을 구하기 위한 까닭으로 소욕少欲과 두타행(頭陀) 등의 집착을 떠나는 선근을 닦아 익히는 것이다.

鈔

離著善根者는 欲入證時에 先須修行離著之行이니 十二頭陀가 皆爲捨著故니라

집착을 떠나는 선근이라고 한 것은 증득함에 들어가고자 할 때에 먼저 반드시 집착을 떠나는 행을 수행해야 하는 것이니 십이두타가 다 집착을 버리기 위한 까닭이다.

經

捨離癡惑하며 **無有垢染**하며 **深心信解**하며 **於佛法中**에 **不隨他教**하니다

어리석음과 의혹[340]을 버리고 떠났으며,
더러움에 물듦이 없으며,
깊은 마음으로 믿고 이해하며,
불법 가운데 다른 사람의 가르침을 따르지 않습니다.

疏

後는 證淨四中에 一에 捨離癡惑者는 得淨이니 現智와 善決定故라 하니 謂眞見道中에 得無分別智는 非比知故로 名爲現智요 相見道中에 以後得智로 審觀理智故로 決定無惑이라 亦可俱通이니 相見道中에도 亦名現觀이요 眞見道中에도 決理無惑이니 皆破無明일새 故云捨離癡惑이라하니라

뒤에는 증득함이 청정한 네 가지 가운데 첫 번째 어리석음과 의혹을 버리고 떠난다고 한 것은 얻는 것이 청정한 것이니[341]

---

340 원문에 치癡와 혹惑은 영인본 화엄 9책, p.202, 3행에 분명히 다르다고 말하고 있다.
341 원문에 득정得淨 운운은 十地論엔 證得者는 有四種하니 一者는 得淨이니 現智와 善決定故니 如經離痴疑悔故라하니라. 즉 『십지론』에 증득하는 것은

현지現智와 선결정善決定인 까닭이다 하였으니

말하자면 진견도³⁴² 가운데 얻은 무분별의 지혜는 비교하여 아는 것이 아닌 까닭으로 이름을 현지現智라 하는 것이요

상견도³⁴³ 가운데 후득지로 이리와 지智³⁴⁴를 살펴 관찰하는 까닭으로 결정하여 의혹이 없는 것이다.

또한 가히 함께 통하기도 하나니

상견도 가운데도 또한 현관³⁴⁵이라 이름하고 진견도 가운데도 진리를 결정하여 의혹이 없는 것이니 다 무명을 깨뜨리기에 그런 까닭으로 말하기를 어리석음과 의혹을 버리고 떠난다 하였다.

鈔

得淨現智者는 上皆論文이요 謂眞見道下는 疏釋이라 於中有二하니 先은 別配現智와 善決定이요 後에 亦可下는 通配二句라 前中에 以現智二字로 配眞見道는 即六現觀中에 第四에 現觀智諦現觀이 名爲現智니라 相見道下는 以善決定字로 配相見道니 言後得智者는 然三心見道를 有配根本智하며 有配後得이어니와 彼論엔 以其後義로 爲

네 가지가 있나니 첫 번째는 얻는 것이 청정한 것이니 현지와 선결정인 까닭이니 저 『십지경』에 어리석음과 의혹의 후회를 떠난다고 한 것과 같은 까닭이다 하였다.

342 진견도眞見道 운운은 영인본 화엄 9책, p.26, 7행 이하를 참고할 것이다.
343 원문 상견도相見道 이하는 선결정善決定을 해석한 것이다.
344 이리는 팔인八忍이고, 지智는 팔지八智이다.
345 현관現觀은 『불교사전佛敎辭典』을 참고할 것이다.

正일새 故今疏中에 名相見道니 是以三心과 及十六心을 皆配後得하 니라 言審觀理智者는 三心見道는 悉皆緣理요 十六心見道는 八은 觀眞如하고 八은 觀正智하나니 故知相見道는 通緣理智니라 亦可俱 通者는 通配二句니 但前은 所不通이니 謂前엔 相見道를 不名現智어 니와 今亦得名하나니 以論엔 亦名爲現觀故니라 三心見道는 亦是第 四現觀에 少分所攝이니 是觀非安立하는 後得과 無分別智故요 十六 心見道는 卽是第五現觀에 所攝이라 眞見道者는 上眞見道는 但名現 觀이언정 不名善決定이어니와 今亦名決이니 親證眞如하야 於理決定 故니라 皆破無明者는 以上二釋으로 會釋經文이니 上엔 但釋論의 現 智善決定言이요 今此所明은 二種見道가 皆破無明이라 是故經云호 대 捨離癡惑이라하니 謂眞見道는 正能破於迷理無明일새 故云捨癡 라하고 相見道中에 是後得智는 無力能破迷理無明이나 而亦能破迷 事無明이니 謂所知障일새 故云離惑이라하니라 故下剛藏이 牒此文 云호대 雖此衆集이 善潔思念하며 捨離愚癡와 及以疑惑이라하니 明 知하라 癡惑二字義殊니라

얻는 것이 청정한 것이니 현지라고 한 것은 이 위에는 다 『십지론』 문이요
말하자면 진견도라고 한 아래는 소가가 해석한 것이다.
그 가운데 두 가지가 있나니
먼저는 현지와 선결정을 따로 배속한 것이요
뒤에 또한 가히라고 한 아래는 두 구절을 함께 배속한 것이다.
앞의 가운데 현지라는 두 글자로써 진견도에 배속한 것은 곧 여섯

가지 현관346 가운데 제 네 번째 현관지제현관現觀智諦現觀이 이름이 현지現智가 되는 것이다.

상견도라고 한 아래는 선결정이라는 글자로써 상견도에 배속한 것이니

후득지라고 말한 것은 그러나 삼심三心의 견도347를 근본지에 배속함이 있으며 후득지에 배속함이 있거니와, 저 『유식론』에는 그 후득지의 뜻으로써 정의를 삼기에 그런 까닭으로 지금 소문 가운데 상견도라 이름한348 것이니 이것은 삼심과 그리고 십육심을 다 후득지에 배속한 것이다.

이와 지를 살펴 관찰한다고 말한 것은 삼심의 견도는 다 이리를 반연하는 것이요

---

346 원문에 육현관六現觀이라고 한 것은 현관現觀을 참고할지니, 一은 사현관思現觀이요 二는 신현관信現觀이요 三은 계현관戒現觀이요 四는 현관지제현관現觀智諦現觀이요 五는 현관변지제현관現觀邊智諦現觀(正現眞如體後邊에 更觀眞如相)이요 六은 구경현관究竟現觀(究竟一切智)이다. 직역하면 제 네 번째는 현관하는 지제를 현관하는 것이요 제 다섯 번째는 현관하는 후변에 지제를 현관하는 것이다 할 것이다. 바로 뒤에 자세히 주석하였다.

347 삼심三心의 견도見道라고 한 것은 一은 內遣有情假緣智요 二는 內遣諸法假緣智요 三은 遍遣一切有情諸法假緣智이다. 즉 첫 번째는 안으로 유정의 거짓을 보내는 반연하는 지혜이고 두 번째는 안으로 모든 법의 거짓을 보내는 반연하는 지혜이고 세 번째는 두루 일체 유정과 모든 법의 거짓을 보내는 반연하는 지혜이다. 영인본 화엄 9책, p.29, 4행을 볼 것이다.

348 원문에 금소중수疏中에 명상견도名相見道라고 한 것은 소문疏文에 상견도중相見道中에 이후득지以後得智로 심관리지審觀理智 운운이라 한 것이다.

십육심의 견도는 팔인八忍은 진여를 관찰하고 팔지八智[349]는 정지正智를 관찰하나니
그런 까닭으로 상견도는 이理와 지智를 함께 반연하는 줄 알아야 할 것이다.

또한 가히 함께 통하기도 한다고 한 것은 두 구절에 함께 배속한 것이니 다만 앞의 해석은 통하지 않는 바이니
말하자면 앞에서는 상견도를 현지現智라 이름하지 아니하였거니와, 지금에는 또한 현지라 이름함을 얻나니 『유식론』에 또한 이름을 현관이라 한 까닭이다.
삼심의 견도는 또한 제 네 번째 현관에 소분으로 섭수한 바이니 이것은 비안립제非安立諦를 관찰하는 후득지와 무분별지혜[350]인 까닭이요
십육심의 견도는 곧 제 다섯 번째 현관에 섭수한 바이다.

진견도라고 한 것은 위에 진견도는 다만 현관이라 이름할 뿐 선결정이라 이름하지 않거니와 지금에는 또한 선결정이라 이름하나니 친히 진여를 증득하여 진리(理)를 결정하는 까닭이다.
다 무명을 깨뜨린다고 한 것은 위에 두 가지 해석으로써 경문을 회석한 것이니

---

349 팔인八忍은 理이고, 팔지八智는 智이다.
350 원문에 무분별지無分別智라고 한 것은 무루지無漏智라고도 한다.

위에는 다만 『십지론』에 현지와 선결정이라고 한 말만을 해석한 것이요

지금 여기에 밝힌 바는 두 가지 견도가 다 무명을 깨뜨리는 것이다. 이런 까닭으로 경에 말하기를 어리석음과 의혹을 버리고 떠났다 하였으니

말하자면 진견도는 바로 능히 진리에 미혹한 무명을 깨뜨리기에 그런 까닭으로 어리석음을 버린다 말하는 것이요

상견도 가운데 이 후득지는 힘이 능히 진리에 미혹한 무명은 깨뜨릴 수 없지만 그러나 또한 사실에 미혹한 무명은 깨뜨릴 수 있나니 말하자면[351] 소지장[352]은 깨뜨리기에 그런 까닭으로 의혹을 떠난다 말하는 것이다.

그런 까닭으로 이 아래 금강장이 이 경문을 첩석하여 말하기를 비록 여기에 모인 대중이 생각을 잘도 맑게 하며 어리석음과 그리고 의혹을 버리고 떠났다 하였으니

분명히 알아라. 치혹이라는 두 글자의 뜻이 다른 것이다.

上言六現觀者는 卽唯識第九에 釋二見道하고 後云此二見道가 與

---

[351] 원문에 謂所知障四字는 宣在於離惑下라. 즉 위소지장이라는 네 글자는 마땅히 저 이혹離惑이라고 한 아래에 있어야 한다.

[352] 소지장所知障이라고 한 것은 文雖在此나 亦通前痴니 迷理迷事無明이 皆所知障故라. 즉 소지장이라고 한 것은 글이 비록 여기에 있으나 또한 앞의 어리석음(痴)에 통하나니 진리에 미혹하고 사실에 미혹한 무명이 다 소지장인 까닭이다.

六現觀으로 相攝云何고 六現觀者는 一은 思現觀이니 謂上品喜受로 相應하는 思所成慧니 此는 能觀察諸法共相하야 引生煖等하고 加行道中에 觀察諸法호대 此用最猛일새 偏立現觀이요 煖等은 不能廣分別法하며 又未證理일새 故非現觀이라하니 彼疏意云호대 思有三品하니 上揀餘二니 劣故非也니라 喜受相應은 揀於捨受니 此明利故니라 共相은 卽是無常苦等이라 能引煖等者는 思生修故니 雖未證理나 而觀於法이 勝於煖等하야 用最猛故로 偏立現觀이요 煖等近見이나 境界微略하며 又未證理일새 故非現觀이라하니라 論에 二는 信現觀이니 謂緣三寶와 世出世間하야 決定淨信이라 此는 助現觀하야 令不退轉일새 立現觀名이라하니 釋云호대 信亦上品이니 通漏無漏요 現觀是慧일새 故信爲助라하니라 論에 三은 戒現觀이니 謂無漏戒로 除破戒垢하고 令觀增明할새 亦名現觀이라하니 釋云호대 卽道共戒라하니라 論에 四는 現觀智諦現觀이니 謂一切種에 緣非安立하는 根本과 後得과 無分別智라하니 釋云호대 謂在何位하야 但緣非安立고 卽通二智가 皆是此攝일새 故言一切種이라하니라 大論七十五에 說호대 三心見道는 是此現觀이라하니 故知亦是後得智攝이니 卽見道修道之二智也니라 不取無學之二智者는 與究竟現觀으로 不殊別故니라 論에 五는 現觀邊智諦現觀이니 謂現觀智諦現觀之後에 諸緣安立하는 世出世智라하니 釋云호대 謂緣安立十諦等한 後所得智니라 然通有漏無漏니 一切見修道에 緣安立諦智니 大論七十一等에 說호대 緣安立諦境하는 慧가 是此自性故라하니라 論에 六은 究竟現觀이니 謂盡智等이 究竟位智라하니 釋云호대 卽無學道後에 盡智無生智等이 而爲自性이라하니라 論에 此眞見道는 攝彼第四現觀의 少分하고 此相見道는

攝彼第四와 第五現觀의 少分거니와 彼第二第三은 雖此俱起나 而非自性일새 故不相攝이라하니 釋曰第四觀에 緣非安立하는 根本智는 卽眞見道攝이요 緣非安立하는 後得은 卽三心의 相見道攝이며 第五觀은 緣安立諦故로 十六心의 相見道攝이나 而通修道일새 故云少分이라하니라 論云菩薩이 得此二見道時에 生如來家하야 住極喜地하야 善達法界하야 得諸平等하며 常生諸佛의 大集會中하야 於多百門에 已得自在라 自知不久에 證大菩提하야 能盡未來토록 利樂一切라하니 釋曰諸平等者는 攝論第六에 得三平等하니 謂一切衆生과 一切菩薩과 一切如來라하니 上皆唯識論文이라 上疏에 已引意釋하니 但觀論文하면 居然可知니라 二見道는 皆是第四現觀이니 謂緣非安立하는 根本은 卽眞見道요 緣非安立하는 後得은 卽三心의 相見道요 十六心은 緣安立하는 世出世智일새 故是第五現觀이라

위에 여섯 가지 현관이라고 한 것은 곧 『유식론』 제구권에 두 가지 견도를 해석하고 뒤에 말하기를 이 두 가지 견도가 여섯 가지 현관으로 더불어 서로 섭수하는 것이 어떠한가.
여섯 가지 현관[353]이라고 한 것은 첫 번째는 사현관이니,

---

353 원문에 육현관六現觀이라고 한 것은 第一에 사현관思現觀은 모든 법法의 공상共相을 관찰하는 까닭으로 현관이라 이름하고, 第二에 신현관信現觀과 第三에 계현관戒現觀은 현관現觀이 아니지만 第四에 현관지제현관現觀智諦現觀을 도우는 까닭으로 또한 현관이라 이름하고, 第五에 현관변지제현관現觀邊智諦現觀은 제사현관第四觀의 뒤에 있는 까닭으로 제사현관第四現觀을 인하여 이 第五도 현관現觀이라는 이름을 얻는 것이다. 第六에 구경현관究竟

말하자면 상품上品의 희수喜受로 상응[354]하는 생각으로 이룬 바 지혜이니

이것은 능히 모든 법의 공상共相을 관찰하여 난煖 등[355]을 이끌어 생기[356]하고, 가행도加行道[357] 가운데[358] 모든 법을 관찰하되 이 작용이 가장 맹렬하기에 그런 까닭으로 치우쳐 현관이라는 이름을 세운 것이요

난煖 등은 능히 폭넓게 법을 분별하지 못하며 또 아직 진리를 증득하지 못하였기에 그런 까닭으로 현관이라 이름할 수 없다 하였으니

現觀은 말하지 않아도 가히 알 수가 있을 것이다. 초문鈔文을 자세히 살피면 이해가 빠를 것이다.

354 원문에 희수상응喜受相應이라고 한 것은 『유가론』에 말하기를 이 육현관이 그 희수로 함께 행하는가, 그 낙수로 함께 행하는가, 그 사수로 함께 행하는가(此六現觀이 幾喜幾樂幾捨俱行). 답하겠다. 초현관初現觀만 오직 희수로 함께 행하고, 나머지 사현관四現觀은 삼수三受로 함께 행함에 통하는 것이다 하였다.

355 난등煖等 四加行은 사혜思慧에 해당한다.

356 원문에 인생난등引生煖等이라고 한 것은 문장이 흡사 第一에 사현관이 난등사가행煖等四加行 前에 있는 듯하지만 기실은 같은 지위 가운데 난등煖等을 이끌어 생기한다. 그런 까닭으로 저 『유식론술기』(彼註)에 말하기를 이 지혜가 가행위加行位 가운데 난등煖等을 이끌어 생기함이 있는 것이다 하였다.

357 가행도加行道란, 방편도方便道, 가행위加行位라고도 한다. 곧 이 가행위加行位에서 사심사관四尋伺觀을 닦는 것이니, 즉 명名·의義·자성自性·차별差別을 관찰하는 것이다.

358 원문에 가행도중加行道中 운운은 바로 此四加行인 난煖·정頂·인忍·세제일世第一이다.

저 『유식론』 소[359]의 뜻에 말하기를 생각이 삼품三品이 있나니, 상품은 나머지 이품[360]을 가린 것이니 하열한 까닭으로[361] 현관이라 이름할 수 없는 것이다.

희수로 상응한다고 한 것은 사수捨受를 가린 것이니 이 희수가 명리明利한 까닭이다.

공상이라고 한 것은 곧 이것은 무상과 고 등이다.

능히 난 등을 이끌어 생기한다고 한 것은 생각이 수행을 생기하는 까닭이니

비록 진리를 증득하지 못하였지만 법이 난煖 등보다 수승하여 이 작용이 가장 맹렬함을 관찰하는 까닭으로 치우쳐 현관이라는 이름을 세운 것이요

난 등은 견도에 가깝지만 경계가 미략微略하며 또 아직 진리를 증득하지 못하였기에 그런 까닭으로 현관이라 이름할 수 없다 하였다.

『유식론』에 제 두 번째는 신현관[362]이니,

말하자면 삼보와 세간과 출세간을 반연하여[363] 결정코 청정하게

---

359 원문에 피소彼疏란, 『유식론술기唯識論述記』이다.
360 원문에 이여二餘란, 중하이품中下二品이다.
361 하열한 까닭 운운은 唯識論述記엔 下中二品은 劣故非也라하니라. 즉 『유식론술기』에는 下·中의 이품二品은 하열한 까닭으로 현관이 아니다 하였다.
362 원문에 論에 二는 신현관信現觀이라고 한 것은 『유식론술기』(註)에 말하기를 믿음은 현관이 아니지만 현관을 생각하는 마음이 물러나지 않는 까닭으로 이 현관現觀이라는 이름을 세운 것이다 하였다.
363 원문에 연삼보緣三寶 운운은 저 『유식론』에 갖추어 말하기를 삼보의 경계와

믿는 것이다.
이 믿음은 현관을 도와[364] 하여금 물러나지 않게 하기에 현관이라는 이름을 세운다 하였으니
『유식론』 소에 해석[365]하여 말하기를 믿는 것도 또한 상품이니 유루와 무루에 통하는 것이요
현관은 이 지혜[366]이기에 그런 까닭으로 믿음이 현관을 도우는 것이다 하였다.

『유식론』에 제 세 번째는 계현관[367]이니,
말하자면 무루계로 파계한 허물을 제멸하고 현관으로 하여금 더욱 밝게 하기에 또한 현관이라 이름한다 하였으니
『유식론』 소에 해석하여 말하기를 곧 도공계道共戒[368]다 하였다.

세간과 출세간을 반연하는 상품上品의 청정한 신위信位라 하였으니 세간의 믿음은 유루이고, 삼보와 출세간의 믿음은 무루이다.

364 원문에 차조현관此助現觀이라 한 現觀은 『잡화기』에 강사는 前에 사혜思慧라 말하지만 『잡화기』의 主는 제사현관第四現觀이라 하였다. 그 이유는 此第二의 신현관信現觀과 第三의 계현관戒現觀은 이미 견도見道로 더불어 함께 생기한 까닭이라는 것이다.

365 원문에 석釋이란, 唯識論述記니 此後亦如是니라. 즉 『유식론술기』이니 이 뒤에도 또한 그렇다.

366 원문에 현관시혜現觀是慧라고 한 것은 『유식론』에 말하기를 현관現觀이란 이 무슨 모습인가. 답하겠다. 현관이란 이 결정의 뜻이니, 이 육현관이 모든 진리(諸諦) 가운데 결정하는 지혜다 하였다.

367 원문에 제삼第三에 계현관戒現觀이라고 한 것은 계는 현관이 아니지만 현관으로 하여금 증장케 하는 까닭으로 이 현관이라는 이름을 세운 것이다.

『유식론』에 제 네 번째는 현관지제현관[369]이니,
말하자면 일체종一切種에 비안립제非安立諦를 반연하는 근본지와 후득지와 무분별지다 하였으니
『유식론』소에 해석하여 말하기를 말하자면 어느 지위에 있어서[370] 다만 비안립제만을 반연하는가.
곧 모두 두 가지 지혜[371]가 다 여기에 섭속되기에 그런 까닭으로 일체종이라 말한다 하였다.
『대론大論』칠십오권[372]에 말하기를 삼심의 견도[373]는 이 현관이다 하였으니
그런 까닭으로 또한 이것은 후득지에 섭속되는 줄 알아야 할 것이니 곧 견도와 수도의 두 가지 지혜이다.

---

368 도공계道共戒라고 한 것은 무루도로 더불어 함께한다는 것이니, 『화현기』 15권, 32장을 참고할 것이다.

369 원문에 제사第四에 현관지제현관現觀智諦現觀이라고 한 것은 즉 저 지智와 제諦를 현재 관찰하는 현관現觀이라 하기도 하고, 혹 현재 관찰하는 결정한 지혜로 제제諸諦를 현재 관찰하는 것이라 하기도 하고, 『잡화기』主는 현재 관찰하는 가운데 智와 諦를 현재 관찰하는 것이다 하였다. 여기서 諦는 비안립제非安立諦라 하였다. 此下에 제오第五에 현관변지제현관現觀邊智諦現觀도 여기에 기준하여 생각하면 이해가 빠를 것이다.

370 원문에 위재하위謂在何位라고 한 것은 견도見道와 수도修道이다.

371 원문에 이지二智란, 근본지根本智와 후득지後得智이다.

372 원문에 대론칠십오大論七十五란, 『유가론瑜伽論』 오십오五十五이다. 보통은 『대론大論』 하면 『대지도론大智度論』이다.

373 원문에 삼심견도三心見道 아래에 等 자가 있기도 하니 그때 等 자는 십육심견도十六心見道를 등취하는 것이다.

무학도의 두 가지 지혜[374]를 취하지 아니한 것은 구경현관으로 더불어 다르지 않는 까닭이다.

『유식론』에 제 다섯 번째는 현관변지제현관[375]이니, 말하자면 현관지제현관 뒤에 모든 안립제를 반연하는 세간과 출세간의 지혜다 하였으니

『유식론』소에 해석하여 말하기를 말하자면 안립십제[376] 등을 반연한 뒤에 얻은 바 지혜이다.

그러나 유루지와 무루지에 통하나니 일체 견도와 수도에 안립제[377]를 반연하는 지혜이니

『대론』칠십일권 등에 말하기를 안립제의 경계를 반연하는 지혜(慧)가 이 자성인 까닭이다 하였다.

---

374 원문에 이지二智란, 진지盡智와 무생지無生智이다.
375 원문에 제오第五에 현관변지제현관現觀邊諦現觀이라고 한 현관변現觀邊이라고 한 것은 앞에서 이미 육현관을 설명할 때 말한 바가 있다. 다시 말하면 앞의 제 네 번째 현관現觀 뒤에 있기에 현관변現觀邊이라 하는 것이니, 『유식론』에 말하기를 이 현관 뒤에 얻은 바 지혜를 현관변지現觀邊智라 한다 하였다.
376 십제十諦란, 십육제十六諦 가운데 전십제前十諦이니 곧 十六心의 상견도相見道이다.
377 안립제安立諦란, 말과 생각으로 미칠 수 없는 진여眞如를 말로 가설(安立)하는 것이니, 곧 『기신론』의 의언진여依言眞如이다. 비안립제非安立諦는 말과 생각으로 표현할 수 없는 진여眞如, 곧 『기신론』의 이언진여離言眞如이다. 영인본 화엄 9책, p.29, 9행에 비안립제는 곧 진여이다 하였다.

『유식론』에 제 여섯 번째는 구경현관이니,
말하자면 진지 등이 구경위의 지혜다 하였으니
『유식론』 소에 해석하여 말하기를 곧 무학도 뒤에 진지와 무생지[378] 등이 자성이 되는 것이다 하였다.
『유식론』에[379] 이 진견도는 저 제 네 번째 현관의 소분만 섭수하고 이 상견도는 저 제 네 번째와 제 다섯 번째의 소분만 섭수하였거니와, 저 제 두 번째와 제 세 번째는 비록 이 두 가지 견도가 함께 생기하지만 그러나 자성이 아니기에[380] 그런 까닭으로 서로 섭수하지 않는다 하였으니
『유식론』 소에 해석하여 말하기를 제 네 번째 현관에 비안립제를 반연하는 근본지는 곧 진견도에 섭수되는 것이요
비안립제를 반연하는 후득지는 곧 삼심의 상견도에 섭수되며
제 다섯 번째 현관은 안립제를 반연하는 까닭으로 십육심의 상견도에 섭수되지만 그러나 수도위에 통하기에 그런 까닭으로 말하기를 소분이다 하였다.

---

378 진지盡智와 무생지無生智라고 한 것은 『유가론』에 해석하여 말하기를 진지盡智란 일체 번뇌에 분별이 다하여 없는 까닭으로 진지라 말하고, 무생지無生智란 내세來世에 일체 의지하는 일이 다시 생기하지 않는 까닭으로 무생지無生智라 한다 하였다.

379 원문 論 자 아래 云 자가 있으면 좋을 듯하다. 그러나 없다 해도 무방하다. 논論은 역시 『유식론唯識論』 제9권이다.

380 원문에 비자성非自性이라고 한 것은 但助但增이요 實非現觀自性이라. 즉 자성이 아니라고 한 것은 다만 도우고 다만 증승케 할 뿐 진실로 현관의 자성은 아니라는 것이다.

『유식론』에 말하기를 보살이 이 두 가지 견도를 얻을 때에 여래의 집에 태어나서 지극히 환희한 지위[381]에 머물러 법계를 잘 통달하여 모두가 평등함을 얻으며 항상 모든 부처님의 대집회大集會 가운데 태어나서 수많은 백문百門에 이미 자재함을 얻은지라. 스스로 오래지 않아 큰 보리를 증득하여 능히 미래가 다하도록 일체를 이락케 할 줄 알 것이다 하였으니

『유식론』 소에 해석하여 말하기를 모두가 평등하다고 한 것은 『섭대승론』의 제육권에 세 가지 평등함을 얻나니, 말하자면 일체중생과 일체 보살과 일체 여래다 하였으니

이상은 다 『유식론』의 문장이다.

위에 소문에서 이미 뜻을 이끌어 해석하였으니 다만 『유식론』 문을 관찰하기만 한다면 거연히 가히 알 수가 있을 것이다.

두 가지 견도는 다 제 네 번째 현관이니,

말하자면 비안립제를 반연하는 근본지는 곧 진견도요

비안립제를 반연하는 후득지는 곧 삼심의 상견도요

십육심의 상견도는 안립제를 반연하는 세간과 출세간의 지혜이기에 그런 까닭으로 이것은 제 다섯 번째 현관이다.

疏

二에 無有垢染은 卽不行淨이니 修道中에 一切煩惱가 不行故라하니 相見道後로 至金剛無間道中히 皆是修道라 復數修習無分別

---
381 원문에 극희지極喜地란, 초지初地의 환희지歡喜地이다.

智일새 故名修道니 滅二麤重하야 皆使不行이요 對見道中에 初斷所知일새 故云垢染이라하니라 成唯識第十云호대 煩惱障中에 修所斷種은 金剛喩定이 現在前時에 一切頓斷하고 彼障現起는 地前漸伏하야 初地已上에 能頓伏盡하야 令永不行이 如阿羅漢하니라 由故意力하야 七地之中에 雖暫現起나 而不爲失하고 八地已上이라야 畢竟不行等이니 煩惱는 卽是垢染이요 不行은 卽是無有니라 然見道中에도 非不斷惑이니 見理義增하고 修道位中에도 審慮重觀이나 除障義勝일새 故此偏說하니라

두 번째 더러움에 물듦이 없다고 한 것은 곧 행하지 않는 것이 청정한 것이니
수도위 가운데 일체 번뇌[382]가 행하지 않는 까닭이다 하였으니 상견도 이후로 금강무간도金剛無間道[383] 가운데에 이르기까지가 다 수도위이다.
다시 무분별의 지혜를 자주 닦아[384] 익히기에 그런 까닭으로 수도라 이름하는 것이니,

---

[382] 원문에 수도중일체번뇌修道中一切煩惱라고 한 것은 수도위修道位 가운데 끊을 바가 번뇌장과 소지장에 다 통하지만 이미 견도위見道位 가운데서 소지장을 끊었기에 여기 수도위 가운데는 따로 번뇌장을 말하는 것이다. 그렇다면 전여자권前麗字卷 가소위加所爲 가운데 모두 번뇌장과 소지장으로 일체 번뇌를 삼는 예와는 같지 않은 것이다.
[383] 금강무간도金剛無間道란, 제십지第十地의 만심滿心을 말한다.
[384] 원문 부삭수도중復數修道中下는 초문초문鈔文에 유식제구권唯識第九卷이라 하였다.

두 가지 추중번뇌를 소멸하여 다 하여금 행하지 않게 하는 것이요 견도위 가운데 처음 소지장을 끊은 것을 상대하기에 그런 까닭으로 더러움에 물든다[385] 말한 것이다.

『성유식론』제십권에 말하기를 번뇌장 가운데 수도위에서 끊을 바 구생종자俱生種子는 금강유정[386]이 앞에 나타나 있을 때에 일체를 다 문득 끊고, 저 번뇌장이 현재 생기하는 것은 십지 이전에 점점 절복하여 초지 이상에 능히 문득 다 절복하여 하여금 영원히 행하지 않게 하는 것이 아라한과 같다.

고의故意[387]의 힘을[388] 인유하여 앞의 칠지 가운데 비록 잠깐 현재 생기[389]하지만 망실하지 않고 팔지 이상에라야 필경에 행하지 않는다 한 등이니

번뇌라고 한 것은 곧 이것은 더러움에 물든다고 한 것이요

행하지 않는다고 한 것은 곧 이것은 없다고 한 것이다.

그러나 견도위 가운데도 번뇌를 끊지 않는 것은 아니지만 진리를 보는 뜻이 증승하고 수도위 가운데도 살펴 생각하고 거듭 관찰하지

---

385 원문에 구염垢染이란, 곧 번뇌장이다.
386 금강유정金剛喩定이란, 제십지第十地에 금강심보살金剛心菩薩이 마지막 남은 구생기중俱生起中에 종자種子(俱生所知障)와 번뇌장煩惱障을 끊고 불지佛地에 들기 위하여 들어가는 삼매三昧이다. 소승小乘은 아라한과阿羅漢果를 얻기 직전에 들어가는 定을 금강유정金剛喩定이라 한다.
387 고의故意란, 일부러, 곧 방편方便이다.
388 원문에 고의력故意力 아래에 본론本論엔 前 자가 있다.
389 원문에 현기現起라고 한 것은 여기서 현기現起는 구생기중俱生起中에 현행現行이다.

만 번뇌를 끊는 뜻이 수승하기에 그런 까닭으로 여기서는 치우쳐서 설한[390] 것일 뿐이다.

鈔

卽不行淨者는 文中有二하니 先은 擧論이요 後는 疏釋이라 前中三이니 初는 標名이요 二에 修道中者는 辨位요 三에 一切下는 釋相이라 相見道下는 第二에 疏釋論이니 亦有三節이라 一은 定位니 卽初地之中에 含通達과 修習兩位하고 從金剛喩定으로 解脫道後가 方是究竟位니라 二에 復數修習下는 釋修道名이니 卽唯識第九니 加所爲中에 已廣引竟하니라 三에 滅二麤重下는 疏釋論中에 煩惱不行之言이니 此言은 正解不行淨義니라 疏文有五하니 初는 正釋이요 二는 解妨이요 三은 引證이요 四는 會經이요 五는 重解妨이라 今初니 唯識云호대 數修此故로 捨二麤重이니 二障種子를 立麤重名은 性無堪任하야 違細輕故요 令彼永滅케할새 故說爲捨라하니라 對見道中初斷所知者는 二에 解妨이니 謂有問言호대 然見道中에 雙斷二障거늘 而云所知者는 何오 答이라 以異生性障은 正取所知하야 以爲體故니라 故唯識云호대 雖初地所斷이 實通二障이나 而異生性障은 意取所知하야 說十無明이 非染汚故라하니라 是故此經云호대 捨離癡惑이라하니 癡惑은 卽是偏擧所知요 次云垢染은 卽是煩惱라

---

[390] 원문에 편설偏說이라고 한 것은 본래 견도見道와 수도修道가 다르지 않지만 견도見道는 진리를 보는 뜻이 강하고 수도修道는 번뇌를 끊는 뜻이 강하기에 견도見道와 수도修道를 나누어 설하였을 뿐이라는 것이다.

곧 행하지 않는 것이 청정하다고 한 것은 소문 가운데 두 가지가 있나니
먼저는 『십지론』을 거론한 것이요
뒤에는 소가가 해석한 것이다.[391]
앞의 가운데 세 가지가 있나니
처음에는 이름을 표한 것이요
두 번째 수도위 가운데라고 한 것은 지위를 분별한 것이요
세 번째 일체라고 한 아래는 모습[392]을 해석한 것이다.

상견도라고 한 아래는 두 번째 소가가 『십지론』을 해석한 것이니 또한 삼절이 있다.
첫 번째는 지위를 정한 것이니
곧 초지 가운데 통달위와 수습위[393]의 두 지위를 포함하고 금강유정[394]으로 좇아 해탈도 뒤가 바야흐로 이 구경위이다.
두 번째 다시 자주 닦아 익힌다고 한 아래는 수도위의 이름을 해석한 것이니
곧 『유식론』 제구권이니, 가피하는 까닭을 분별하는(辨加所爲)[395]

---

[391] 원문에 후소석後疏釋이라고 한 것은 상견도相見道 이하임을 알 것이다.
[392] 원문에 相이란, 不行淨之相也니, 즉 행하지 않는 것이 청정하다는 그 모습이다.
[393] 통달위通達位와 수습위修習位는 상견도相見道이다.
[394] 금강유정金剛喩定은 무간도無間道이다.
[395] 원문에 가소위加所爲라고 한 것은 上加分中의 辨加所爲中에 第四證始終也

가운데 이미 널리 인용하여 마쳤다.

세 번째 두 가지 추중번뇌를 소멸한다고 한 아래는 소가가 『십지론』
가운데 번뇌가 행하지 않는다[396]고 한 말을 해석한 것이니
이 말은 행하지 않는 것이 청정하다고 한 뜻을 바로 해석한 것이다.

소문[397]에 다섯 가지가 있나니
처음에는 바로 해석한 것이요
두 번째는 방해함을 해석한 것이요
세 번째는 인용하여 증거한 것이요
네 번째는 경문을 회석한 것이요
다섯 번째는 방해함을 거듭 해석한 것이다.
지금은 처음으로 『유식론』 제구권에 말하기를 자주 이 무분별지를
닦는 까닭으로 두 가지 추중번뇌를 버리는 것이니,
이장二障의 종자를 추중이라는 이름을 세운 것은 그 자성은 감당할
수 없어서 세경細輕[398]번뇌를 어기는 까닭이요

라. 즉 위의 가분加分 가운데 가피하는 까닭을 분별하는 가운데 제 네 번째
증득함의 처음과 끝이라 한 것이다. 영인본 화엄 9책, p.26, 7행에 설출說出하
였다.

396 원문에 논중번뇌불행論中煩惱不行이라고 한 것은 十地論엔 修道位中엔 煩惱
不行故니 如經無有染汚故라하니라. 즉 『십지론』에는 수도위 가운데는 번뇌
가 행하지 않는 까닭이니 『십지경』에 염오染汚가 없다고 한 것과 같은 까닭이
다 하였다.

397 소문疏文이란, 멸이추중滅二麤重 이하 소문疏文이다.

398 세경細輕이란, 추중麤重의 반대이니 細-麤, 輕-重이다.

저 추중번뇌로 하여금 영원히 소멸케 하기에 그런 까닭으로 말하기를 버린다고 하는 것이다 하였다.

견도위 가운데 처음 소지장을 끊는 것을 상대한다고 한 것은 두 번째 방해함을 해석한 것이니

말하자면 어떤 사람이 물어 말하기를[399] 그러나 견도위 가운데 이장二障을 함께 끊거늘 소지장을 끊는다고 말한 것은 무엇인가.

답하겠다.

이생성장異生性障은 바로 소지장을 취하여 자체를 삼는 까닭이다. 그런 까닭으로 『유식론』[400]에 말하기를 비록 초지에서[401] 끊는 바가 실로 이장二障에 통하지만 이생성장은 뜻이 소지장을 취하여 열 가지 무명[402]이 염오染汚[403]가 아님을 말하는 까닭이다 하였다.

---

399 원문에 위유문언謂有問言 운운은 이것은 위에 방해함을 해석한다는 말을 해석한 것이 아니다. 이 방해함을 해석한다는 말에 이어 또 어떤 사람이 물은 것이다. 따라서 謂 자는 又 자로 고쳐야 한다고 『유망기』는 말하고 있다.

400 『유식론唯識論』은 제구권第九卷이다.

401 원문에 수초지雖初地 등이라고 한 것은 『유식술기』(註)에 말하기를 비록 이 초지라고 한 아래는 지상地上에서 끊을 바를 통석한 것이니 비록 이장二障이라고 말하였으나 그 뜻은 소지장만 취한 것이다. 경에 열 가지 무명은 곧 열 가지 어리석음이지 이 번뇌의 염오染汚 자성이 아닌 까닭이다. 묻겠다. 초지에서 끊을 바가 이미 이장二障에 통한다고 하였다면 어찌 염오가 아니겠는가. 답하겠다. 비록 이 초지 가운데서 또한 번뇌장을 끊고 저 추중번뇌를 끊었다 하나 그러나 정의는 아니고 수면隨眠을 끊지 못하였기에 그런 까닭으로 여기에 말하지 않는다 하였다. 그렇다면 그 열 가지 무명을 말한 등은 이 『유식론』 가운데서 수다라를 이끌어 증거한 것이라 하겠다.

이런 까닭으로 이 경에 말하기를 어리석음과 의혹을 버리고 떠났다 하였으니

어리석음과 의혹이라고 한 것은 곧 이것은 치우쳐 소지장을 거론한 것이요

다음 구절에 더러움에 물든다고 말한 것은 곧 이것은 번뇌장이다.

成唯識第十等者는 三에 引證이니 此前論云호대 此十一障이 二障所攝이니 煩惱障中에 見所斷種은 於極喜地인 見道初斷하고 彼障現起는 地前已伏이라하니라 修所斷種下論은 與此疏同하니 釋曰就修斷中하야 直觀論文인댄 初地已上에 能頓伏盡修惑現行호미 如阿羅漢이 諸漏已盡하야 無復煩惱하니라 次云호대 由故意力하야 七地之中에 雖暫現起나 而不爲失이라하니 自是一段은 通於妨難이니 謂有問云호대 旣如阿羅漢하야 令永不行인댄 如何前四에 猶起我見하며 七地已前에 猶起貪瞋等耶아할새 故此答云호대 故由意力起라하니 謂六地之前엔 容有出觀할새 尙有誤起어니와 七地之中엔 常在無相이나 爲化衆生하야 故意而起일새 起不爲失하니라 示起示滅은 卽如下經中에 七地文云호대 雖畢竟寂滅諸煩惱焰이나 而能爲衆生하야 起滅貪瞋癡煩惱焰이라하니 卽其文也니라 論言而不爲失者는 下經云호대 雖常寂滅이나 以方便力으로 而還熾然케할새 雖然不燒라하니 卽

---

402 원문에 십무명十無明이란, 十地中에 皆有所知障故로 云十也라. 즉 열 가지 무명이란 십지 가운데 다 소지장이 있는 까닭으로 열 가지 무명이라 말하는 것이다.

403 염오染汚란, 번뇌장煩惱障이다.

其文也니라 故下經中에 解脫月菩薩이 問金剛藏言호대 佛子야 七地菩薩은 爲是染行이닛가 爲是淨行이닛가 金剛藏言호대 初地로 至七地히 所行諸行이 皆捨離煩惱業하니 以迴向無上菩提故며 分得平等道故니라 然未名爲超煩惱行이라하고 便擧輪王과 梵王하야 爲喩하니 輪王乘空호대 不染貧病이나 未名超人은 以喩七地가 乘波羅蜜乘호대 不染煩惱나 未名超煩惱行하고 若捨王身하고 生於梵天하야사 爾乃名爲超過人位는 以喩八地가 乘淸淨乘하야사 爾乃名爲超煩惱行이니라 故次下論云호대 八地已上은 畢竟不行이라하니 此之論文이 甚與經合커늘 而大乘法師의 釋意는 如阿羅漢과 由故意力을 連成一句云호대 如阿羅漢이 有怖有不怖하나니 不怖者起요 怖者不然이라하니 此則以護法羅漢이 懼於煩惱하야 不敢起故니 似非得意로다 又云호대 然此中所說인 見所斷者는 唯頓悟人이요 修所斷者는 通漸有學과 漸無學者는 二種俱無라하며 又問云호대 其在地前하야 所未伏者는 相貌可知어니와 其已伏者는 與此何別고 答이라 道力猶微하야 不能伏盡이나 爲煩惱制하야 少分自行하나니 卽我貪等이 有失念起니라 故說地前에 已伏少分이나 非有別相을 地前伏之라하니 釋曰此는 釋地前에 漸伏之言이니 以非正要일새 故在後釋하니라 八地已上에 任運不行은 道力勝故니 此是對法第十四文이라하니라

『성유식론』제십권이라고 한 등은 세 번째 인용하여 증거한 것이니 이 앞[404]의 『유식론』에 말하기를 이 십일장十一障[405]이 이장二障에

---

404 원문에 차전此前이란, 여기에 인용한 문장전文章前이다.

섭속되는 바이니

번뇌장 가운데 견도위에서 끊을 바 분별종자는 지극히 환희한 지위인 견도위⁴⁰⁶에서 처음으로 끊고 저 번뇌장이 현재 생기하는⁴⁰⁷ 것은 십지 이전에 이미 절복했다 하였다.

수도위에서 끊을 바 구생종자라고 한 아래 논문은 여기 소문에 인용한 것으로 더불어 같나니

해석하여 말한다면 수도위에서 끊을 바 가운데 나아가 바로 『성유식론』 제십권을 관찰한다면⁴⁰⁸ 초지 이상에 능히 문득 수혹의 현행을 절복하여 다하는 것이 아라한이 모든 번뇌(諸漏)를 이미 다하여 다시 번뇌가 없는 것과 같다.

『성유식론』이 다음⁴⁰⁹ 문장에 말하기를 고의故意의 힘을 인유하여 앞의 칠지 가운데 비록 잠깐 현재 생기하지만 망실하지 않는다 하였으니,

---

405 십일장十一障이란, 十地所知에 兼等覺所知라. 즉 십일장이란 십지의 소지장에 등각의 소지장을 겸한 것이다.

406 원문에 극희지極喜地란, 초지初地의 환희지歡喜地니 이 초지(此初地)를 견도위見道位라 한다.

407 원문에 현기現起라고 한 것은 여기서 현기現起는 분별기分別起 가운데 현행現行이다.

408 원문에 직관론문直觀論文 등이라고 한 것은 아래 대승법사의 해석(영인본 화엄 9책, p.210, 6행)을 상대하여 바로 관찰한다 말한 것이니, 지금은 고의로 생기하는 것이고 대승법사는 곧 고의로 생기하지 않는다는 것이다.

409 원문에 차次란, 『성유식론成唯識論』 제십권第十卷이니 위에 인용한 『성유식론』 다음 문장이다.

이로부터 일단은 방해하여 비난함을 통석한 것이니

말하자면 어떤 사람이 물어 말하기를 이미 아라한과 같아서 하여금 영원히 행하지 않게 한다면 어떻게 앞의 사지四地에 오히려 아견을 일으키며 칠지 이전[410]에 오히려 탐·진 등을 일으키는가 하기에 그런 까닭으로 여기에 답하여 말하기를 고의故意의 힘으로 생기한다 하였으니

말하자면 육지 이전에는[411] 혹 관觀[412]에서 나옴이 있음을 허용하기에 오히려 그릇 생기함이 있거니와 칠지 가운데는 항상 무상삼매[413]에 있지만 중생을 교화하기 위하여 고의로 생기하기에 생기하지만 망실하지 않는 것이다.

생기함을 보이고 사라짐을 보이는 것은 아래 경문 가운데 제칠지 경문[414]에 말하기를 비록 필경에 모든 번뇌의 불꽃이 적멸하지만 능히 중생을 위하여 탐·진·치 번뇌의 불꽃을 생기하고 사라지게 한다 한 것과 같나니

곧 그 경문이다.

『유식론』에 말하기를 망실하지 않는다고 한 것은 아래 제칠지 경문

---

410 칠지七地 이전이란, 五·六地이다.
411 원문에 육지지전六地之前 등이라고 한 것은 비증보살悲增菩薩이다.
412 관觀이란, 삼매三昧를 말함이다.
413 무상삼매無相三昧라고 한 것은 三三昧의 하나이니 삼삼매는 공空·무상無相·무원삼매無願三昧이다.
414 원문에 칠지경문七地經文이란, 대만본 화엄소초 51권, p.38이다.

에 말하기를 비록 항상 적멸하지만 방편의 힘으로써 도리어 치연熾然
케 하기에 비록 치연하지만 타지 않는다[415] 하였으니
곧 그 경문이다.

그런 까닭으로 아래 제칠지 경문[416] 가운데 해탈월보살이 금강장보살에게 물어 말하기를 불자여, 칠지보살은 염행染行을 행함이 됩니까 정행을 행함이 됩니까.

금강장보살이 말하기를 초지로부터 칠지에 이르기까지 행한 바 모든 행이 다 번뇌의 업을 버리고 떠났으니 더 이상 없는 보리에 회향하는 까닭이며 평등한 도를 부분적으로 얻은 까닭이다.

그러나 번뇌를 초월한 행을 행한다고는 이름할 수 없다 하고, 곧 전륜성왕과 범천왕을 들어 비유하였으니

전륜성왕이[417] 코끼리를 타고 허공을 다니되 가난한[418] 사람과 병든 사람에게 물들지 않지만 사람의 지위를 초월했다고 이름하지 않는 것은 칠지 보살이 바라밀의 수레를 타고 다니되 번뇌에 물들지 않지만 번뇌의 행을 초월했다고 이름하지 않는 것에 비유하고, 만약 전륜성왕의 몸을 버리고 범천에 태어나야 이에 사람의 지위를

---

415 원문에 불소不燒란, 그 공덕이 타지 않는다는 것이다.

416 원문에 하경下經이란, 第七地經이니 대만본 화엄소초 51권, p.25이다.

417 전륜성왕이 이하는 무비無比스님 역본 제오권, p.176에 불자여, 마치 전륜성왕이 하늘 코끼리를 타고 사천하로 다닐 적에 가난하고 곤란한 사람이 있는 줄 알면서도 그들의 걱정에 물들지 않지만 인간의 지위를 초월했다고 이름하지 않느니라 하였다.

418 원문에 탐병貪病이라 한 貪은 貧 자의 잘못이다.

초월했다고 이름하는 것은 팔지 보살이 청정한 수레를 타고 다녀야 이에 번뇌의 행을 초월했다고 이름하는 것에 비유하는 것이다. 그런 까닭으로 이 다음 아래⁴¹⁹『성유식론』에 말하기를 팔지 이상은 필경에 행하지 않는다 하였으니

이『유식론』문이 매우 이 경으로 더불어 부합하거늘⁴²⁰ 그러나 대승법사가 해석한 뜻은 아라한과 같다고 한 것과 고의의 힘을 인유하였다고 한 것을 한 구절에 이어서 성립하여 말하기를 아라한이 두려움이 있기도 하고⁴²¹ 두렵지 아니함이 있기도 하는 것과 같나니, 두렵지 않다고 한 것은 번뇌의 행을 생기하는 것이요 두렵다고 한 것은 그렇지 않다 하였으니

이것은 호법아라한⁴²²이 번뇌를 두려워하여 감히 번뇌의 행을 일으키지 못하는 까닭이니 뜻을 얻지 못한 것과 같다.

또『성유식론』에 말하기를⁴²³ 그러나 이 가운데 설한 바 견도위에서

---

419 원문에 차하次下란, 영인본 화엄 9책, p.208, 末行에 인용한 이불위실而不爲失이라 한『성유식론成唯識論』第十卷의 말 다음이라는 말이다.
420 원문에 심여경합甚與經合이라고 한 것은 此經에 사리치혹捨離痴惑으로 계합契合함이다.
421 아라한이 두려움이 있기도 하고 운운한 것은『유식술기』제십권에 말하기를 저 아라한이 두렵지 아니함이 있다고 한 것은 고의로 번뇌를 생기하는 것이요 두려움이 있다고 한 것은 그렇지 않다. 이 가운데 설한 바인 견도위 운운이라 하였으니 이 아래는 바로 다음 줄에 말한 것과 같다.
422 호법아라한護法阿羅漢이라고 한 것은 육종아라한六種阿羅漢의 하나이니, 자기가 얻은 법을 잃어버릴까 두려워하여 항상 지키기를 힘쓰는 아라한이다.
423 원문에 우운又云 이하는 역시『성유식론成唯識論』제십권第十卷이다.

끊을 바[424]라고 한 것은 오직 돈오 수행인[425]뿐이요
수도위에서 끊을 바[426]라고 한 것은 모든 점수 유학인과 점수 무학인은 두 가지[427]가 함께 없다 하였으며
또 물어 말하기를 그 십지 이전에 있어 아직 절복하지 못한 바 사람은 모습을 가히 알 수 있거니와[428] 이미 절복한 사람은 이 절복하지 못한 사람으로 더불어 어떻게 다른가.

---

424 원문에 견도소단見道所斷이라고 한 것은 번뇌장煩惱障의 분별기중分別起中에 종자種子이다.

425 원문에 돈오인頓悟人이란, 직왕보살直往菩薩이다.

426 원문에 수도소단修道所斷이라고 한 것은 소지장所知障의 구생기중俱生起中에 종자種子이다.

427 원문에 이종二種이란, 견도見道와 수도修道 가운데 소단所斷인 번뇌장煩惱障과 소지장所知障이다. 기실은 점유학漸有學은 견도위에서 끊을 바 번뇌의 분별을 이미 끊었기에 수도위에서 끊을 바 소지의 구생만 있고, 점무학漸無學은 견도위見道位와 수도위修道位에서 끊을 바 번뇌의 분별과 소지의 구생이 함께 다 없다는 것이다.

428 원문에 其在地前하야 所未伏者는 相貌可知 운운은 그 십지 이전에 있어 아직 절복하지 못한 사람은 초지에서 끊는 까닭으로 가히 그 모습을 알 수 있거니와 이미 절복한 사람은 이 절복하지 못한 사람으로 더불어 어떻게 다른가. 답하겠다. 십지 이전에 비록 점점 절복했다 말하지만 도력이 미약하여 아직 능히 절복하여 다하지 못하였기에 곧 이 절복하지 못한 사람 밖에 따로 이미 절복한 사람이 있는 것이 아니다. 그렇게 알아라. 옛날 강사가 말하기를 십지 이전에 있어 아직 절복하지 못한 사람이 지상地上에 이르러 절복하는 모습은 가히 알 수 있거니와 이미 절복한 사람이 지상에 이르러 절복하는 모습은 이 절복하지 못한 사람으로 더불어 어떻게 다른가 하였으니, 답한 뜻은 같다.

답하겠다.

도력이 오히려 미약하여 능히 절복하여 다하지 못하였으나 번뇌를 제복하기 위하여 소분을 스스로 행하나니 곧 아견과 탐욕[429] 등이 생각에서 생기함을 망실함이 있는 것이다.

그런 까닭으로 말하기를 십지 이전에 이미 소분의 번뇌를 절복하였으나 별상別相이 있는 것을 십지 이전에 절복하지 못했다 하였으니 『유식론』소에 해석하여 말하기를[430] 이것은 십지 이전에 점점 절복한다는 말을 해석한 것이니 정요正要가 아니기에[431] 그런 까닭으로 뒤에 두어 해석한 것이다.

팔지 이상에 마음대로 행하지 않는 것은 도력이 수승한 까닭이니 이것은 『대법론』제십사권의 문장[432]이다 하였다.

煩惱卽是下는 四에 會經文이요 然見道中等者는 五에 重解妨也니라 應有並云호대 修道能斷惑일새 斷惑名修道인댄 見道旣斷惑일새 亦

---

429 원문에 我는 아견我見 등이요, 貪은 탐진貪嗔 등이다.
430 원문에 석왈釋曰은 유식소, 즉 『술기』이다.
431 원문에 비정요非正要라고 한 것은 上來는 십지十地 이상을 말하는 까닭으로 십지十地 이전은 정요正要가 아니라는 것이다.
432 唯識述記에는 文字下에 如前三卷引解라 하였다. 즉 『유식술기』에는 文字 아래 앞의 제삼권에서 인용하여 해석한 것과 같다 하였다. 구체적으로 말하면 『유식술기』에는 팔지 이상에는 또한 고의로 생기지 않고 마음대로 행하지 않는 것은 도력이 수승한 까닭이니 이것은 『대법론』제십사권의 문장이니 앞의 제삼권에서 인용하여 해석한 것과 같다 하였다. 여기에 『대법론』은 『유식론』가운데서 인용한 것이다.

應名修道라하며 又並云호대 見道能見理일새 見理名見道인댄 修道
旣重觀일새 亦應名見道라할새 故此釋云호대 從增勝義하야 各擧一
名이라하니 言見理義增者는 初見理故로 卽顯斷惑義微니 不斷俱
生故요 修道除障義勝者는 能除難斷俱生惑故며 數數斷故니 前已
見理일새 故此爲微니라

번뇌라고 한 것은 곧 이것은 더러움에 물든다고 한 것이라고 한
아래는 네 번째 지금에 경문을 회석한 것이요
그러나 견도위 가운데라고 한 등은 다섯 번째 방해함을 거듭 해석한
것이다.
응당 어떤 사람이 병합[433]하여 말하기를 수도위는 능히 번뇌를 끊기에
번뇌를 끊는 것을 수도위라고 이름한다면 견도위도 이미 번뇌를
끊었기에 또한 응당 수도위라고 이름해야 할 것이다 하였으며
또 병합하여 말하기를 견도위는 능히 진리를 보기에 진리를 보는
것을 견도위라고 이름한다면 수도위도 이미 거듭 관찰하기에 또한
응당 견도위라고 이름해야 할 것이다 하기에 그런 까닭으로 여기에
해석하여 말하기를 증승한 뜻을 좇아 각각 일명一名[434]을 거론하였을
뿐이다 하였다.

진리를 보는 뜻이 증승하다고 말한 것은 처음 진리를 본 까닭으로

---

433 병並이란, 견도見道와 수도修道를 병합並合한다는 것이다.
434 원문에 각일명各一名이란, 견도見道와 수도修道이다.

곧 번뇌를 끊는 뜻이 적음을 나타낸 것이니
구생혹을 끊지 못한 까닭이요
수도위에 번뇌를 끊는 뜻이 수승하다고 한 것은 능히 끊기 어려운 구생혹을 끊는 까닭이며 자주 자주 끊는 까닭이니,
앞[435]에서 이미 진리를 보았기에 그런 까닭으로 끊는다는 뜻이 적음이 되는 것이다.

疏

三에 深心信解는 卽無厭足淨이니 不樂小乘하고 但於上勝佛德에 深心希欲하야 信解決定故니라

세 번째 깊은 마음으로 믿고 이해한다고 한 것은 곧 싫어하거나 만족함이 없는 것이 청정한 것이니
소승小乘을 좋아하지 않고 다만 저 최상으로 수승한 부처님의 공덕에 깊은 마음으로 희망하고 욕망하여 믿고 이해함을 결정하는 까닭이다.

鈔

卽無厭足等者는 卽八地無功用行이니 在法流中하야 趣果無間일새 故曰無厭이라하니라 不樂小乘은 自分堅也라 但於下는 勝進上求니

---

435 앞이란, 견도위見道位이다.

希欲은 卽是深心이요 決定은 釋其信解라

곧 싫어하거나 만족함이 없다고 한 등은 곧 제팔지의 무공용행이니,
법류法流 가운데 있어서 과위에 나아가는 것을 간단없이 하기에
그런 까닭으로 말하기를 싫어함이 없다 하였다.
소승을 좋아하지 않는다고 한 것은 자분행이 견고한 것이다.
다만 저라고 한 아래[436]는 승진하여 위로 구하는 것이니,
희망하고 욕망한다고 한 것은 곧 이것은 깊은 마음이요
결정한다고 한 것은 그 믿고 이해함을 해석한 것이다.

疏

四에 於佛法下는 不隨他敎淨이니 趣菩薩地盡道中하야 自正行故니라 上歎德竟이라

네 번째 불법이라고 한 아래는 다른 사람의 가르침을 따르지 않는 것이 청정한 것이니
보살의 지위가 다한 도중에 나아가 스스로 바로 행하는 까닭이다.
위에 대중의 공덕을 찬탄한 것은 마친다.[437]

---

436 원문 단어但於라는 말 아래 下 자가 있어야 옳다. 따라서 보증하여 번역하였다.
437 위에 대중의 공덕을 찬탄한 것은 마친다고 한 것은 영인본 화엄 9책, p.195, 말행에 바로 청하는 가운데 세 가지가 있나니 처음에는 대중이 모인 것을 진술한 것이고 두 번째 깊은 마음을 잘 깨끗이 한다고 한 아래(영인본 화엄 9책, p.196, 2행)는 대중의 공덕을 찬탄한 것이고 세 번째 거룩합니다 불자여라

鈔

不隨他敎淨者는 論立名이요 趣菩薩地盡下는 論釋이라 然論但云호대 趣盡道中하야 自正行故라하얏거늘 今疏엔 加於菩薩地盡하야 釋論盡字하니 卽是十地에 位極道圓하야 地法在心이라 不由他敎일새 故云自正行也라하니라

다른 사람의 가르침을 따르지 않는 것이 청정한 것이라고 한 것은 『십지론』에서 세운 이름이요
보살의 지위가 다한 도중에 나아간다고 한 아래는 『십지론』에서 해석한 것이다.
그러나 『십지론』에는 다만 말하기를 다한 도중(盡道中)에 나아가 스스로 바로 행하는 까닭이라 하였거늘 지금 소문에는 보살의 지위가 다했다는 말을 더하여 『십지론』에 진盡이라는 글자를 해석하였으니
곧 이것은 십지에 지위가 지극하고 도가 원만하여 십지의 법이 마음에 있는지라 다른 사람의 가르침을 인유하지 않기에 그런 까닭으로 말하기를 스스로 바로 행하는 것이다 하였다.

고 한 아래는 청함을 맺는 것이다 한 바로 그 제 두 번째이다.

經

善哉라 佛子야 當承佛神力하야 而爲演說하소서 此諸菩薩은 於 如是等의 甚深之處에 皆能證知리라

거룩합니다 불자여, 마땅히 부처님의 위신력을 받아 연설하세요. 이 모든 보살은 이와 같은 등 깊고도 깊은 곳에 다 능히 증득하여 알 것입니다.

疏

第三은 結請이니 可知니라

제 세 번째는 청함을 맺는 것이니
가히 알 수가 있을 것이다.

經

爾時에 解脫月菩薩이 欲重宣其義하야 而說頌曰호대

願說最安隱한　菩薩無上行하소서
分別於諸地하면 智淨成正覺하리다

此衆無諸垢하고 志解悉明潔하며
承事無量佛하니 能知此地義리다

그때에 해탈월보살이 거듭 그 뜻을 선설하고자 하여 게송을 설하여 말하기를

원컨대 가장 안은한
보살의 더 이상 없는 행을 연설하세요.
모든 지위를 분별하여 연설한다면
지혜가 청정하여 정각을 이룰 것입니다.

여기에 대중은 모든 때가 없고
뜻과 지해가 다 밝고 맑으며
한량없는 부처님을 받들어 섬겼으니
능히 이 지위의 뜻을 알 수 있을 것입니다.

疏

二에 偈頌中에 初偈는 直擧法請하고 不頌前文이니 上半은 擧法請
說이요 下半은 彰說有益이라 後偈는 頌前請이니 可知니라

두 번째 게송[438] 가운데 처음에 게송은 바로 법을 들어 청한 것이고
앞의 장행문을 읊은 것이 아니니
위에 반 게송은 법을 들어 설하기를 청한 것이요
아래 반 게송은 설함에 이익이 있음을 밝힌 것이다.
뒤에 게송은 앞에 청한 것을 읊은 것이니
가히 알 수가 있을 것이다.

---

438 두 번째 게송이란, 첫 번째는 장행문이었다.

經

爾時에 金剛藏菩薩言호대 佛子야 雖此衆集이 善淨思念하며 捨離愚癡와 及以疑惑하며 於甚深法에 不隨他敎라하나

그때에 금강장보살이 말하기를 불자여, 비록 여기에 모인 대중이 생각을 잘도 깨끗이 하며
어리석음과 그리고 의혹을 버리고 떠났으며
깊고도 깊은 법에 다른 사람의 가르침을 따르지 않는다 하지만

疏

第四에 爾時下는 不堪有損止中에 二니 先은 長行이라 於中亦二니 先은 領前所歎이니 對下有損하야 所以言雖니라

제 네 번째 그때라고 한 아래는 손해가 있음을 감당할 수 없어 가만히 있는 가운데 두 가지가 있나니
먼저는 장행문이다.
그 가운데 또한 두 가지가 있나니
먼저는 앞에 찬탄한 바를 아는 것이니
아래 손해가 있음을 상대하여 비록(雖)[439]이라고 말하는 까닭이다.

---

[439] 원문에 수雖란, 수차중집雖此衆集이라고 한 것을 말함이다.

經

然有其餘의 劣解衆生이 聞此甚深하야 難思議事하면 多生疑惑하며 於長夜中에 受諸衰惱하리니

그러나 그 나머지 지해가 하열한 중생이 이 깊고도 깊어 사의하기 어려운 사실을 들음이 있다면 다분히 의혹을 내며 긴 밤중에 모든 슬픔과 고뇌를 받을 것이니

疏

後然有下는 擧損違請이라 於中二니 先은 擧損이니 劣解之人은 通凡小等이니 皆是迷法之器故라 多生疑者는 正行相違니 猶豫義故요 惑者는 心迷於理니 能破壞善法하고 遠離善法故라하니 此明現損이요 於長夜下는 明其當損이라

뒤에 그러나 그 나머지 지해가 하열한 중생이라고 한 아래는 손해를 들어 청함을 어기는 것이다.
그 가운데 두 가지가 있나니
먼저는 손해를 든 것이니
지해가 하열한 사람이라고 한 것은 범부와 소승 등에 통하는 것이니 다 법을 미혹한 그릇인 까닭이다.
다분히 의혹을 낸다고 한 것은 바로 행한다는 것과 서로 어기는 것이니 유예猶豫하는 뜻인 까닭이요

의혹이라고 한 것은 마음이 진리에 미혹한 것이니 능히 선법善法을
파괴하고 선법을 멀리 떠나는 까닭이다 하였으니
이것은 현재 손해됨을 밝힌 것이요
긴 밤중이라고 한 아래는 당래에 손해될 것을 밝힌 것이다.

鈔

劣解之人者는 經엔 言劣解라하고 論經엔 云樂小法者라할새 故疏合
擧하니라 凡卽地前이요 小謂小乘이요 等은 等取權敎菩薩이라 此中
無小거니 何以揀之고 謂此會中에도 亦有小心之衆生故니라 亦可不
欲廣被인댄 卽名爲小니 此雖揀之나 激令起心하면 卽爲所被니라 多
生疑下는 牒經解釋이요 正行已下로 至善法故는 皆是論文이라 然疑
는 從二境上生이니 旣滯二途일새 故無詣理하는 眞正之行이요 惑은
謂迷惑이니 一向不了일새 故能不信이니 由此故로 能破壞善法하고
遠離善法하니라 遠公이 亦將後二句論하야 別結疑惑의 二種之過하
니 由有疑故로 破壞善法하고 由有惑故로 遠離善法이라하니 亦有理
在나 但論二句가 共一故字일새 則以通結疑惑二字니라 此明現損은
是疏니 結前生後라 於長夜者는 生死昏寢이 事等於夜요 輪轉無際가
名之爲長이라 破法不信하야 墜三惡道일새 故受衰惱라하니라

지혜가 하열한 사람이라고 한 것은 이 경에는 지혜가 하열하다고
말하고 『십지론경』에는 소승법을 좋아하는 사람이라고 말하였기에
그런 까닭으로 소문에는 합하여 거론한 것이다.

범부라고 한 것은 곧 십지 이전을 말하는 것이요
소小라고 한 것은 소승을 말하는 것이요
등等이라고 한 것은 권교權敎 보살을 등취한 것이다.
이 가운데는 소승이 없거니 무슨 까닭으로 가리는가.
말하자면 이 회중에도 또한 소승심을 가진[440] 중생이 있는 까닭이다.
또한 널리 가피하고자 하지 않는다면[441] 곧 이름을 소승이라 하는 것이니
이것은 비록 가리는 것이지만 격려하여 하여금 마음을 일으키게 한다면 곧 가피하는 바가 되는 것이다.

다분히 의혹을 낸다고 한 아래는 경문을 첩석하여 해석한 것이요
바로 행한다고 한 이하로 선법을 멀리 떠나는 까닭이라고 한 것에 이르기까지는 곧 이 『십지론』 문이다.
그러나 의疑라고 한 것은 두 가지 경계[442]의 분상을 좇아 생기하는 것이니
이미 이도二途[443]에 막혀 있기에 그런 까닭으로 진리에 나아가는

---

440 원문에 역유소심亦有小心이라고 한 것은 차회중此會中엔 소승이 없지만 소승의 마음을 품은 사람이 있다는 것이다.
441 원문에 역가불욕亦可不欲 下는 보살이 본래 널리 가피하고자 한 까닭으로 소승이라고 말하였을지언정 반드시 소승심 중생이 있는 것은 아니다.
442 원문에 이경二境이란, 연然과 불연不然이다. 『유망기』는 의심하여 말하기를 이와 같은가 같지 않은가 하는 이경二境이라 하였다.
443 이도二途란, 의疑와 혹惑이다.

진정한 행이 없는 것이요

혹惑이라고 한 것은 말하자면 미혹이니

한결같이 알지 못하기에 그런 까닭으로 능히 믿지 않는 것이니, 이것을 인유한 까닭으로 능히 선법을 파괴하고 선법을 멀리 떠나는 것이다.

혜원법사가 또한 뒤에 두 구절의 논문[444]을 가져 의와 혹의 두 가지 허물을 따로 맺었으니 의심이 있음을 인유한 까닭으로 선법을 파괴하고, 미혹이 있음을 인유한 까닭으로 선법을 멀리 떠난다 하였으니 또한 일리가 있기는 하지만 여기서는 다만 『십지론』[445] 문에 두 구절이 하나의 고故 자로 같이 되어 있기에[446] 곧 의와 혹의 두 글자를 함께 맺은 것이다.

이것은 현재의 손해됨을 밝힌 것이라고 한 것은 이것은 소가의 뜻이니

앞의 말을 맺고 뒤의 말을 생기하는 것이다.

긴 밤이라고 한 것은 생사에 혼침하는 것이 그 일이 밤과 같은

---

444 원문에 후이구론後二句論이란, 『십지론十地論』에 능파선법能破善法과 원리선법遠離善法이다.

445 원문에 단론但論 이하는 청량清凉의 뜻이다.

446 원문에 단론이구공일고자但論二句共一故字라고 한 것은 『십지론十地論』 文에는 能破善法하고 遠離善法故라 하여 故 자를 한 번만 썼다는 것이다. 혜원법사처럼 해석하려면 논문論文에 能破善法故며 遠離善法故라 해야 했을 것이다.

것이요

윤회를 끝없이 하는 것이 이름이 길다고 하는 것이다.

법을 파괴하고[447] 믿지 아니하여 삼악도에 떨어지기에 그런 까닭으로 슬픔과 고뇌를 받는다 하였다.

---

447 원문에 피법被法이라 한 被 자는 破 자의 잘못이라 고쳐 번역하였다.

經

我愍此等일새 **是故默然**하니라

내가 이런 대중들을 어여삐 여기기에 이런 까닭으로 침묵하는 것입니다.

疏

後에 我愍下는 結默違請이라

뒤에 내가 이런 대중들을 어여삐 여긴다고 한 아래는 침묵하는 뜻을 맺고 청함을 어기는 것이다.

經

爾時에 金剛藏菩薩이 欲重宣其義하야 而說頌曰호대

雖此衆淨廣智慧하며　　甚深明利能決擇하며
其心不動如山王하며　　不可傾覆猶大海라하나

有行未久解未得하야　　隨識而行不隨智라
聞此生疑墮惡道하리니　我愍是等故不說하니다

그때에 금강장보살이 거듭 그 뜻을 선설하고자 하여 게송을 설하여 말하기를

비록 이런 대중들이 청정하고[448] 지혜가 광대하며
깊고도 깊은 법에 총명하고 영리하여 능히 결택하며
그 마음이 움직이지 않는 것이 수미산(山王)과 같으며
가히 기울거나 엎어지지 않는 것이 큰 바다와 같다 하지만

수행한 지가 오래되지 않고 지혜를 아직 얻지 못함이 있어
식식(識)을 따라 행하고 지혜를 따르지 않는지라
이 십지법을 듣고 의심을 내어 악도에 떨어질 것이니
내가 이런 대중을 어여삐 여기기에 그런 까닭으로 설하지 않는

448　원문에 수차중정雖此衆淨 운운은 십신상해품十身相海品을 인용하였으니 영인 본 화엄 12책, p.547, 8행이다.

것입니다.

疏

偈中亦二니 初偈는 頌前段이니 淨明有信이요 餘皆有證이니 如山如海는 雙喩敎證이라

게송 가운데 또한 두 가지가 있나니
처음 게송은 전단前段[449]을 읊은 것이니
청정하고 총명하다고[450] 한 것은 믿음이 있다는 것이요
나머지는 다[451] 증득함이 있다는 것이니
수미산과 같고 바다와 같다고 한 것은 교도와 증도에 함께 비유한 것이다.

鈔

初偈頌前段者는 卽領前所歎이라 淨明有信者는 信卽順敎니 是前段中에 善潔思念等이며 卽長行中에 善淨思念이라 前淨深心은 雖兼敎證이나 今爲分二일새 故云有信이라하니라 餘皆有證者는 廣智慧는

---

449 전단前段이란, 영인본 화엄 9책, p.214, 2행에 장행문長行文이다. 소문으로는 영인본 화엄 9책, p.214, 5행에 먼저는 앞에 찬탄한 바를 안다 한 것이다. 초문에 있다.
450 원문에 정명淨明이란, 上二句이다.
451 원문에 여개餘皆란, 下二句이다.

卽前에 捨離癡惑이며 無有垢染이며 卽長行中에 捨離愚癡와 及以疑惑이라 甚深明利하야 能決擇은 卽前에 深心信解라한 已下經文이며 長行中에 於甚深法에 不隨他敎니라 如山如海者는 動謂動搖요 覆謂返覆이니 今於敎에 決信不動하며 更無翻覆하니 於證亦然하니라

처음 게송은 전단을 읊은 것이라고 한 것은 곧 앞에 찬탄한 바를 안다고 한 것이다.
청정하고 총명하다고 한 것은 믿음이 있다는 것이라고 한 것은 믿음이 곧 교敎를 따르는 것이니
이것은 전단[452] 가운데 생각을 잘도 맑게 한다는 등이며, 곧 장행문[453] 가운데 생각[454]을 잘도 깨끗이 한다고 한 것이다.
앞[455]에 깊은 마음을 잘도 깨끗이 한다고 한 것은 비록 교도와 증도를 겸하고[456] 있지만 지금에는 두 가지로 나누었기에 그런 까닭으로 말하기를 믿음이 있다는 것이라고 하였다.
나머지는 다 증득함이 있다는 것이라고 한 것은 지혜가 광대하다고 한 것은 곧 앞[457]에 어리석음과 의혹을 버리고 떠났다고 한 것이며 더러움에 물듦이 없다고 한 것이며

---

452 전단前段이란, 영인본 화엄 9책, p.196, 6행이다.
453 장행문長行文이란, 영인본 화엄 9책, p.214, 2행이다.
454 원문에 심심深心이란, 사념思念의 잘못이다.
455 앞이란, 영인본 화엄 9책, p.196, 2행이다.
456 원문에 수겸雖兼이라 한 兼은 淨 자가 敎와 證을 겸하고 있다는 뜻이다.
457 앞이란, 위의 책 p.199, 8행이다.

곧 장행문[458] 가운데 어리석음과 그리고 의혹을 버리고 떠났다고 한 것이다.
깊고도 깊은 법에 총명하고 영리하여 능히 결택한다고 한 것은 곧 앞[459]에 깊은 마음으로 믿고 이해한다고 한 이하 경문이며 장행문[460] 가운데 깊고도 깊은 법에 다른 사람의 가르침을 따르지 않는다 한 것이다.

수미산과 같고 바다와 같다고 한 것은 동動이라고 한 것은 동요함을 말하는 것이요
복覆이라고 한 것은 번복함을 말하는 것이니
지금에는 교도에 결정코 믿어 동요하지 아니하며 다시 번복하지 않나니 증도에도 또한 그러한 것이다.

疏

後偈는 頌後段이니 以取相故로 但依於識이요 不能依智니라

뒤에 게송은 후단後段을 읊은 것이니
모습을 취하는 까닭으로 다만 식識만을 의지할 뿐 능히 지혜를 의지하지 않는 것이다.

---

458 장행문長行文이란, 영인본 화엄 9책, p.214, 2행이다.
459 앞이란, 위의 책 p.199, 8행이다.
460 장행문長行文이란, 위의 책 p.214. 3행이다.

鈔

後偈頌後段은 卽擧損違請이라 以取相故로 但依於識者는 返顯不
取相이 是智니 故應依之니라

뒤에 게송은 후단을 읊은 것이라고 한 것은 곧 손해를 들어 청함을
어기는 것이다.[461]
모습을 취하는 까닭으로 다만 식만을 의지할 뿐이라고 한 것은
모습을 취하지 않는 것이 이 지혜임을 반대로 나타낸 것이니
그런 까닭으로 응당 그 지혜를 의지하는 것이다.

疏

第五에 雙歎人法請中에 復重請者는 示彼疑惑을 應須斷之니 豈
可避之리요 避之不說하면 有多過咎니라 何等過咎고 不得成就一
切佛法이니라

제 다섯 번째[462] 사람과 법을 함께 찬탄하여 청하는 가운데 다시
거듭 청한 것[463]은 저들이 시현한 의혹을 응당 반드시 끊어주어야

---

461 손해를 들어 청함을 어기는 것이라고 한 것은 곧 후단이니 영인본 화엄
9책, p.214, 8행이다.
462 제 다섯 번째 운운은 第三에 解脫月이 歎衆堪聞請이라 한 것이 첫 번째
청한 것이니 영인본 화엄 9책, p.195, 2행이다. 그리고 여기(다음 경문)에
청한 것이 거듭(두 번째) 청한 것이다.

하는 것이니 어찌 가히 피하겠는가.⁴⁶⁴

피하고 말하지 않는다면 수많은 허물이 있게 되는 것이다.

어떤 등의 허물이 있게 되는가.

일체 불법을 성취함을 얻을 수 없는 허물이 있게 되는 것이다.

鈔

雙歎人法請疏中에 有二하니 先은 敍意中에 先은 徵이요 後에 示彼下는 論釋이라 豈可避之는 翻前多生疑惑이요 後避之不說하면 有多過者는 翻前於長夜中에 受諸衰惱니 安能成就一切佛法이리요하니라

사람과 법을 함께 찬탄하여 청한다고 한 소문 가운데 두 가지⁴⁶⁵가 있나니

먼저는 서술하는 뜻 가운데 먼저는 묻는 것이요

뒤에 저들이 시현한 의혹을 응당 반드시 끊어주어야 한다고 한 아래는 『십지론』에서 해석한 것이다.

어찌 가히 피하겠는가 한 것은 앞⁴⁶⁶에 수많은 의혹을 낸다고 한

---

463 원문에 중청重請이라고 한 것은 바로 다음 경문에 解脫月이 重白金剛藏이라 한 것이다.

464 원문에 기가피지豈可避之라고 한 것은 어찌 가히 피하고 말하지 않겠는가 하는 뜻이다.

465 두 가지란, 先은 서의敍意이고 後에 文中下는 석문釋文이니 다음 경문의 소문이다.

466 앞이란, 영인본 화엄 9책, p.214, 6행이다.

것을 돌이켜서 말한 것이요

뒤에 피하고 설하지 않는다면 수많은 허물이 있게 된다고 한 것은 앞[467]에 긴 밤중에 모든 슬픔과 고뇌를 받을 것이라고 한 것을 돌이켜서 말한 것이니

어찌 능히 일체 불법을 성취하겠는가 하는 것이다.

---

467 앞이란, 영인본 화엄 9책, p.214, 9행이다.

經

爾時에 解脫月菩薩이 重白金剛藏菩薩言호대 佛子야 願承佛神力하야 分別說此不思議法하소서 此人이 當得如來護念하야 而生信受하리라

그때에 해탈월보살이 거듭 금강장보살에게 여쭈어 말하기를 불자여, 원컨대 부처님의 위신력을 받아 이 사의할 수 없는 법을 분별하여 연설하세요.
이 사람들이 마땅히 여래가 보호하고 염려해 주심을 얻어 믿고 받아가지는 마음을 생기할 것입니다.

疏

文中에 先은 長行이요 後는 偈頌이라 長行中三이니 初는 標請이요 次에 何以故下는 釋請이요 後에 是故佛子下는 結請이라

경문 가운데 먼저는 장행문이요
뒤에는 게송이다.
장행문 가운데 세 가지가 있나니
처음에는 청함을 표한 것이요
다음에 무슨 까닭인가 한 아래는 청함을 해석한 것이요
뒤에 이런 까닭으로 불자여, 라고 한 아래는 청함을 맺는 것이다.

經

何以故요 說十地時에 一切菩薩이 法應如是하야 得佛護念하며 得護念故로 於此智地에 能生勇猛하리라

무슨 까닭인가.
십지를 설할 때에 일체 보살이 법이 응당 이와 같아서 부처님이 보호하고 염려해 주심을 얻으며
보호하고 염려해 주심을 얻은 까닭으로 이 지혜의 지위에 능히 용맹심을 낼 것입니다.

疏

釋中二니 先은 直徵釋이요 後는 轉徵釋이라 前中에 先은 徵意云호대 何以로 當得佛護하야 而能信耶아 釋云호대 法應得護하며 由得護故로 必能信受니라

해석하는 가운데 두 가지가 있나니
먼저는 바로 묻고 해석한 것이요
뒤에는 전전히 묻고 해석한 것이다.

앞의 가운데 먼저는 묻는 뜻에 말하기를 무슨 까닭으로 마땅히 부처님이 보호해 주심을 얻어 능히 믿는다 하는가.
해석하여 말하기를 법이 응당 보호해 주심을 얻으며

보호해 주심을 얻음을 인유한 까닭으로 반드시 능히 믿고 받아가질 것이다.

經

何以故요

무슨 까닭인가.

疏

二에 轉徵釋中에 先徵이요 後釋이라 徵意云호대 何以로 說十地時에 法應得佛護耶아 下釋意云호대 如來說法이 不離敎證이니 最所要故니라

두 번째 전전히 묻고 해석하는 가운데 먼저는 묻는 것이요 뒤에는 해석한 것이다.
먼저 묻는 뜻에 말하기를 무슨 까닭으로 십지를 설할 때에 법이 응당 부처님이 보호해 주심을 얻는다 하는가.
아래 해석한 뜻에 말하기를 여래의 설법이 교도와 증도를 떠나지 않나니 가장 중요한 바인 까닭이다 하였다.

經

此是菩薩이 最初所行이며 成就一切諸佛法故니라

이것은 이 보살이 최초에 행한 바이며
일체 모든 불법을 성취한 까닭입니다.

疏

文中三이니 謂法喩合이라 法中에 最初所行者는 依阿含行故요 成就一切諸佛法者는 是證智故니 此卽九種敎證中에 第四에 修成相對라

경문 가운데 세 가지가 있나니
말하자면 법과 비유와 법합이다.
법 가운데 최초로 행한 바라고 한 것은 아함행을 의지한 까닭이요
일체 불법을 성취한 것이라고 한 것은 이것은 증지證智인 까닭이니
이것은 곧 아홉 가지 교와 증 가운데 제 네 번째 닦는 것과 이루는 것을 상대한 것이다.[468]

---

[468] 원문에 구종교증九種敎證은 영인본 화엄 9책, p.8, 5행이고, 第四에 수성상대 修成相對는 영인본 화엄 9책, p.12, 4행이다.

經

譬如書字數說의 一切가 皆以字母로 爲本하고 字母究竟하야 無有少分도 離字母者하니

비유하자면 글씨와 글자와 數수와 말(說)의 일체가 다 자모字母로써 근본을 삼고 자모로써 구경究竟을 삼아 소분도 자모를 떠난 적이 없는 것과 같나니

疏

二에 喩中에 以字母로 喩於地智가 爲諸法本이라 論云書者는 是字相이니 如嘶字가 師子形相等者는 以書로 記字요 非正字體니라 言師子形者는 謂凩字가 如蹲踞形이라 有云호대 如呼師子인댄 爲毟(詞孕) 多故로 毟字像形이 似師子頭尾者는 全不似也니라

두 번째 비유 가운데 자모로써 십지의 지혜가 모든 법의 근본이 됨에 비유한 것이다.
『십지론』에 말하기를 글씨라고 한 것은 글자의 모습이니 마치 시嘶 자가 사자의 형상과 같다고 한 등은 글씨(書)로써 글자(字)를 표기한 것이요 바로 글자의 자체는 아닌 것이다.
사자의 형상이라고 말한 것은 말하자면 시凩[469] 자가 마치 사자가

---

[469] 시凩 자는 일곱 줄 뒤에 시㗥(嘶) 자이다. 영인본 화엄 9책, p.221, 9행이다.

걸터앉아 있는 것과 같다.
어떤 사람이 말하기를[470] 만약 사자라고 부른다면 산썰(詞[471]孕) 다多라고 하는 까닭으로 산썰 자의 형상이 사자의 머리와 꼬리와 흡사하다고 한 것은 온전히 같지 않는 것이다.

鈔

以書記字下는 疏釋論이라 書卽色法이요 字卽是文이니 不相應行일새 故言非正字體니라 言師子形者는 牒論解釋이라 然嘶字는 本從卐娑(上)字로 流出이니 卽十二音中에 第四字니 謂娑(上) 娑(平) 枲 嘶 蘇(上) 蘇(引) 洗 鰓 蘇 騷 毵 索에 今嘶字는 卽第四字라 梵語輕重이 今古小殊나 大旨無異니라 若作十二梵字者인댄 卐娑(上) 烈娑 固枲 飛嘶 丮蘇(上) 乙蘇(引) 卐洗 卐鰓 卍蘇 卐騷 丸毵 飛索이라 有云如呼師子下는 卽刊定記釋이라 然丝字도 亦不似師子하며 又 西方에 無此字하니라

글씨로써 글자를 표기한다고 한 아래는 소가가 『십지론』을 해석한 것이다.
글씨라고 한 것은 곧 색법이요 글자라고 한 것은 곧 문체이니, 상응하지 않는 행[472]이기에 그런 까닭으로 바로 글자의 자체는 아니라

---

470 원문에 유운有云이란, 『간정기刊定記』 제구권第九卷이다.
471 원문에 詞는 『간정기刊定記』엔 訶 자이다.
472 원문에 불상응행不相應行이라고 한 것은 본래는 비색비심불상응행非色非心不

고 말한 것이다.

사자師子의 형상이라고 말한 것은 『십지론』을 첩문하여 해석한 것이다.[473]

그러나 시嘶 자는 본래 사冤娑(上聲) 자로 좇아 유출하였으니 곧 십이음十二音 가운데 제 네 번째 글자이니

말하자면 사娑(上聲) 자와 사娑(平聲) 자와 시枲 자와 시嘶 자와 소蘇(上聲) 자와 소蘇(引聲) 자와 세洗 자와 새鰓 자와 소蘇 자와 소騷 자와 삼毿 자와 삭索 자에 지금에 시嘶 자는 곧 제 네 번째 글자이다.

범어梵語의 경중輕重이 고금에 조금 다르지만 큰 뜻은 다름이 없는 것이다.

만약 십이범자十二梵字를 짓는다면[474] 사冤娑(上聲) 자와 사㓗娑 자와 시囿枲 자와 시㔻嘶 자와 소㓗蘇(上聲) 자와 소㔾蘇(引聲) 자와 세㓗洗 자와 새㓗鰓 자와 소㓗蘇 자와 소冤騷 자와 삼㕛毿 자와 삭㓗索 자이다.

相應行이라고 구사와 유식에서 말하는 것이나 여기서는 書의 色과 字의 文이 不相應한다는 뜻이다.

473 『십지론』을 첩문하여 해석한 것이라고 한 것은 『십지론』에 글씨(書)라고 한 것은 이 글자의 모습이니 마치 시자嘶字가 사자師子의 형상과 같다고 한 등이요 글자(字)라고 한 것은 오자噁字와 아자阿字 등의 소리(音)요 수數라고 한 것은 명名과 구句이니 이 두 가지가 수數의 뜻이요 설說이라고 한 것은 이 말(語)이니 일체 글씨, 글자, 수數, 설說 등이라 하였다.

474 만약 십이범자十二梵字를 짓는다면이라고 한 아래 범자는 대만본 화엄소초와는 차이가 있다.

어떤 사람이 말하기를 만약 사자라고 부른다면이라고 한 아래는 곧 『간정기』의 해석이다.
그러나 산쏻 자도 또한 사자와 같지 아니하며
또 서방에는 이 글자가 없다.

疏

字者는 論云호대 噁阿等者는 卽十四音이니 正是字體니라 字卽文也요 等은 餘十二라 然有十四音이나 二音이 不入字母하니 謂里梨二字니라 數者는 名句니 此二가 是數義者는 謂有二字가 多字名하니 必以多字成句일새 故皆數也니라 說者는 是語言이라

글자라고 한 것은 『십지론』에 말하기를 오噁 자와 아阿 자 등이라고 한 것은 곧 십사음十四音이니 바로 이것은 글자의 자체이다.
글자라고 한 것은 곧 문체요
등이라고 한 것은 나머지 열두 가지이다.
그러나 십사음이 있으나 이음二音이 자모字母에 들어가지 않나니 말하자면 이里 자와 려黎[475] 자의 두 글자이다.

수數라고 한 것은 명名과 구句이니 이 두 가지가 이 수의 뜻이라고 한 것은 말하자면 이 두 글자가 수많은 글자와 이름이 있나니 반드시 수많은 글자로써 구절을 이루기에 그런 까닭으로 다 수數라

---

475 黎 자는 초문鈔文에는 梨 자로 되어 있다.

하는 것이다.
말이라고 한 것은 이것은 어언語言이다.

鈔

十四音者는 此下는 疏釋論이니 此譯은 帶古니라 然噁字가 合是第十四字니 若準興善三藏의 譯金剛頂瑜伽字母云인댄 一은 阿(上)요 二는 阿(長)이요 三은 伊(上)요 四는 伊(長)이요 五는 塢요 六은 汚요 七은 啹啹(引去)요 八은 力嚧(引)요 九는 噎요 十은 愛요 十一은 汚요 十二는 奧(引)요 十三은 暗이요 十四는 噁라하니 其里梨字는 卽金剛頂中에 啹啹과 力嚧字니 各是二合일새 故成十四니라 其奧字云引者는 更有三藏이 說十二字中에 上六에 前短後長이며 下六에 前長後短이니 則奧字에 不合引이나 西方異同일새 故今具出하니라 謂有二字가 多字名者는 若一字名인댄 不名爲數요 二字名하고 三字名等인댄 皆名爲數니 如色은 卽一字名이요 末那는 卽二字名이요 阿賴耶는 卽三字名이라 言必以多字成句者는 終無一字句故니라 說者語言은 義當色法이라

곧 십사음이라고 한 것은 이 아래는 소가가 『십지론』을 해석한 것이니
이 해석은 옛날의 해석을 띤[476] 것이다.

---

476 원문에 대고帶古라고 한 것은 삼장三藏을 말하는 것이니, 흥선삼장興善三藏을 말하는 것이 아니다.

그러나 오噁 자가 이 제 열네 번째 글자에 계합하나니
만약 홍선삼장이 금강정유가 자모를 번역한 것을 기준하여 말한다면
첫 번째는 아阿 자(上聲)요[477]
두 번째는 아阿 자(長聲)요
세 번째는 이伊 자(上聲)요
네 번째는 이伊 자(長聲)요
다섯 번째는 오塢 자요
여섯 번째는 오汚 자요
일곱 번째는 르르呾呾 자(引去聲)요
여덟 번째는 력르力嚧 자(引聲)요
아홉 번째는 에瞖 자요
열 번째는 애愛 자요
열한 번째는 오汚 자요
열두 번째는 오奧 자(引聲)요
열세 번째는 암暗 자요
열네 번째는 오噁 자라 하였으니

그 이里 자와 이梨[478] 자는 곧 금강정유가 자모 가운데 르르呾呾 자와 력르力嚧 자니, 각각 두 글자를 합하기에 그런 까닭으로 십사자모를 이루는 것이다.

그 오奧 자를 인성引聲이라고 말한 것은 다시 홍선삼장이 십이자

---

477 아자阿字라고 한 등은 『불교사전佛教辭典』, p.517, 실담 五十字門을 참고하여 원문原音과 한문 음을 혼용하여 표기하였다.
478 梨 자는 소문疏文엔 黎 자로 되어 있다.

가운데 위에 여섯 자에 앞에 자字는 단성短聲이요 뒤에 자는 장성長聲이며,[479]

아래 여섯 자에 앞에 자는 장성이요 뒤에 자는 단성이라[480] 말한 것이 있나니

곧 오奧 자에 인성引聲이 합당하지 않지만 서역 말도 다르고 같음이 있기에 그런 까닭으로 지금에 갖추어 설출한 것이다.

말하자면 이 두 글자가 수많은 글자와 이름이 있다고 한 것은 만약 한 글자로 이름한다면 수라고 이름할 수 없는 것이요

두 글자로 이름하고 세 글자로 이름하는 등이라고 한다면 다 수라고 이름할 수 있는 것이니

여색如色은 곧 한 글자로 이름하는 것이요

말나末那는 곧 두 글자로 이름하는 것이요

아뢰야阿賴耶는 곧 세 글자로 이름하는 것이다.

반드시 수많은 글자로써 구절을 이룬다고 말한 것은 끝내 한 글자로는 구절을 이룰 수 없는 까닭이다.

말이라고 한 것은 어언이라고 한 것은 뜻이 색법에 해당하는 것이다.

---

[479] 원문에 상육전단후장上六前短後長이라고 한 것은 一에 아자阿字와 三에 이자伊字와 五에 오자塢字는 단성短聲이요 二에 아자阿字와 四에 이자伊字와 六에 오자汚字는 장성長聲이라는 말이다.

[480] 원문에 하육전장후단下六前長後短이라고 한 것은 七에 르르자噁噁字와 九에 에자嗌字와 十一에 오자汚字는 장성長聲이요 六에 력르자力嚧字와 十에 애자愛字와 十二에 오자奧字는 단성短聲이라는 말이다.

疏

皆以字母爲本者는 明末依本이니 喩果依因이요 字母究竟者는 明本能攝末이니 喩因無不攝이라 上二順明이요 無有少分도 離字母者는 反成上二라

다 자모로써 근본을 삼는다고 한 것은 지말이 근본을 의지함을 밝힌 것이니 결과가 원인을 의지함에 비유한 것이요
자모로써 구경을 삼는다고 한 것은 근본이 능히 지말을 섭수함을 밝힌 것이니
원인이 섭수하지 아니함이 없음에 비유한 것이다.
위에 두 가지는 순차로 밝힌 것이요
소분도 자모를 떠난 적이 없다고 한 것은 위에 두 가지를 반대로 성립한 것이다.

鈔

是則上書字數說은 總是聲名句文으로 共爲敎體일새 故此四事가 總攝一切의 能詮敎法호대 皆用字母로 而爲其本하니라

이것은[481] 곧 위[482]에 글씨와 글자와 수와 말이라고 한 것은 모두 이 성, 명, 구, 문으로 함께 교체를 삼기에 그런 까닭으로 이 사사四事

---

481 원문에 此란, 이자모위본以字母爲本 운운이다.
482 위란, 以字母爲本이라 한 위란 말이다.

가 모두 일체 능전교법을 섭수하되 다 자모로써 그 근본을 삼는 것이다.

疏

言字母者는 卽迦佉等三十四字이니 以前十二音으로 入此三十四字하면 則一一字中에 成十一字하고 復有二合三合과 乃至六合하야 展轉相從하야 出一切字일새 故名爲母니라 論經에 名爲初章者는 以梵章之中에 悉談字母가 最在初故니라 然五天口呼는 則輕重有異나 書之貝葉한 字體不殊하나니 梵天之書는 千古無易하야 不同此土의 篆隷隨時할새 故此爲母하며 亦常楷定하니라

자모라고 말한 것은 곧 가迦 자와 거佉 자 등 삼십사자이니 앞에 십이음으로써 이 삼십사자에 들어간다면 곧 낱낱 글자 가운데 십일자를 이루고 다시 이합二合과 삼합三合과 내지 육합六合이 있어서 전전히 서로 좇아 일체 글자를 만들어 내기에 그런 까닭으로 자모라고 이름하는 것이다.

『십지론경』에[483] 초장初章이라고 이름한 것은 범장梵章 가운데 실담[484]자모悉談字母가 가장 처음에 있는 까닭이다.

---

483 『십지론경』 운운은 『십지론경』에 불자여, 비유하자면 일체 서書, 자字, 수數, 설說이 다 초장初章에 섭수되는 바이니 초장이 근본이 되는 것이다 하였다.
484 실담悉談이라고 한 것은 『불교사전』엔 悉曇이라 하였다. 실담悉談이란 진언집眞言集에 三十四字母를 밝혀 실담장悉談章이라 하였다.

그러나 오천축국의 구호口呼는 곧 경중이 다름이 있지만 패엽에 쓴 글자 자체는 다르지 않나니
범천의 글씨[485]는 천고에 바뀌지 아니하여 이 나라에 전서와 예서가 때를 따라 다른 것과는 같지 않기에 그런 까닭으로 이것이 자모가 되며 또한 영원한 표준이 되는 것이다.

鈔

卽迦佉等者는 若古三藏說인댄 謂牙齒舌喉脣이 各有五音하고 及會音有九하니 牙音五者는 卽迦(上)와 佉(上)와 誐(上)와 伽(去引)와 仰(鼻聲呼去)이요 齒音五者는 左와 蹉(上)와 惹와 鄳(才可聲)과 孃(上)이요 舌音五者는 謂吒(上)과 咃(上)와 拏(上)와 茶(去)와 拏(旎夾切 仍鼻聲呼)요 喉音五者는 多(上)와 他와 娜와 馱와 曩이요 脣音五者는 謂跛와 頗와 麼와 婆(去重)와 莽(鼻聲呼之)이라 會音九者는 野와 囉와 邏(上)와 嚩(無可切)과 捨와 灑와 娑(上)와 賀와 乞灑(二合)라하니 已上에 三十四字足하니라 若般若三藏云인댄 前五句中에 一句之內에 卽有五音하니 如迦는 齒音이요 佉는 氣從喉出이요 誐字는 喉音이요 伽字는 胸藏音이요 仰字는 鼻音이요 其餘四句도 準例皆然하니라 則一一字者는 謂將上阿(上)와 阿等十二字하야 遍入三十四하니 如初迦字에 十二音入하면 便成迦(上)와 迦와 鷄(上)와 鷄와 俱(上)와 俱와

---

485 범천의 글씨라고 한 것은 곧 범어梵語이니 범천梵天이 지었다고 한다. 此梵語가 전래한 네 가지가 있나니 一은 범천梵天으로, 二는 용궁龍宮으로, 三은 석가釋迦로, 四는 대일여래大日如來로부터 전해졌다 한다.

計(上)와 攺와 姑와 咭와 甘과 伽(去)니라 入迦字가 旣爾인댄 入佉字等 三十三字도 亦然하니라 復有二合等者는 如以囉字의 半體로 入迦字 時에 便成軻와 羅(二合)字하야 成十二字하니라 言囉字半體者는 囉 字의 具足한 梵字者는 丫字가 是也요 半體者는 ᄂ는 一半是也라 若入迦字者인댄 迦字梵書는 ㅈ니 若入半體인댄 謂 ᄂ의 此字是也니 라 ㅈ(卽迦邏字)는 卽云迦羅(二合이니 里下反 一)며 柯羅(里迦反 二) 며 吉里(三)며 吉梨(四)며 吉魯(五)며 姑盧(六)며 吉禮(七)며 吉犁 (八)며 古路(九)며 吉澇(十)며 吉濫(十一)이며 吉邏(來下反 十二)니라 若以迦佉字로 合娑字인댄 爲遏塞迦니 卽三合字가 成十二字니 梵字 樣이 若此ㅈ하니라 言四合者는 遏悉怛邏요 五合者는 遏悉怛梨(上) 也요 言六合者는 謂遏識(上)彌(上)雉持也니라 但至六合인댄 字已 無邊하니 如一字王이 但有二合인댄 云部林이요 有三合인댄 云唵部 林이라 此等諸義는 故非正要나 經有論有일새 故須略知耳니라 梵天 之書者는 謂大梵天王이 劫初時에 作此書字하야 以敎衆生하니라 不 同此方의 篆隸隨時者는 古書隨時하야 有多名目하니 史籒는 爲大篆 하고 李斯는 爲小篆하고 蔡邕은 爲八分하고 程邈은 爲隸書等이니 皆 隨時有別하니라

곧 가迦 자와 거佉 자 등이라고 한 것은 만약 옛날 홍선삼장이 설한 것이라면 아牙 자와 치齒 자와 설舌 자와 후喉 자와 진脣[486] 자가 각각 오음五音이 있고 그리고 회음會音이 아홉 자가 있다고 말하였

---

486 脣은 '놀랄 진', 脣은 '입술 순' 자이다.

으니

아자음에 다섯 가지는 곧 가迦(上聲)와 거佉(上聲)와 아誐(上聲)와 가伽(去引聲)와 앙仰(鼻聲呼去)이요

치자음에 다섯 가지는 좌左와 차蹉(上聲)와 야惹와 찬鄼(才可聲)과 양孃(上聲)이요

설자음에 다섯 가지는 말하자면 타吒(上聲)와 차姹(上聲)와 노拏[487](上聲)와 다茶(去聲)와 나挐(旎[488]爽을 反仍하여 鼻聲呼)요

후자음의 다섯 가지는 다多(上聲)와 타他와 나娜와 타駄와 낭囊이요

진[489]자음의 다섯 가지라고 한 것은 말하자면 파跛와 파頗와 마麽와 바婆(去重聲)와 망莾(鼻聲呼之)이다.

회음[490]에 아홉 가지는 야野와 라囉와 라邏(上聲)와 박嚩(無可反聲)과 사捨와 쇄灑와 사娑(上聲)와 하賀와 걸쇄乞灑(二合)라 하였으니 이상에 삼십사자가 구족되었다.

만약 반야삼장이 말한 것이라면 앞의 오구五句 가운데 한 구절 안에 곧 오음이 있나니

저 가迦 자는 치음齒音이요

거佉 자는 음기音氣를 목구멍으로 좇아내는 것이요

아誐 자는 후음喉音이요

---

487 拏는 교정본엔 挐 자니 잘못인 듯하다.
488 旎 자는 旎(니) 자의 잘못이다.
489 교정본엔 唇 자가 脣 자로 되어 있다.
490 회음會音이라고 한 것은 실담장엔 화회성和會聲이라 하고 초음超音이라 하였다.

가伽 자는 흉장음胸藏音이요

앙仰 자는 비음鼻音이요

그 나머지 사구四句[491]도 기준하는 예가 다 그러하다 하였다.

곧 낱낱 글자라고 한 것은 말하자면 위[492]에 아阿(上聲)와 아阿 등 십이자를 가져 삼십사자에 두루 들어가는 것이니

만약 처음 가迦 자에 십이음이 들어간다면 곧 가迦(上聲)와 가迦와 계雞(上聲)와 계雞와 구俱(上聲)와 구俱와 계計(上聲)와 개改와 고姑와 고嗑와 감甘과 가伽(去聲)를 이루는 것이다.

가迦 자에 들어가는 것이 이미 그렇다면 거佉 자 등[493] 삼십삼자에 들어가는 것도 또한 그러한 것이다.

다시 이합二合 등[494]이 있다고 한 것은 라囉 자의 반체半體로써 가迦 자에 들어갈 때에 곧 가舸 자와 라羅 자(二合)를 이루어 십이자를 이루는 것과 같다.

라 자의 반체라고 말한 것은 라囉 자의 구족한 범자梵字는 丫 자[495]가 이것이요 丶는 한 글자에 반자半字가 이것이다.

---

491 원문에 기여사구其餘四句라고 한 것은 치음오齒音五와 설음오舌音五와 후음오喉音五와 순음오脣音五이다.

492 위란, 영인본 화엄 9책, p.222, 8행이다.

493 원문 佉 자 아래에 等 자가 빠졌다.

494 등等이란, 삼합三合과 육합六合이다.

495 丫 자는 丄 자의 잘못이고 丶은 丫가 좋지만 틀린 것은 아니다. 丄 자의 아래 획(丶)을 따서 말한 차이일 뿐이다.

만약 가迦 자에 들어간다면 가 자의 범자는 ㄓ 자요

만약 반체에 들어간다[496]면 ㄟ의 이 반자가 이것이다 말할 것이다.

ㄓ 자(卽迦邏字)는 곧 말하기를 가라迦羅(二合이니 理[497]下反聲 一)며 가라柯羅(理[498]迦反聲 二)며 길리(吉里 三)며 길리(吉梨 四)며 고노(古魯 五)며 고로(姑盧 六)며 길예(吉禮 七)며 길리[499](吉梨 八)며 고로(古路 九)며 길로(吉澇 十)며 길람(吉藍 十一)이며 길라(吉邏(來下反聲) 十二)이다.

만약 가거迦佉 자로써 사沙 자에 합한다면 알알-새塞-가迦가 되나니 곧 삼합자三合字가 십이자를 이루나니 범자梵字의 모양이 이 ㄓ 자와 같다.

사합四合이라고 말한 것은 알알-실悉-달怛-라邏요

오합五合이라고 한 것은 알알-실悉-달怛-리梨(上聲), 야也요

육합六合이라고 말한 것은 말하자면 알알-참讖(上聲), 미彌(上聲), 치雉, 지持, 야也이다.

다만 육합에만 이른다면 글자가 이미 끝이 없나니

마치 한 글자의 왕王[500]이 다만 이합二合만 있다면 부部-림林이라

---

496 원문에 入이란, 영인본 화엄 9책, p.225, 8행에 초가자初迦字에 십이음十二音이 入하면 편성便成 운운이라 한 뜻이다.

497 里는 理 자의 잘못이다.

498 里는 理 자의 잘못이다.

499 梨는 대만본엔 犁 자이다.

500 원문에 일자왕一字王이라고 한 것은 범자梵字의 일자一字가 왕王이다.

말하고 삼합三合이 있다면 암唵, 부部, 림林이라 말하는 것이다.
이런 등의 모든 뜻은 본래[501] 정요正要는 아니지만 이 경에도 있고
『십지론』에도 있기에 그런 까닭으로 반드시 간략하게나마 알아야
하는 것이다.

범천의 글씨라고 한 것은 말하자면 대범천왕이 겁초시劫初時에 이
글씨와 글자를 지어 중생을 교화하는 것이다.
이 나라에 전서와 예서가 때를 따라 다른 것과는 같지 않다고 한
것은 옛날의 글씨가 때를 따라 수많은 이름이 있나니
사주史籒[502]는 큰 전서를 만들고, 이사李斯[503]는 작은 전서를 만들고,
채옹蔡邕[504]은 팔분체八分體[505]를 만들고, 정막程邈[506]은 예서를 만든
등이니
다 때를 따라 다름이 있는 것이다.

---

[501] 故 자는 여기서는 '본래 고' 자이다.
[502] 사주史籒는 주周나라 선왕宣王 때에 사람으로 대전大篆을 처음 만든 사람(진시황秦始皇 때 사람이라고도 함)이다
[503] 이사李斯는 진시황秦始皇 때 대전大篆을 간략하게 하여 소전小篆을 만든 사람이다.
[504] 채옹蔡邕은 후한시대後漢時代 사람이다.
[505] 원문에 팔분八分은 예서와 전서를 절충하여 만들었지만 예서에서 이분二分을, 전서에서 팔분八分을 땄기에 하는 말이다. 혹은 그 글자체가 팔자八字를 분산한 것 같기에 하는 말이라고도 한다.
[506] 정막程邈은 진시황秦始皇 때 사람으로 소전小篆을 간단히 하여 예서를 만든 사람이다.

> 經

佛子야 一切佛法이 皆以十地爲本하고 十地究竟하야 **修行成就**하면 **得一切智**니라

불자여, 일체 불법이 다 십지로써 근본을 삼고 십지로써 구경을 삼아 수행하여 성취한다면 일체 지혜를 얻을 것입니다.

> 疏

三에 合中에 初는 合末依於本이요 後에 十地究竟은 合因無不攝이라 所以須此二者는 若但言爲本하고 容非是末인댄 如以百錢爲本하야 成多財貨等거니와 今엔 明如水爲海本하야 無海非水일새 故云究竟이라하니 無有離者니라 又爲本者는 非但因으로 爲果本이라 亦乃後로 爲前本이니 地前望證하야 修阿含故며 初心에 卽以 智로 觀如故니라

세 번째 법합 가운데 처음에는 지말이 근본을 의지함에 법합한 것이요
십지로써 구경을 삼는다고 한 것은 원인이 섭수하지 아니함이 없음에 법합한 것이다.
이 두 가지를 수구하는 까닭은 만약 다만 근본을 삼는 것만 말하고 지말을 삼는 것을 용납하지 않는다면 마치 백전百錢으로써 근본을 삼아[507] 수많은 재화를 이루는 등과 같거니와, 지금에는 마치 물로써

바다의 근본을 삼아 바다가 물이 아님이 없음을 밝히기에 그런 까닭으로 말하기를 구경이라 하였으니 십지를 떠남이 없는 것이다. 또 근본을 삼는다고 한 것[508]은 다만 원인으로써 결과의 근본을 삼을 뿐만 아니라 또한 이에 뒤[509]로써 앞[510]의 근본을 삼는 것이니 십지 이전에 증과를 희망하여 아함을 닦는 까닭이며, 초심[511]에 곧 지혜[512]로써 진여를 관찰하는 까닭이다.

---

507 원문에 백전위본百錢爲本이라고 한 것은 백전의 근본이 금과 은 등의 지말이 된다면 지말은 곧 이 근본이 아니거니와, 물의 근본이 바다의 지말이 된다면 곧 지말이 온전히 이 근본인 것이다.

508 원문에 우위본又爲本이라고 한 것은 십지十地의 뜻이 또한 지전地前의 근본이 되는 것을 밝힌 것이니, 다만 뒤에 과보의 근본이 되는 것뿐만이 아니다. 또 위에 백전의 근본은 다만 근본뿐 수많은 재화의 지말이 될 수 없거니와, 물이 바다의 근본이 되는 것은 바다가 물을 떠나지 않는 까닭으로 두 가지 뜻을 다 갖추고 있다 하겠다.

509 뒤란, 지상地上이다.

510 앞이란, 삼현三賢이다.

511 초심初心이란, 십신十信이다.

512 원문에 지智란, 지상地上이다.

經

是故로 佛子야 願爲演說하소서 此人은 必爲如來所護일새 令其信受케하리라

이런 까닭으로 불자여, 원컨대 연설하세요.
이 사람들은 반드시 여래의 호념하는 바가 되기에 그들로 하여금 믿고 받아가지게 할 수 있을 것입니다.

疏

第三은 結請이니 可知라 問이라 若依上義인댄 諸佛有力하야 能令生信거늘 何故로 今後衆生이 於彼法中에 亦有謗意고 答이라 有二種定일새 則不可加니 一은 感報定이니 以先世今世에 造定業故요 二는 作業定이니 宿惡熏心하야 猛利纏起하야 難曉喩故니 上如釋種이요 下如琉璃니라

제 세 번째는 청함을 맺는 것이니
가히 알 수가 있을 것이다.
물겠다.
만약 위에 뜻[513]을 의지한다면 모든 부처님이 힘이 있어서 능히

---

513 원문에 상의上義란, 一에 표標와 二에 석釋과 三에 결청結請의 경문經文을 모두 말하는 것이다.

중생으로 하여금⁵¹⁴ 믿게 할 것이어늘 무슨 까닭으로 금후에 중생이
저 법 가운데 또한 비방하는 뜻이 있는가.
답하겠다.
두 가지 결정이 있기에 곧 가히 가피하지 않는 것이니
첫 번째는 과보를 감득할 것이 결정된 것이니
선세와 금세에 결정된 업을 지은 까닭이요
두 번째는 업을 지을 것이 결정된 것이니
숙세에 악업으로 마음을 훈습하여 맹리하게 번뇌를 일으켜 깨우치기
어려운 까닭이니
위에 결정은 석가종족(釋種)과 같은 것이요
아래 결정은 유리왕과 같은 것이다.

鈔

上如釋種等者는 並如觀佛三昧經과 及智度論等說이니 釋種은 報
定일새 是故로 必爲瑠璃王殺하고 瑠璃王은 作業定일새 故佛不能諫
하니라

위에 결정은 석가종족과 같다고 한 등은 모두 『관불삼매경』과 그리
고 『지도론』 등에서 말한 것과 같나니
석가종족은⁵¹⁵ 과보가 결정되어 있기에 이런 까닭으로 반드시 유리왕

---

514 원문 슈 자 아래 生 자가 있고, 者 자는 연자衍字이다.
515 원문에 석종釋種 운운은 유리왕은 바사익왕의 아들로 아버지를 죽이고 왕위를

에게 죽을 수밖에 없고

유리왕은 업을 지을 것이 결정되어 있기에 그런 까닭으로 부처님도 능히 간언諫言하여 못하게 할 수 없는 것이다.

빼앗고 석가종족을 멸망시켰다. 성도成道 후 40년 만에 일어난 일이다.

經

爾時에 解脫月菩薩이 欲重宣其義하야 而說頌曰호대

善哉佛子願演說　　趣入菩提諸地行하소서
十方一切自在尊이　　莫不護念智根本하리다

此安住智亦究竟이며　　一切佛法所從生이니
譬如書數字母攝인달하야　如是佛法依於地니다

그때에 해탈월보살이 거듭 그 뜻을 선설하고자 하여 게송을 설하여 말하기를

거룩합니다 불자여, 원컨대
보리에 들어가는 모든 지위의 행을 연설하세요.
시방의 일체 자재한 세존이
지혜의 근본을 호념하지 아니함이 없을 것입니다.

이것[516]이 안주하는 지혜도[517] 또한 구경이며
일체 불법이 이것으로 좇아 생기하는 바이니
비유하자면 글씨와 수數가[518] 자모字母에 섭속되는 것과 같아서

---

516 원문에 此란, 십지十地이다.
517 원문에 차안주지此安住智 운운은 本能生末이니, 즉 근본이 능히 지말을 생기하는 것이다.

이와 같이 불법도 십지에 의지하는 것입니다.

疏

頌中初偈는 頌標請이요 後偈는 頌釋請이니 略不頌結請이라 釋中에 長行法中엔 無究竟之言하고 而喩中有거니와 今此反前은 欲顯具有니라 又法中에 明本能生末하고 合中에 明末依於本은 皆影略耳니라

게송 가운데 처음 게송은 청함을 표한 것을 읊은 것이요
뒤에 게송은 청함을 해석한[519] 것을 읊은 것이니
청함을 맺는 것은 생략하고[520] 읊지 아니하였다.
해석하는 가운데 장행문의 법 가운데는 구경이라는 말이 없고 비유 가운데는 있거니와,
지금 여기 게송에는 앞의 장행문과 반대로 되어[521] 있는 것은 함께 갖추고 있음을 나타내고자 하는 것이다.

---

518 원문에 비여서수譬如書數 운운은 末依於本이니, 즉 지말이 근본을 의지하는 것이다.
519 원문에 석송釋頌이라 한 頌 자는 請 자가 옳다.
520 원문에 불청不請이라 한 請 자는 頌 자로, 결송結頌이라 한 頌 자는 請 자로 바꾸는 것이 옳다. 즉 약불송결청略不頌結請이다. 나는 바꾸어 해석하였다.
521 원문에 반전反前이라고 한 것은 앞의 장행문長行文에는 법중法中에 구경究竟이라는 말이 있고 유중喩中에는 究竟이라는 말이 없다는 것이다.

또 법 가운데 근본이 능히 지말을 생기함을 밝히고 법합 가운데 지말이 근본을 의지함을 밝힌 것은 다 그윽이 생략되었을 뿐이다.

經

爾時에 諸大菩薩衆이 一時同聲으로 向金剛藏菩薩하야 而說頌言호대

그때에 모든 큰 보살대중이 일시에 같은 소리로 금강장보살을 향하여 게송을 설하여 말하기를

疏

第二에 大衆同請者는 上來에 衆首請說은 顯衆堪聞樂聞이요 今엔 大衆展誠하야 自陳有根有欲이라 文中에 先은 敍請義라

제 두 번째 대중이 같이 청한 것은 상래에 대중의 상수가 설하기를 청한 것은 대중이 감당하여 듣고 즐겁게 들음을 나타낸 것이요 지금에는 대중이 함께 정성을 펴 스스로 근성이 있고 욕망이 있음을 진술한 것이다.
경문 가운데 먼저는 청하는 의식을 서술한[522] 것이다.

鈔

自陳有根有欲者는 有根故堪聞이요 有欲故樂聞이라

---

522 원문에 서청敍請이라고 한 아래 儀 자가 있어야 한다.

스스로 근성이 있고 욕망이 있음을 진술한 것이라고 한 것은 근성이 있는 까닭으로 감당하여 듣는 것이요
욕망이 있는 까닭으로 즐겁게 듣는 것이다.

經

上妙無垢智와　無邊分別辯으로
宣暢深美言하야 第一義相應하며

念持淸淨行에　十力集功德하며
辯才分別義하야 說此最勝地니다

최상으로 묘한 때 없는 지혜와
끝없는 분별하는 변재로
깊고 아름다운 말을 선창하여
제일의로 상응하며

생각하고 가져 청정한 행에
십력으로 공덕을 모으며
변재로 뜻을 분별하여
이 최승한 십지를 설할 것입니다.

疏

後는 正偈請이라 於中二니 前四偈半은 歎人堪能請이요 後一偈는 歎法成益請이라 今初亦二니 前二頌은 歎說者요 餘歎聽者라 前中에 初五句는 歎說者의 自成教證이요 後三句는 歎能令他入이라 今初에 初四句는 歎證이요 後一句는 歎教라 自分所成의 一切行

位는 通名爲證이요 上受佛敎는 說爲阿含이니 卽九種敎證中에 第八門也니라 今初에 上者는 是總이라 然總有二義하니 一은 雙爲 敎證之總이요 二는 唯顯證力의 辯才니 對敎名上이라

뒤에는 바로 게송으로 청하는 것이다.
그 가운데 두 가지가 있나니
앞에 네 게송 반은 사람들이 감당하여 능히 들을 수 있음을 찬탄하여 청하는 것이요
뒤에 한 게송은 법을 설함에 이익을 이룸을 찬탄하여 청하는 것이다.
지금은 처음으로 또한 두 가지가 있나니
앞에 두 게송은 설하는 사람을 찬탄한 것이요
나머지 게송은 듣는 사람을 찬탄한 것이다.
앞의 두 게송 가운데 처음에 다섯 구절은 설하는 사람이 스스로 교와 증을 이루었다고 찬탄한 것이요
뒤에 세 구절은 능히 다른 사람으로 하여금 들어가게 함을 찬탄한 것이다.

지금은 처음으로 처음에 네 구절은 증도를 찬탄한 것이요
뒤에 한 구절은 교도를 찬탄한 것이다.
자분自分에서 이룬 바 일체 행위는 모두 이름하여 증이라 하는 것이요
위로 승진하여[523] 부처님의 가르침을 받는 것은 아함이라 말하는

---

[523] 위로 승진하여 운운은 영인본 화엄 9책, p.18, 5행에는 진수불교進受佛敎라 하였다. 진進이란, 승진勝進이다.

것이니
곧 아홉 가지 교증[524] 가운데 제 여덟 번째 문門이다.
지금은 처음으로 최상이라고 한 것은 총이다.
그러나 총이 두 가지 뜻이 있나니
첫 번째는 함께 교와 증의 총이 되는 것이요
두 번째는 오직 증력證力의 변재만을 나타낸 것이니
교를 상대하여 최상이라 이름하는 것이다.

鈔

對教名上者는 則前의 雙爲教證之總에 稱上者는 約人以歎이니 明金剛藏의 所有教證이 最上也니라

교를 상대하여 최상이라고 이름한 것은 곧 앞에 교와 증의 총이 된다고 한 것에 최상이라고 이름한 것은 사람을 잡아 찬탄한 것이니 금강장이 소유한 교와 증이 최상임을 밝힌 것이다.

疏

此中에 歎證辯才가 有三이라 一은 眞實智가 爲辯所依니 卽經初句니 無漏故無垢라하고 過小故云妙라하니라 二는 辯體性이니 卽第二句니 謂堪能分別無邊法義故니라 三者는 辯果니 卽下二句

---

[524] 아홉 가지 교증이라고 한 것은 영인본 화엄 9책, p.18, 5행에 있다.

니 依前하야 起辭樂說일새 故名爲果니라 一은 詮表深旨에 字義成
就니 卽下一句요 二는 滑利勝上에 字義成就니 卽宣暢句니라

이 가운데 증력의 변재를 찬탄한 것이 세 가지가 있다.
첫 번째는 진실한 지혜가 변재의 의지하는 바가 되나니
곧 경에 처음 구절이니 번뇌가 없는 까닭으로 때가 없다 하고 소승을
초과한 까닭으로 묘하다 말한 것이다.
두 번째는 변재의 체성이니
곧 두 번째 구절이니 말하자면 끝없는 법과 뜻을 감당하여 능히
분별하는 까닭이다.
세 번째는 변재의 과보이니
곧 아래 두 구절이니 앞을 의지하여 사무애辭無碍[525]와 요설무애를
생기하기에 그런 까닭으로 이름을 과보라 하는 것이다.
첫 번째는 깊은 뜻을 설명하여 표함에 글자의 뜻이 성취하는 것이니
곧 아래 구절[526]이요
두 번째는 최승하고 최상한 뜻을 매끄럽고 이롭게 함에 글자의
뜻이 성취하는 것이니 곧 제 세 번째 선창의 구절이다.

鈔

此中에 歎證辯才下는 釋別句라 依前起者는 上三辯才가 卽爲三節이

---

[525] 원문에 詞 자는 辭 자로 고친다.
[526] 원문에 하구下句란, 제일게第一偈에 末句이다.

니 一은 眞智爲本이요 二는 依眞智하야 能解法義요 三은 依法義하야 起辭樂說이라 然約心智인댄 四皆稱智요 若流在口인댄 四皆稱辯이라 然辭樂說은 卽是能說이요 法義二智는 卽是所說이니 則正說時엔 辭樂爲能거니와 今엔 約內有法義하야사 方起辭樂故로 辭樂爲果니라 詮表深旨는 卽是樂說이요 滑利勝上은 卽辭無礙니 二皆約說일새 故並爲字니라

이 가운데 중력의 변재를 찬탄한다고 한 아래는 별구를 해석한 것이다.
앞을 의지하여 생기한다고 한 것은 위에 세 가지 변재가 곧 삼절이 되나니
첫 번째는 진실한 지혜가 근본이 되는 것이요
두 번째는 진실한 지혜를 의지하여 능히 법과 뜻을 아는 것이요
세 번째는 법과 뜻을 의지하여 사무애와 요설무애를 생기하는 것이다.
그러나 심지를 잡는다면 네 가지[527]를 다 지혜라 이름하는 것이요 만약 입에서 유출한 것이라고 한다면 네 가지를 다 변재라 이름하는 것이다.
그러나 사와 요설은 곧 능설이요
법과 의義의 두 가지 지혜는 곧 소설이니
곧 바로[528] 설할 때는 사와 요설이 능설이 되거니와 지금에는 안으로

---

527 네 가지란, 法·義·辭·樂의 사무애四無碍이다.

법과 의가 있어야 바야흐로 사와 요설이 생기함을 잡은 까닭으로
사와 요설로 과보를 삼은 것이다.

깊은 뜻을 설명하여 표한다고 한 것은 곧 요설이요
최승하고 최상한 뜻을 매끄럽고 이롭게 한다고 한 것은 곧 사무애辭無
礙이니
두 가지는 다 설함을 잡은 것이기에 그런 까닭으로 아울러 글자의
뜻이라 한 것이다.

疏

二에 有一句는 歎阿含이니 謂念持於敎하야 得淨慧無疑가 名淸淨
行이라 三句에 歎能令他入者는 初句는 令入證이니 謂已入地者로
令得佛十力케하고 未入地者로 令得入地케할새 故云集功德이라
하니라 集功德은 卽論經에 淨心이라하니 淨心은 卽初地니 由集德
成故니라 後二句는 令入阿含이니 辯才分別說者는 意令受持十
地法故니라

두 번째 한 구절[529]이 있는 것은 아함을 찬탄한 것이니
말하자면 교를 생각하고 가져 청정한 지혜를 얻어 의심이 없는
것이 이름이 청정한 행이다.

---

528 원문 正 자 위에 則 자가 있으면 좋아 보증하였다.
529 원문에 일구一句란, 제이게第二偈에 초구初句이다.

다음 세 구절에 능히 다른 사람으로 하여금 들어가게 함을 찬탄한 것은 처음 구절[530]은 하여금 증도에 들어가게 하는 것이니 말하자면 이미 십지에 들어간 사람으로 하여금 부처님의 십력을 얻게 하고 아직 십지에 들어가지 못한 사람으로 하여금 십지에 들어감을 얻게 하기에 그런 까닭으로 말하기를 공덕을 모은다 하였다. 공덕을 모은다고 한 것은 곧 『십지론경』에[531] 정심淨心이라 한 것이니 정심은 곧 초지이니 공덕을 모음을 인유하여 이루는 까닭이다. 뒤에 두 구절은 하여금 아함에 들어가게 하는 것이니 변재로 분별하여 설한다[532]고 한 것은 그 뜻이 하여금 십지법을 받아가지게 하는 까닭이다.

鈔

淨心卽初地者는 證心이 離染故니라 言由集德成故者는 會今經同論經이라 論經云호대 爲十力淨心이라하니 論言淨心은 卽所成初地요 今經言集功德은 卽能成因이라 故下說分의 初地云호대 若有衆生이 深種善根하며 善修諸行하며 善集助道等이 而爲得地에 所依之身일새 故集功德하야 成於初地니라 辯才分別說者는 疏但通釋이니 則上句는 經是正說이요 下句는 經是說意라 若遠公意인댄 兩句不同하

---

530 원문에 초구初句란, 제이구第二句이다.
531 『십지론경』 운운은 十地經에는 念堅淸淨慧가 爲十力淨心이라 하였다. 즉 『십지경』에는 생각이 견고하고 청정한 지혜가 십력과 정심淨心이 된다는 것이다. 초지初地를 정심지淨心地라고도 한다.
532 원문에 변재분별설辯才分別說이라고 한 것은 차경此經의 말이다.

니 則辯才分別義者는 卽依前體性하야 分別地義요 說此最勝地는 卽依辞樂說하야 說十地法하야 令人受持라하얏거니와 以論但云호대 云何令入阿含고 無礙分別義하야 令受持十地法故라하니 故疏但通相釋耳니라

정심이 곧 초지라고 한 것은 증심證心이 잡염을 떠난 까닭이다. 공덕을 모음을 인유하여 이루는 까닭이라고 말한 것은 지금[533]의 경과 『십지론경』이 같음을 회통한 것이다.
『십지론경』에 말하기를 십력과 정심이 된다 하였으니
『십지론경』에 정심이라고 말한 것은 곧 이룰 바 초지요
지금의 경에 말하기를 공덕을 모은다고 한 것은 곧 능히 이루는 원인이다.
그런 까닭으로 아래 설분의 초지에 말하기를 만약 어떤 중생이 선근을 깊이 심으며 모든 행을 잘 닦으며 조도법을 잘 모은다 한 등이 초지를 얻음에 의지할 바 몸이 되기에 그런 까닭으로 공덕을 모아 초지를 이루는 것이다.

변재로 분별하여 설한다고 한 것은 소문에는 다만 통상으로만 해석[534]하였으니
곧 위에 구절[535]은 경에 바로 설한 것이요

---

533 원문 會 자 아래에 今 자가 있으면 좋아 보증하였다.
534 원문에 통석通釋이란, 경에 양구兩句를 나누지 않고 통체적으로 해석했다는 것이다.

아래 구절은 경에 설하는 뜻이다.
만약 혜원법사의 뜻이라면 두 구절이 같지 않나니
곧 변재로 뜻을 분별한다고 한 것은 곧 앞에 체성을 의지하여 십지의 뜻을 분별하는 것이요
이 최승한 지위를 설한다고 한 것은 곧 사무애와 요설무애를 의지하여 십지법을 설하여 사람으로 하여금 받아가지게 한다 하였거니와 『십지론』에는 다만 말하기를 어떻게 하여금 아함阿含에 들어가게 하는가.
걸림 없이 뜻을 분별하여 하여금 십지법을 받아가지게 하는 까닭이다 하였으니
그런 까닭으로 소문에는 다만 통상으로만 해석하였을 뿐이다.

疏

說主가 旣內具二力하야 外令他入케하거니 何故不說고

설주說主가 이미 안으로 두 가지 힘[536]을 구족하여 밖으로 다른 사람으로 하여금 들어가게 하거니 무슨 까닭으로 설하지 않겠는가.

---

535 원문에 상구上句란, 후이구後二句 가운데 上句이니 第三句이다.
536 원문에 이력二力이란, 증력證力과 아함력阿含力이다. 『십지론』에 말하기를 이와 같이 설자說者의 증력과 아함력을 성취한 것을 찬탄하여 마치고 다시 듣는 대중(聽衆)이 아함력과 그리고 증력을 감당하여 받는 것을 찬탄하는 까닭이다 하였다.

鈔

說主既內具下는 通結二力이니 二頌之意니라

설주가 이미 안으로 구족하였다고 한 아래는 두 가지 힘을 모두 맺는 것이니
두 게송의 뜻이다.

經

定戒集正心으로 離我慢邪見하며
此衆無疑念하야 唯願聞善說하니다

선정과 지계와 바른[537] 생각을 모으는 것과 바른 마음으로
아만과 사견을 떠났으며
이 대중은 의심하는 생각이 없어
오직 잘 설함을 듣기를 서원합니다.

疏

二에 有二頌半은 歎聽者中에 二니 初偈는 歎衆有根이요 後一偈半은 歎衆有欲이라 今初는 由有根故로 堪受敎證이니 初句는 有能治요 次二句는 離所治요 下句는 結請이니 結請에 惟願은 是總이라 惟願이 有二하니 一은 求阿含이요 二는 求正證이라 有二妄想하면 不堪聞敎니 一은 我요 二는 慢이니 以我慢故로 於法과 法師에 不生恭敬이라하니라 以定戒爲治니 謂若有定하면 則心調伏故로 內無我慢하고 持戒하면 則善住威儀하야 外相不彰하니라 有二妄想하면 不堪得證이니 一은 邪見이니 顚倒見故요 二는 疑念이니 於不思議處에 不生信故니라 有二對治하면 則能得證이니 一은 正見이니 善思義故니라 卽經에 集正이니 謂積集深思故요 二者는

---

537 원문에 正 자는 양용兩用이라고 초문鈔文에 말하였다.

正心이니 信心歡喜故니라

두 번째 두 게송 반이 있는 것은 듣는 사람을 찬탄한 가운데 두 가지가 있나니
처음 게송은 대중이 근성이 있음을 찬탄한 것이요
뒤에 한 게송 반은 대중이 욕망이 있음을 찬탄한 것이다.
지금은 처음으로 근성이 있음을 인유한 까닭으로 교도와 증도를 감당하여 받아가지는 것이니
처음 구절은 능히[538] 다스림(能治)이 있는 것이요
다음에 두 구절은 다스릴 바(所治)를 떠나는 것이요
아래 구절은 청함을 맺는 것이니
청함을 맺는 가운데 오직 원한다고 한 것은 이 총설이다.
오직 원한다고 한 것이 두 가지가 있나니
첫 번째는 아함을 구하는 것이요
두 번째는 정증正證을 구하는 것이다.
두 가지 망상이 있다면 교를 감당하여 들을 수 없나니
첫 번째는 나(我)요
두 번째는 교만(慢)이니
아만을 쓴 까닭으로 법과 법사에 공경심을 내지 않는다 하였다.
선정과 지계로써 대치를 삼나니[539]

---

538 원문 유치有治라는 글자 사이에 能 자가 있어야 한다.
539 원문에 정계위치定戒爲治라고 한 것은 선정은 안에 모습을 다스리고, 지계는 밖에 모습을 다스리는 것이다.

말하자면 만약 선정이 있다면 곧 마음이 조복되는 까닭으로 안으로 아만이 없고 계율을 가진다면 곧 위의에 잘 머물러 밖으로 모습[540]이 나타나지 않는 것이다.

두 가지 망상이 있다면 증도를 감당하여 얻을 수 없나니
첫 번째는 사견이니 꺼꾸러진 소견인 까닭이요
두 번째는 의심하는 생각이니 사의할 수 없는 곳에 믿음을 생기하지 않는 까닭이다.

두 가지 대치가 있다면 곧 능히 증도를 얻나니
첫 번째는 정견이니 뜻을 잘 사유하는 까닭이다.
곧 이 경에 바른 생각을 모은다고 한 것이니
말하자면 깊은 생각을 쌓아 모으는 까닭이요
두 번째는 바른 마음이니 신심이 환희한 까닭이다.

鈔

惟願是總下로 直至不生恭敬은 皆是論文이요 從以定戒爲治下는 疏取意釋이라 然論은 敎證에 各二妄想을 一時倂擧하고 下四對治를 亦一時倂擧하얏거늘 今疏엔 敎證分說할새 今但擧敎之二過니라 以定戒下는 取下論治니 彼論具云호대 有二對治일새 堪聞阿含이니 一은 定이요 二는 戒니 定者는 心調伏故요 戒者는 善住威儀故라하얏거늘 今疏엔 乃添字釋之니 可知니라 次는 擧證二過하고 便牒二治는 並顯可知어니와 但經에 集正心句를 論經엔 云定戒深正意라하니 深은

---

540 원문에 외상外相이란, 아만상我慢相이다.

卽今經集字요 意는 卽今經心字라 又第二句를 論經엔 云離我慢妄
見이라하니 妄은 卽今之邪字나 而論엔 別釋妄字니라 故遠公云호대
初句는 攝治行門이 有五하니 相從에 爲四요 要攝에 唯二니라 言行門
有五者는 一은 定이요 二는 戒요 三은 深이요 四는 正見이요 五는 正意라
正見一門은 義有文無라하니 以論釋云호대 三은 正見이요 四는 正意
라할새 故云義有요 經文則無라하니라 相從四者는 深與正見이 合以
爲一이라 要唯二者는 但是入阿含과 及證行耳라하니 今疏에 但有
二四하고 不開成五者는 以經엔 無妄字요 妄卽邪字니라 論釋妄云호
대 妄者는 謂妄想이니 見中同使故라하고 而釋見에 但云호대 顚倒見
이라하니 義通淺深하니라 謂於法妄取로 名顚倒見인댄 此見則淺하고
撥無因果로 爲顚倒見인댄 此見則深이니 見中同使는 則撥無因果之
邪見이라 故不開耳니라 但正字兩用이니 謂正見과 正心故니라 所治
가 旣唯有四일새 能治는 集正으로 合治倒見이라 謂積集深思者는 以
經集字로 會論深字耳니 深思는 卽稱理見也니라 故論云호대 深者細
意니 善思惟故라하니라 信心歡喜者는 正心은 卽是信心이니 信解具
足일새 故能入證이라 餘文可知니라

오직 원한다고 한 것은 이 총설이라고 한 아래로 좇아 바로 공경심을
내지 않는다고 함에 이르기까지는 다 이『십지론』문이요
선정과 지계로써 대치를 삼는다고 한 것으로 좇아 아래는 소가가
뜻을 취하여 해석한 것이다.
그러나『십지론』은 교와 증에 각각 두 가지 망상을 일시에 아울러
거론하고 아래에 네 가지 대치를 또한 일시에 아울러 거론하였거늘,

지금 소문에는 교와 증을 나누어 설하였기에 지금에는 다만 교의 두 가지 허물만 거론하였을 뿐이다.

선정과 지계[541]라고 한 아래는 아래 『십지론』의 대치를 취한 것이니 저 『십지론』에 갖추어 말하기를 두 가지 대치가 있기에 아함을 감당하여 듣나니
첫 번째는 선정이요
두 번째는 지계이니
선정이라고 한 것은 마음이 조복된 까닭이요
지계라고 한 것은 위의에 잘 머무는[542] 까닭이다 하였거늘, 지금 소문에는 글자를 더하여[543] 해석하였으니
가히 알 수가 있을 것이다.
다음[544]은 증도에 두 가지 허물을 거론하고 곧 두 가지 대치를 첩석한 것은 아울러 나타났으니 가히 알 수가 있거니와
다만 이 경에 바른 마음을 모은다는 구절을 『십지론경』에는 선정과 지계로 바른 뜻을 깊게 한다고 말하였으니
깊다고 한 글자는 곧 지금 이 경에 모은다고 한 글자요
뜻이라고 한 글자는 곧 지금 이 경에 마음이라고 한 글자이다.

---

541 원문에 戒 자는 定 자와 바뀌었다.
542 원문에 주선住善은 論에는 선주善住이다.
543 원문에 금소첨자今疏添字란, 이정계위치以定戒爲治니 위약유정謂若有定하면 운운이다.
544 원문에 차次란, 소문疏文에 유이망상有二妄想 이하이다.

또 이 경에 제 두 번째 구절을 『십지론경』에는 아만과 망견을 떠난다고 말하였으니

망이라고 한 글자는 곧 지금 이 경에 사邪라고 한 글자이지만 그러나 『십지론』에는 망이라는 글자를 따로 해석하였다.[545]

그런 까닭으로 혜원법사가 말하기를 처음 구절은 섭수하여 대치하는 행문이 다섯 가지가 있나니

상종相從함에 네 가지가 되고[546] 요지만 섭수함에 오직 두 가지뿐이다.

행문[547]이 다섯 가지가 있다고 말한 것은 첫 번째는 선정이요 두 번째는 지계요

---

545 원문에 별석망자別釋妄字라고 한 것은 『십지론』에 망이라고 한 것은 말하자면 망상이니 소견 가운데 동사同使인 까닭이다 하였다. 지금에는 邪와 見을 원래 한 뜻으로 보지만 『십지론』에서는 見字 밖에 따로 妄字를 해석하였기에 곧 소치所治가 다섯 가지가 되는 것이다. 그런 까닭으로 혜원慧遠스님이 능치能治의 행문行門이 다섯 가지가 있다 하였다. 깊이 망견妄見을 다스리고 정견正見으로 사견邪見을 다스리는 것이니, 망견妄見은 사견邪見 가운데 깊은 견해이다.

546 원문에 상종위사相從爲四라고 한 것은 妄과 見을 합하여 하나를 삼는 까닭으로 능치能治 가운데서도 또한 深과 正見을 하나로 합하여 네 가지로 삼았다. 지금에 소가疏家가 다섯 가지로 전개하지 아니한 것은 이 경문에는 妄字가 없기도 하고 邪와 見이 원래 한 뜻이기도 하기 때문이다. 그리고 『십지론』도 妄字가 있지만 전도견顚倒見 가운데 섭수되어 있기 때문에 소치所治가 원래부터 네 가지이다. 그런 까닭으로 능치能治도 다섯 가지로 전개하지 않고 네 가지로 삼았다.

547 行 자 아래 門 자가 있는 것이 좋아 보증하였다.

세 번째는 깊은 것이요

네 번째는 바른 소견이요

다섯 번째는 바른 뜻이다.

바른 소견의 한 문門은 뜻으로는 있고『십지경』문에는 없다 하였으니

『십지론』에 해석하여 말하기를 세 번째는 바른 소견이요 네 번째는 바른 뜻이다 하였기에 그런 까닭으로 말하기를 뜻으로는 있고『십지경』문에는 곧 없다 한 것이다.

상종함에 네 가지가 된다고 한 것은 깊은 것과 더불어 바른 소견이 합하여 하나가 되는 것이다.

요지만 섭수함에 오직 두 가지 뿐이라고 한 것은 다만 이것은 아함과 그리고 증행에 들어가는 것이다 하였다.

지금 소문에 다만 두 가지와 네 가지만 있고 다섯 가지를 열어 성립하지 아니한 것은 이 경문에는 망妄이라는 글자가 없기 때문이고 망이라는 글자는 곧 사邪라는 글자이기 때문이다.

『십지론』에 망이라는 글자를 해석하여 말하기를 망이라고 한 것은 말하자면 망상이니 소견 가운데 동사同使인 까닭이다 하고,

소견을 해석함에 다만 말하기를 거꾸러진 소견이다 하였으니 뜻이 얕고 깊음에 통하는 것이다.

말하자면 법에 허망하게 취하는 것으로 거꾸러진 소견이라고 이름한다면 이 소견은 얕고

인과를 발무하는 것으로 거꾸러진 소견이라고 한다면 이 소견은 곧 깊은 것이니

소견 가운데 동사는 곧 인과를 발무하는 사견이다.
그런 까닭으로 지금 소문에는 열지 아니하였다
다만 바르다고 한 글자(正字)만 두 번 썼을 뿐이니
말하자면 바른 소견과 바른 마음[548]인 까닭이다.
다스리는 바가 곧 오직 네 가지가 있기에 능히 다스리는 것은 바른 생각을 모으는 것으로 꺼꾸러진 소견을 다스림에 합한 것이다.
말하자면 깊은 생각을 쌓아 모은다고 한 것은 이 경에 모은다는 글자(集字)로써 『십지론』에 깊다는 글자(深字)를 회통한 것이니 깊은 생각이라고 한 것은 곧 진리에 칭합한 소견이다.
그런 까닭으로 『십지론』에 말하기를 깊다고 한 것은 미세한 뜻이니 잘 사유하는 까닭이다 하였다.

신심이 환희한 까닭이라고 한 것은 바른 마음이라고 한 것은 곧 이것은 신심이니
믿음과 지혜가 구족되었기에 그런 까닭으로 능히 증도에 들어가는 것이다.
나머지 경문은 가히 알 수가 있을 것이다.

---

548 원문에 정의正意라는 意 자는 心 자가 좋다. 차경문此經文엔 心 자이다. 그리고 소문疏文에도 二者는 正見이요, 三者는 正心이라 하였다. 따라서 고쳤다.

經

如渴思冷水하며 如飢念美食하며
如病憶良藥하며 如蜂貪好蜜인달하야

我等亦如是하야 願聞甘露法하니다

목마른 사람이 찬물을 생각하는 것과 같으며
굶주린 사람이 맛있는 음식을 생각하는 것과 같으며
병든 사람이 좋은 약을 생각하는 것과 같으며
벌들이 좋은 꿀을 탐하는 것과 같아서

우리 등도 또한 이와 같아서
감로법을 듣기를 서원합니다.

疏

二에 歎有欲者는 顯示大衆의 求法轉深이라 於中一偈는 喩明이요 半偈는 法合이라 前有四喩하니 喩四種義門하야 示現正受彼所說義하니라 一은 受持니 謂求聞慧니 初聞卽受하야 隨聞受持호미 如水不嚼하고 隨得而飮하니라

두 번째 욕망이 있음을 찬탄한 것이라고 한 것은 대중들이 법을 구하는 것이 점점 깊은 것을 현시한 것이다.

그 가운데 한 게송은 비유로 밝힌 것이요
반 게송은 법합이다.
앞의 비유 가운데 네 가지 비유가 있나니⁵⁴⁹
네 가지 의문義門에 비유하여 저 금강이 설하는 바 뜻을 바로 받아가짐을 시현한 것이다.
첫 번째는 받아가지는 것이니
말하자면 듣는 지혜(聞慧)를 구하는 것이니
처음 들음에 곧 받아 들음을 따라 받아가지는 것이 마치 물을 씹지 않고 얼음을 따라 마시는 것과 같다.

鈔

示現正受者는 遠公의 四種求心이니 謂一求聞等이라 隨喩通合하면 具有五種하니 一은 求法心이요 二는 所求法이요 三은 是依法하야 所成之行이요 四는 是依行하야 所治之病이요 五는 是求法코자 起行之人이라 言求法心者는 謂求聞思修證心也요 所求法者는 聞思修證의 四種法也요 所成行者는 依法所成인 聞思修證의 四種行也요 所治病者는 聞思修證의 四種障也라 言求法人者는 且約大位하야 攝以爲 四하리니 一은 善趣人이니 求敎起聞이요 二는 習種人이니 求義起思요

---

549 네 가지 비유가 있다고 한 것은 『십지론』에 이 네 가지 비유라고 한 것은 네 가지 의문義門에 비유하여 저 금강이 설하는 바 뜻을 바로 받아가짐을 시현하는 것이다. 어떤 등이 네 가지가 되는가. 첫 번째는 받아가지는 것이요 두 번째는 도우는 힘이요 세 번째는 멀리 떠나는 것이요 네 번째는 안락행이다 하였다.

三은 性種人이니 求行起修요 四는 解行人이니 求實入證이라 今對此 五하야 以喩顯示하리니 如初一喩에 渴은 是病이요 思는 是求心이요 冷水는 是法이니 略無求人이라 次二句도 亦然하니라 第四喩中에 蜂 은 喩於人이니 影顯前三에도 亦有求人하며 略無有病이나 例前하면 應有하며 亦貪字에 兼之하나니 由貪故로 思好蜜하니라 其成行은 卽 飮食服味니 文卽現無나 義已含有니라 論經云호대 如衆蜂依蜜이라 하니 依義同行이니 亦影略耳니라 雖有五事나 正意는 喩能求心至矣 니라 故疏中에 引論便釋에 具此五義하니 謂求聞慧에 求는 卽求心이 요 聞慧는 卽所求法이요 初聞卽受는 是行이요 旣云隨得而飮은 必除 渴病이라 下三에 求心과 及法은 例知니라

바로 받아가짐을 시현한다고 한 것은 혜원법사의 네 가지 구하는 마음이니
말하자면 첫 번째는 문혜聞慧를 구한다 한 등이다.
비유를 따라 통합한다면 다섯 가지를 갖추고 있나니
첫 번째는 법을 구하는 마음이요
두 번째는 구하는 바[550] 법이요
세 번째는 이 법을 의지하여 이루는 바 행이요
네 번째는 이 행을 의지하여 다스리는 바 병이요
다섯 번째는 법을 구하려 행을 일으키는 사람이다.

---

550 원문에 소구所求라 한 求 자를 『잡화기』에는 成 자라 하나 생각해 볼 것이다. 成 자라고 한다면 두 줄 뒤에 소구所求라 한 求 자도 成 자로 고쳐야 한다.

법을 구하는 마음이라고 말한 것은 말하자면 문聞·사思·수修·증證
을 구하는 마음이요
구하는 바 법이라고 한 것은 문·사·수·증의 네 가지 법이요
이루는 바 행이라고 한 것은 법을 의지하여 이루는 바 문·사·수·증의
네 가지 행이요
다스리는 바 병이라고 한 것은 문·사·수·증의 네 가지 장애이다.
법을 구하려 행을 일으키는 사람이라고 말한 것은 또한 큰 지위를
잡아 섭수하여 네 가지로 하리니
첫 번째는 선취인[551]이니 교教를 구하려 문혜를 일으키는 것이요
두 번째는 습종인[552]이니 의리(理)를 구하려 사혜를 일으키는 것이요
세 번째는 성종인[553]이니 행行을 구하려 수혜를 일으키는 것이요
네 번째는 해행인[554]이니 진실(果)을 구하려 증지에 들어가는 것이다.
지금에는 이 다섯 가지를 상대하여 비유로써 현시하리니
저 처음 한 비유에 목이 마르다고 한 것은 이것은 병든 사람이요
생각한다고 한 것은 이것은 구하는 마음이요
찬물이라고 한 것은 이것은 법이니
법을 구하려 행을 일으키는 사람은 생략되어 없다.
다음에 두 구절도 또한 그렇다.
제 네 번째 비유 가운데 벌이라고 한 것은 사람에 비유한 것이니

---

[551] 선취인善趣人은 십신十信이다.
[552] 습종인習種人은 십주十住이다.
[553] 성종인性種人은 십행十行이다.
[554] 해행인解行人은 십회향十回向이다.

앞의 세 가지 비유에도 또한 법을 구하려 행을 일으키는 사람이 있음을 그윽이 나타내었으며

병든 사람이 있는 것은 생략되어 없지만 앞의 비유에 비례한다면 응당 있어야 하며 또한 탐한다는 글자에 겸하여 있나니

탐착함이 있음을 인유한 까닭으로[555] 좋은 꿀을 생각하는 것이다.

그 이루는 바 행이라고 한 것은 곧 음식을 맛보는 것이니

경문은 곧 나타나 있는 것이 없지만 뜻은 이미 포함하고 있는 것이다.

『십지론경』에 말하기를 마치 수많은[556] 벌들이 꿀을 의지하는 것과 같다 하였으니

뜻을 의지하는 것이 행과 같은 것이니 또한 그윽이 생략되었을 뿐이다.

비록 다섯 가지 일이 있지만 바른 뜻은 능히 구하는 마음이 지극함에 비유한 것이다.

그런 까닭으로 소문 가운데 『십지론』을 인용하여 곧 해석함에 이 다섯 가지 뜻을 갖추었으니[557]

---

555 원문에 유탐고由貪故 운운은 탐착에서 벗어나는 것도 이 병든 사람이라는 말에 겸하여 있는 것이다. 앞에서 목마른 사람을 병든 사람이라고 하였다. 즉 물을 마시면 목마른 병이 사라지는 것을 의미한다 하겠다.

556 원문에 중밀衆蜜이라 한 蜜 자는 연자衍字이다.

557 원문에 구차오의具此五義라고 한 것은 고론사古論師가 말하기를 다만 이 오의五義는 『십지론十地論』을 인용하여 해석한 것일 뿐 자의自意는 단지 능히 법法을 구하는 마음이 지극함에 있다 하니, 『잡화기雜華記』의 主는 바로 위에 고소故疏라 한 故 자가 앞에 열거한 오사五事를 섭수하여 왔을 뿐 다른 뜻은 없다 하였다. 이상의 논리는 지나친 천착이다. 초문대로 자연스

말하자면 문혜를 구한다고 한 것에 구한다고 한 것은 곧 구하는 마음이요
문혜라고 한 것은 곧 구하는 바 법이요
처음 들음에 곧 받는다고 한 것은 이 행이요
이미 얻음을 따라 마신다고 말한 것은 반드시 목마름의 병을 제멸하는 것이다.
아래 세 가지 비유에 법을 구하는 마음과 그리고 법은 여기를 비례하면 가히 알 수가 있을 것이다.

疏

二는 助力이니 謂求思慧니 嚼所聞法하야 助成智力호미 如食咀嚼하야 以資身力하니라

두 번째는 도우는 힘이니
말하자면 사혜를 구하는 것이니 들은 바 법을 씹어서 지혜의 힘을 도와 이루는 것이 마치 밥을 씹어서 몸의 힘을 도우는 것과 같다.

鈔

謂求思中에 嚼所聞法은 卽行이요 資身力은 卽除病이라

레 이해하라. 문체가 용이하여 이해하기 쉽다.

말하자면 사혜를 구하는 가운데 들은 바 법을 씹는다고 한 것은 곧 행이요
몸의 힘을 도우는 것이라고 한 것은 곧 병을 제멸하는 것이다.

疏

三은 遠離니 謂求修慧니 依聞思行하야 能去惑習호미 如服良藥에 藥行除病하니라 上三은 三慧라

세 번째는 멀리 떠나는 것이니
말하자면 수혜를 구하는 것이니 문·사의 행을 의지하여 능히 번뇌의 습기를 제거하는 것이 마치 좋은 약을 복용함에 그 약[558]이 뱃속에 들어가 병을 제멸하는 것과 같다.
위에 세 가지는 삼혜이다.

鈔

謂求修中에 依聞思行은 卽藥行이요 能去惑習은 卽除病이라

말하자면 수혜를 구하는 가운데 문·사의 행을 의지한다고 한 것은 곧 약이 뱃속에 들어가는 것이요
능히 번뇌의 습기를 제거한다고 한 것은 곧 병을 제거하는 것이다.

---

558 원문에 약약藥藥이라 한 아래 藥 자는 行이라고 『유망기遺忘記』에서 말하나 있어도 무방하다.

疏

四는 安樂行이니 謂求證智니 卽三慧果가 聖所依處니 現法에 受樂行故니라 如蜜이 衆蜂所依일새 故云貪也라하니라

네 번째는 안락한 행이니
말하자면 증지를 구하는 것이니 곧 삼혜의 과위가 성인의 의지하는 바 처소이니 현전하는 법에 안락한 행을 받는[559] 까닭이다.
꿀이 수많은 벌의 의지하는 바가 되는 것과 같기에 그런 까닭으로 말하기를 탐한다 하였다.[560]

鈔

四安樂行者는 現法受樂行故는 卽行이요 必無疲苦는 卽病除니라

네 번째 안락한 행이라고 한 것은 현전하는 법에 안락한 행을 받는 까닭이라고 한 것은 곧 행이요
반드시 피곤하거나 괴로움이 없는 것은 곧 병을 제멸하는 것이다.

---

559 원문에 현법수락행現法受樂行이라고 한 것은 『십지론十地論』에 갖추어 말하기를 現法에 愛味하야 受樂行이라 하였다. 즉 현전하는 법에 맛을 좋아하여 안락한 행을 받는다는 것이다. 현법現法은 현전現前하는 법法과 현재現在의 법法이라 한다.
560 원문에 고운탐故云貪이라고 한 것은 『십지론경十地論經』을 회통하여 지금의 經과 같음을 현시한 것이다.

疏

後法合中에 能求는 一向是法이요 所求는 猶通法喩니 以一甘露로 總合四喩라 甘露가 有四能故니 一은 除渴이요 二는 去饑요 三은 愈病이요 四는 安樂故라

뒤에 법합 가운데 능히 구하는 것은 한결같이 이 법이요
구하는 바는 오히려 법과 비유에 통하는 것이니
한 가지 감로로써 네 가지 비유에 모두 법합한 것이다.

감로가 네 가지 능력이 있는 까닭이니
첫 번째는 목마름을 제거하는 것이요
두 번째는 굶주림을 제거하는 것이요
세 번째는 병을 치유하는 것이요
네 번째는 안락하게 하는 까닭이다.

鈔

所求猶通法喩者는 甘露는 是喩故요 法은 卽是法故니 涅槃中에 以大涅槃으로 爲甘露의 不死之藥하니라 配於上四는 在論에 所無니라

구하는 바는 오히려 법과 비유에 통한다고 한 것은 감로는 이 비유인 까닭이요
법이라고 한 글자는 곧 이 법인 까닭이니

『열반경』 가운데 큰 열반으로써 감로의 죽지 않는 약을 삼았다. 위에 네 가지 능력에 배속한 것은 『십지론』을 찾아봄[561]에 없는 바이다.

---

561 원문에 在 자는 '찾을 재, 살필 재' 자이다.

經

善哉廣大智로   願說入諸地하야
成十力無礙하는 善逝一切行하니다

거룩합니다, 광대한 지혜로
모든 지위에 들어가
십력과 걸림이 없음을 이루는
선서의 일체행을 설하기를 서원합니다.

疏

二에 有一偈는 歎法利益請이라 直觀經文인댄 似當結請이나 今依
論判일새 故云歎法이라하니라 善哉는 是總이니 所說法中에 善具
足故니라 善哉有三하니 一은 所依니 卽廣大智니 說地에 必依此慧
故요 二는 體性이니 卽第二句에 正說入諸地니 則地地轉勝故요
三者는 地果니 卽後二句니 謂具十力과 無障礙와 佛과 菩提故니라
行은 亦果行이니 如出現品說하니라

두 번째 한 게송이 있는 것은 법을 설함에 이익을 찬탄하여 청하는
것이다.
바로 경문을 관찰한다면 마땅히 청함을 맺는 것 같지만 지금에는
『십지론』을 의지하여 과판하기에 그런 까닭으로 말하기를 법을
찬탄한다 하였다.

선재라고[562] 한 것은 이것은 총설이니
설하는 바 법 가운데 잘 갖추어 설한 까닭이다.
선재라고 한 것이 세 가지가 있나니
첫 번째는 의지하는 바이니
곧 광대한 지혜라 한 것이니 지위를 설함에 반드시 이 지혜를 의지하는 까닭이요
두 번째는 자체성이니
곧 제 두 번째 구절에 바로[563] 모든 지위에 들어가는 것이라 한 것이니 곧 지위 지위마다 전전히 수승한 까닭이요
세 번째는 지과地果이니
곧 뒤에 두 구절이니 말하자면 십력과 걸림이 없는 것과 부처님과 보리를 구족한 까닭이다.
행이라고 한 것은 또한 과행이니 출현품에 설한 것과 같다.

---

562 선재 운운은 『십지론』에는 선재라고 한 것은 설하는 바 법 가운데 잘 갖추어 설한 까닭이다. 선재라고 한 것이 세 가지가 있나니 첫 번째는 의지하는 바이고 두 번째는 자체성이고 세 번째는 지과地果이다. 의지하는 바라고 한 것은 말하자면 청정한 지혜이고 자체성이라고 한 것은 말하자면 모든 지위에서 일찍이 설하지 아니한 법을 설하는 것이고 지과라고 한 것은 말하자면 십력과 걸림이 없는 것과 부처님과 보리를 구족하는 까닭이다 하였다.

563 원문에 說 자는 一切行下에 해석하는 까닭으로 해석하지 않았다.

鈔

行亦果行者는 行有二義하니 一은 因行이니 卽是十地가 能得善逝일새 名善逝行이요 二者는 果行이니 如出現品者는 出現品云호대 眞實行이 是如來行이요 無礙行이 是如來行이라하니 眞實은 卽契實智요 無礙는 卽悲智雙流호미 如金翅闢海하니 依法性空하야 入生死海故니라

행이라고 한 것은 또한 과행이라고 한 것은 행이 두 가지 뜻이 있나니
첫 번째는 인행이니
곧 십지가 능히 선서를 얻기에 선서의 행이라 이름하는 것이요
두 번째는 과행이니
출현품에 설한 것과 같다고 한 것은 출현품에 말하기를 진실한 행이 이 여래의 행이요
걸림이 없는 행이 이 여래의 행이다 하였으니
진실하다고 한 것은 곧 진실한 지혜에 계합하는 것이요
걸림이 없다고 한 것은 곧 자비와 지혜가 함께 유행하는 것이 마치 금시조가 바다를 가르는 것과 같나니[564] 법성의 허공을 의지하여 생사의 바다에 들어가는 까닭이다.

---

564 원문에 여금시벽해如金翅闢海라고 한 것은 금시조가 허공의 나무에 있다가 바다에 들어가 용을 잡아오는 것이 마치 법성의 허공을 의지하여 삼유三有의 생사生死 바다에 들어가는 것과 같은 까닭으로 이 비유를 인용한 것이다.

疏

自下는 第三에 如來加請이니 前雖二家가 四請이나 爲顯法勝하야 復待佛加니라 前來엔 爲分主伴일새 主佛이 唯明意加어니와 今엔 欲具於身口일새 故復重加니라 又前엔 默與威神하야 令有加請케 하얏거니와 今加爲說할새 不與前同하니라 若爾인댄 諸佛이 前已具於三業거니 何得復加리요 前但是加하고 未是請故어니와 今엔 以加爲請할새 並異於前하니라 上力被下를 說以爲加요 因加勸說을 目之爲請이니 加卽是請일새 故云加請이라하니라 長行은 則以加爲請하고 偈頌은 則以請爲加하니 不以常口求請하고 而以雲臺發言하며 不以常身展敬하고 而以光業代者는 爲不輕尊位故요 要復請者는 爲重法故니라 前加分中엔 不加大衆하고 今此加者는 前若卽加인댄 說主가 無由三止요 此若不加인댄 請主가 前言得佛護念이라호미 便爲無驗하리라

여기로부터 아래는 제 세 번째 여래가 가피로 청하는 것이니 앞에 비록 이가二家가 네 번 청하였지만 법이 수승함을 나타내기 위하여 다시 부처님의 가피를 기다리는 것이다.

앞에서는 주불主佛과 반불伴佛[565]을 나누고자 하였기에 주불主佛이 오직 뜻으로 가피하는 것만 밝혔거니와 지금에는 몸으로 가피하고 입으로 가피하는 것을 갖추고자 하기에 그런 까닭으로 다시 거듭

---

565 반불伴佛이란, 十方佛也니, 즉 시방의 부처님이다.

가피하는 것이다.

또 앞에서는 침묵으로 위신력을 주어 하여금 가피로 청함이 있게 하였거니와 지금에는 가피하여 설하게 하고자 하기에 앞으로 더불어 같지 않는 것이다.

만약 그렇다고 한다면 모든 부처님이 앞에 이미 삼업을 갖추었거니 어찌 다시 가피함을 얻겠는가.

앞에서는 다만 가피만 하고 청하지 아니한 까닭이었거니와 지금에는 가피로써 청하고자 하기에 앞에와는 모두 다른 것이다.

위에 힘을 아래에 입히는 것을 설하여 가피한다 하는 것이요 가피함을 인하여 설하기를 권하는 것을 이름하여 청한다 하는 것이니

가피하는 것이 곧 청하는 것이기에 그런 까닭으로 말하기를 가피로 청한다 하였다.

장행문은 곧 가피로써 청함을 삼고 게송은 곧 청함으로써 가피를 삼나니

보통의 입으로써 청함을 구하지 않고[566] 광명의 그물대(臺)로써 말을 일으키며

보통의 몸으로써 공경을 펴지 않고 광명의 업으로써 대신한 것은 세존의 지위를 가벼이 여기지 않게[567] 하기 위한 까닭이요

---

566 원문에 불이상구구不以常口求라고 한 것은 이는 곧 혜원스님의 제 네 번째 가피하는 모습이 같지 않다는 것이니, 나머지는 초문鈔文에서 가리킨 것과 같다.

567 원문에 불경존위不輕尊位라고 한 것은 『십지론十地論』엔 불경자신不輕自身이

다시 청하기를 요망한 것은 법을 존중히 여기게 하기 위한 까닭이다. 앞의 가분加分 가운데는 대중을 가피하지 않고 지금 여기에 대중을 가피한 것은 앞에서 만약 곧 가피하였다면 설주가 세 번이나 가만히 있음을 인유할 것이 없어야 할 것이요

여기에서 만약 가피하지 않는다면 청주請主가 앞에서 부처님이 보호하여 염려해 주십을 얻는다고 말한 것이 곧 영험이 없어야 할 것이다.

鈔

自下는 第三에 如來加請은 故論云호대 若請者非尊인댄 法非殊勝하고 聖者가 則不說이라하니 釋曰此是反明이라 若也順說인댄 由請者尊故로 顯所說勝일새 剛藏則說이라하니 前來爲分下는 二에 通妨難이라 於中二니 先은 通伏難이요 後는 通躡跡難이라 然遠公이 總有五門分別하니 一은 能加佛異요 二는 所加不同이요 三은 加業有異요 四는 加相不等이요 五는 加請分差라하니 今疏皆具나 而文中에 先通伏難者는 謂有問言호대 前來已加어니 今何復加고하니 此는 爲復重가하야 難之니라 答이라 此有二하니 一은 前未具故요 二는 所爲別故라 前中에 先은 出不具足意니 云爲分主伴은 由主威力하야 令十方佛加케할새 故前身口가 不同諸佛하니라 次는 正顯未具니 卽唯辨意加니 謂承佛神力과 因中에 毘盧遮那의 本願威神이라 今長行에 光照는 爲身加요 偈頌에 請說은 爲口加니 故具三業하야사 加相方具니라 此卽遠公의 第三에 加業有異니라 又前默與威神下는 第二에 所爲別故

라 하였다.

니라 亦應問言호대 前何不具하고 今方具耶아 答云호대 留此身口하야 發起請法이라 言令有加請者는 前主佛加하야 令得諸佛加케하고 旣得佛加하야는 出定說本일새 故便有請이니 則前主佛加는 爲諸佛加因과 及三家請因하고 今主佛加는 加卽是請일새 故不同也니라 此卽遠公의 第五에 加請分差니라 若爾已下는 第二에 通躐跡難이니 意云호대 主佛이 未具身口일새 故今欲具인댄 伴佛已具어니 何得復加리요 復加는 卽經云호대 十方諸佛이 悉亦如是라하며 及諸佛威神力故로 而說頌言이라하니라 前但是加下는 答이니 此는 亦加請分差니라 此段은 亦含遠公의 第一에 能加佛異니 以前約所表하야 皆十方金剛藏佛加라하고 今但云十方이라하니 表通方故니라 又遮那가 亦照十方의 說法菩薩이니 則知異名諸佛도 亦得同加니라 要復請下는 通躐跡難이라 謂有問云호대 若重尊位인댄 何如莫請고 答云호대 爲重法故라하니 前則尊人이요 此爲重法은 尊極請故니 故法爲重이니라 前加分中下는 二에 揀所被不同이니 卽遠公의 所加不等이라 則前은 局說者요 此는 通說聽이니 疏出所以는 可知니라

여기로부터 아래는 제 세 번째 여래가 가피로 청하는 것이라고 한 것은 그런 까닭으로 『십지론』[568]에 말하기를 만약 청하는 사람이 세존이 아니라고 한다면 법이 수승하지 않고 성자[569]가 곧 설하지 않을 것이다 하였으니,

---

568 이 『십지론十地論』은 제이권第二卷이다. 이전은 제일권第一卷이었다.
569 성자聖者라고 한 것은 금강장金剛藏이다.

해석하여 말하면 이것은 반대로 밝힌 것이다.

만약 순서대로 말한다면 청자인 세존을 인유한 까닭으로 설하는 바가 수승함을 나타내기에 금강장이 곧 설한다고 해야 할 것이다.

앞에서는 주불과 반불을 나누고자 한다고 한 아래는 두 번째 방해하여 비난함을 통석한570 것이다.

그 가운데 두 가지가 있나니

먼저는 숨어서 비난함을 통석한 것이요

뒤에는 자취를 밟아 비난함을 통석한 것이다.

그러나 혜원법사가 모두 오문으로 분별한 것이 있나니571

첫 번째는 능히 가피하는 부처님이 다른 것이요

두 번째는 가피하는 바가 같지 않는 것이요

---

570 두 번째 통방난通妨難이라고 한 것은 소문에 네 가지가 있나니 처음에는 내의來意요 두 번째는 석명釋名이요 세 번째는 간별揀別이요 네 번째는 석문釋文이다. 처음 가운데 두 가지가 있나니 먼저는 정변내의正辨來意요 두 번째는 통방난通妨難이다. 바로 이 통방난을 말한다. 두 번째 석명은 상력피하上力被下 이하이고 세 번째 간별은 불이상구不以常口 이하이다. 여기에 두 가지가 있나니 처음에는 가상부동加相不同이고 뒤에는 소피부등所被不等이다. 처음 가상부동에 세 가지가 있나니 처음에는 첩이상牒異相이고 불경존위不輕尊位 이하는 두 번째 출소이出所以이고 요부청要復請 이하는 세 번째 통섭적난通躡跡難이다.

571 원문에 원공총유오문遠公總有五門이라고 한 것은 오문五門 가운데 사문四門은 초문鈔文 중에서 다 가리켰지만 第四의 가상부등加相不等을 가리키지 아니한 것은 이 가상부등加相不等이라는 이름에서 이미 나타난 까닭으로 거듭 지시함을 필요로 하지 않는 것이다.

세 번째는 가피하는 업이 다름이 있는 것이요[572]

네 번째는 가피하는 모습이 같지 않는 것이요

다섯 번째는 가피로 청하는 부분이 차별한 것이다 하였다.

지금 소문에 다 갖추고 있지만 소문 가운데 먼저는 숨어서 비난함을 통석한다고 한 것은 말하자면 어떤 사람이 물어 말하기를 앞에서 이미 가피하였거니 지금에 어찌 다시 가피하는가 하니

이것은 다시 거듭 가피하는가 하여 비난한 것이다.

답하겠다.

여기에 두 가지 뜻이 있나니

첫 번째는 앞에서 갖추지 못한 까닭이요

두 번째는 하는 바가 다른 까닭이다.

앞의 가운데 먼저는 갖추지 못한 뜻을 설출한 것이니

주불과 반불을 나누고자 하였다고 말한 것은 주불의 위신력을 인유하여 시방의 부처님으로 하여금 가피하게 하기에 그런 까닭으로 앞에서는 몸으로 가피하고 입으로 가피하는 것이 모든 부처님과 같지 않는 것이다.

다음은 갖추지 못한 뜻을 바로 나타낸 것이니

곧 오직 뜻으로 가피하는 것만 분별하였을 뿐이니 말하자면 부처님의 위신력과 가피하는 원인[573] 가운데 비로자나의 본래 서원과 위신력

---

572 원문에 가업유이加業有異라고 한 것은 다만 주불主佛만 잡는다면 전래에는 곧 의업意業으로 가피한 것이고, 지금에는 곧 신업身業과 구업口業으로 가피하는 까닭으로 다름이 있다 말하는 것이다.

573 원문에 因이란, 가인加因이다. 타본에는 及加因이라 하였다.

을 받은 것이다.

지금 장행문[574]에 광명으로 비추는 것은 몸으로 가피하는 것이요 게송에 설하기를 청한 것은 입으로 가피하는 것이니

그런 까닭으로 삼업을 갖추어야 가피하는 모습이 바야흐로 갖추어지는 것이다.

이것은 곧 혜원법사의 제 세 번째 가피하는 업이 다름이 있다고 한 것이다.

또 앞에서는 침묵으로 위신력을 주었다고 한 아래는 두 번째 하는 바가 다른 까닭이다.

또한 응당 물어 말하기를 앞에서는 어찌 갖추지 않고 지금에 바야흐로 갖추는가.

답하여 말하기를 이 몸과 입을 유의하여 청법을 발기하는 것이다. 하여금 가피로 청함이 있게 한다고 말한 것은 앞에는 주불이 가피하여 하여금[575] 모든 부처님의 가피를 얻게 하고, 이미 부처님의 가피를 얻어서는 삼매에서 나와 본래의 인연을 설하기에 그런 까닭으로 곧 청함이 있게 하는 것이니

곧 앞에서 주불이 가피하는 것은 모든 부처님이 가피하는 원인과 그리고 삼가三家가 청하는 원인이 되고, 지금에 주불이 가피하는 것은 가피하는 것이 곧 청하는 것이기에 그런 까닭으로 같지 않는

---

574 장행문이란, 영인본 화엄 9책, p.246, 6행 이하이다.
575 원문에 수은 令 자의 잘못이라 고쳤다.

것이다.
이것은 곧 혜원법사의 제 다섯 번째 가피로 청하는 분이 차별하다고 한 것이다.

만약 그렇다고 한다면이라고 한 이하는 제 두 번째 자취를 밟아 비난함을 통석한 것이니
비난하는 뜻에 말하기를 주불이 아직 몸과 입을 갖추지 않았기에 그런 까닭으로 지금에 갖추고자 한다면 반불[576]은 이미 갖추었거니 어찌 다시 가피함을 얻겠는가.
다시 가피한다고 한 것은 곧 이 경에 말하기를[577] 시방에 모든 부처님이 다 또한 이와 같다 하였으며
그리고 모든 부처님의 위신력인 까닭으로 게송을 설하여 말하였다 한 것이다.

앞에서는 다만 가피만 하였다고 한 아래는 답한 것이니
이것은 또한 가피로 청하는 부분이 차별한 것이다.[578]
이 단은 또한 혜원법사의 첫 번째 능히 가피하는 부처님이 다르다고 한 것을 포함하고 있나니
앞에서는 표하는 바를 잡아서 다 시방의 금강장불이 가피한다 하고 지금에는 다만 시방의 모든 부처님이라고만 말하였으니 통방通方의

---

576 반불伴佛이란, 시방불十方佛이다.
577 이 경에 말하기를 운운한 것은 영인본 화엄 9책, p.250, 6행이다.
578 원문에 역가청분차亦加請分差라고 한 것은 원공遠公의 제오문第五門이다.

모든 부처님을 표하는 까닭이다.
또 비로자나불이 또한 시방에 법을 설하는 보살을 비추는 것이니 곧 이름이 다른 모든 부처님도 또한 다 같이 가피하는 줄 알아야 할 것이다.

다시 청하기를[579] 요망한다고 한 아래는 자취를 밟아 비난함을 통석한 것이다.
말하자면 어떤 사람이 물어 말하기를 만약 세존의 지위를 존중한다면 어떻게 청하지 않는가.
답하여 말하기를 법을 존중히 여기게 하기 위한 까닭이다 하였으니 앞에서는 곧 사람을 존중히 여기게 하기 위한 것이요
여기에 법을 존중히 여기게 하기 위한 것이라고 한 것은 존중함이 지극하여 청하는 까닭이니
그런 까닭으로 법으로 존중함을 삼는 것이다.

앞의 가분 가운데라고 한 아래는 두 번째 가피하는 바가 같지 아니함을 가린 것이니
곧 혜원법사가 가피하는 바가 같지 않다고 한 것이다.
곧 앞에서 가피한 것은 설하는 사람에게 국한한 것이요
여기서 가피한 것은 설하는 사람과 듣는 사람에게 통하는 것이니 소문에 그 까닭을 설출한 것은 가히 알 수가 있을 것이다.

---

[579] 다시 청하기를 운운은 가상부동加相不同의 세 가지 가운데 제 세 번째이다. 앞의 두 번째 통방난의 주석을 참고할 것이다.

經

爾時에 世尊이 從眉間으로 出淸淨光明하시니 名菩薩力焰明이라 百千阿僧祇光明으로 以爲眷屬하야 普照十方의 一切世界하야 靡不周遍하나니 三惡道苦가 皆得休息하며 又照一切如來衆會하야 顯現諸佛의 不思議力하며 又照十方의 一切世界에 一切諸佛이 所加說法하는 菩薩之身하야 作是事已에 於上虛空中하야 成大光明의 雲網臺而住거늘

그때에 세존이 미간으로 좇아 청정한 광명을 출생하시니
이름이 보살의 힘 불꽃광명입니다.
백천아승지광명으로 권속을 삼아 시방의 일체 세계를 널리 비추어 두루하지 아니함이 없나니
삼악도의 고통이 다 쉼을 얻으며
또 일체 여래의 대중이 모인 곳을 비추어 모든 부처님의 사의할 수 없는 힘을 나타내며
또 시방의 일체 세계에 일체 모든 부처님이 가피하여 법을 설하는 바 보살의 몸을 비추어 이러한 일을 지은 이후에 허공 가운데 올라 큰 광명의 구름 그물대(臺)를 이루어 머물거늘

疏

文中에 通有八業과 二身거니와 且分爲二리니 先은 長行에 有二身

七業이요 後는 偈頌에 但明請業이라 前中二니 先은 此佛이 光照十方이요 後는 十方佛이 放光照此라 二光互照에 必互相見이니 二段에 皆有二身七業이라 今初分二리니 先은 明光體業用이요 後에 作是事已下는 正明所作이라 今初에 先明光本이니 上加於下에 多用眉間之光은 亦表將說中正之道니라 出淸淨下는 後에 正明體用이니 於中에 文有六業이라 一은 覺業이니 卽光名體라 謂是光이 照菩薩身已에 自覺如來力加故니 覺照光用일새 故曰焰明이라 하니라 二에 百千下는 因業이니 能生眷屬義故니라 三에 普照下는 卷舒業이니 舒則普照十方이요 卷則還入常光이라 今文엔 略無卷業이나 若兼取下文의 如日身이 於空中住인댄 義則通有리라 四에 三惡下는 止業이라 五는 降伏業이니 論經云호대 一切魔宮이 隱蔽不現이라하니 今經闕此니라 六에 又照一切下는 敬業이니 顯現佛會하야 令物敬故니라 七에 又照十方下는 示現業이니 正爲令衆으로 見說聽者가 皆得佛加하야사 堪說聽故니라 長行에 受身加之名은 偏從此立이라

경문 가운데[580] 팔업八業과 이신二身[581]이 모두 있거니와 우선 나누어 두 가지로 하리니

---

580 원문에 문중통유文中通有라고 한 아래는 제 네 번째 석문釋文이다. 대만본 화엄소초는 초문에 이 말이 있다.
581 팔업八業이라고 한 것은 장행문長行文에 칠업七業과 게송偈頌에 일업一業이 즉 팔업八業이다. 이신二身이라고 한 것은 여일신如日身과 유성신流星身이다.

먼저는 장행문에 이신二身과 칠업七業이 있는 것이요
뒤에는 게송에 다만 청업請業만 밝힌 것이다.
앞의 장행문 가운데 두 가지가 있나니
먼저는 이 부처님이 광명으로 시방을 비추는 것이요
뒤에는 시방의 부처님이 광명을 놓아 여기를 비추는 것이다.
두 가지 광명이 서로 비춤에 반드시 서로서로 보는 것이니
이단二段에 다 이신과 칠업이 있는 것이다.

지금은 처음으로 두 가지로 나누리니
먼저는 광체의 업용을 밝힌 것이요
뒤에 이러한 일을 지은 이후라고 한 아래는 짓는 바를 바로 밝힌 것이다.
지금은 처음[582]으로 먼저는 광명의 본처本處를 밝힌 것이니
위에 힘이 아래를 가피함에 다분히 미간의 광명을 사용하는 것은 또한 장차 중정中正의 도를 설하고자 함을 표한 것이다.

청정한 광명을 출생하였다고 한 아래는 뒤에[583] 자체와 작용을 바로 밝힌 것이니
그 가운데 경문이 육업六業이 있다.
첫 번째는 각업覺業이니

---

582 원문 금초今初에 두 가지이니 먼저는 여기이고 뒤는 바로 아래 청정한 광명을 출생한다 한 이하이다.

583 下 자 아래 後 자가 있으면 좋아 보증하였다.

곧 광명의 이름 자체이다.
말하자면 이 광명이 보살의 몸을 비춘 이후에 스스로 여래의 힘으로 가피한 줄 깨닫는[584] 까닭이니
깨달아 비추는 것이 광명의 작용이기에 그런 까닭으로 말하기를 불꽃광명이라 한 것이다.
두 번째 백천아승지광명이라고 한 아래는 인업因業이니
능히 권속광명의 뜻을 생기하는 까닭이다.
세 번째 널리 비춘다고 한 아래는 권서업卷舒業이니
폄에 곧 시방을 널리 비추는 것이요
접음에 곧 도리어 상광常光[585]에 들어가는 것이다.
지금 경문에는 권업卷業이 생략되어 없지만 만약 아래 경문에 여일신如日身이[586] 허공 가운데 머문다고 함을 겸하여 취한다면 뜻이 곧 통함이 있을 것이다.
네 번째 삼악도의 고통이라고 한 아래는 지업止業이다.
다섯 번째는 항복업降伏業이니
『십지론경』에 말하기를 일체 마궁이 숨어 나타나지 않는다 하였으니 지금 경에는 이것이 빠졌다.
여섯 번째 또 일체 여래의 대중이 모인 곳을 비춘다고 한 아래는

---

584 원문에 자각自覺 운운은 능히 보살로 하여금 스스로 그 광명이 이 여래의 힘으로 가피한 바인 줄 깨닫게 하시니, 말하자면 깨달아 비추는 것이 이 광명의 작용인 것이다.
585 상광常光은 일심一尋이다.
586 원문에 여일신如日身 아래에 中 자는 연자衍字이다.

경업敬業이니

부처님의 회중에 나타내어 저 대중[587]으로 하여금 공경케 하는 까닭이다.

일곱 번째 또 시방의 일체 세계에 법을 설하는 보살의 몸을 비춘다고 한 아래는 시현업示現業이니

바로 대중으로 하여금 설하는 사람과 청하는 사람이 다 부처님의 가피를 얻어야 설하고 청함을 감당하는 줄 보게 하는 까닭이다. 장행문[588]에 몸으로 가피한다는 이름을 받은 것은 치우쳐 이로 좇아 세운 것이다.

鈔

今文略無卷業者는 以卷은 約作用已竟에 卷歸毫光이니 下旣有餘業일새 故經略無하고 但以如日身으로 當之니라 而論經엔 舒卷相對할새 故逆明之니 故論經云호대 普照十方에 諸佛世界하야 靡不周遍하고 照已에 還住本處라하니 還住本處가 卽是卷業이라 四에 止業은 明光利益이요 五에 降伏業은 明光勢力이요 六에 敬業은 顯光攝益이니 謂顯佛力하야 令他敬故로 卽爲攝益하니라 正爲令衆見說聽者는 經文云호대 又照此娑婆世界에 佛及大衆과 幷金剛藏菩薩身이라하니

---

587 원문에 他 자는 혹본或本엔 物 자라 하기도 하였다.
588 장행문이라고 한 것은 영인본 화엄 9책, p.244, 8행에 今長行에 光照는 爲身加요 偈頌에 請說은 爲口加라하니라. 즉 지금 장행문에 광명으로 비추는 것은 몸으로 가피하는 것이요 게송에 설하기를 청한 것은 입으로 가피하는 것이다 하였다.

故明知通說聽也니라

지금 경문에는 권업이 생략되어 없다고 한 것은 권卷이라고 한
것은 작용이 이미 마침에 접어서 미간백호광명으로 돌아감을 잡은
것이니
아래 이미 다른 업이 있기에 그런 까닭으로 지금 경문에는 생략되어
없고 다만 여일신으로써 그 권업卷業에 해당시켰을 뿐이다.
그러나 『십지론경』에는 서업舒業과 권업卷業을 상대하였기에 그런
까닭으로 역으로 밝힌[589] 것이니
그런 까닭으로 『십지론경』[590]에 말하기를 널리 시방에 모든 부처님의
세계를 비추어 두루하지 아니함이 없고 비춘 이후에 도리어 본래의
처소에 머문다 하였으니
본래의 처소에 머문다고 한 것이 곧 이 권업이다.

네 번째 지업은 광명의 이익을 밝힌 것이요
다섯 번째 항복업은 광명의 세력을 밝힌 것이요
여섯 번째 경업은 광명의 섭수하는 이익을 나타낸 것이니

---

[589] 원문에 역명逆明이라고 한 것은 오히려 예명預明이라 말할 것이니, 그 뜻은
제 세 번째 권서업卷舒業 뒤에 이미 또 수많은 업이 있었다면 곧 그 수많은
업을 다 밝힌 연후에 바야흐로 가히 권업卷業을 밝혀야 할 것이지만, 다만
서업舒業만 상대하고자 한 까닭으로 나머지 업을 다 밝히기 이전에 그 권업卷
業을 미리 밝힌다는 것이다.
[590] 『십지론경十地論經』은 제이권第二卷이다.

말하자면 부처님의 힘을 나타내어 다른 대중으로 하여금 공경케 하는 까닭으로 곧 섭수하는 이익을 삼는 것이다.

바로 대중으로 하여금 설하는 사람과 듣는 사람을 보게 한다고 한 것은 경문에 말하기를 또 이 사바세계에 부처님과 그리고 대중과 아울러 금강장보살의 몸을 비춘다 하였으니

그런 까닭으로 설하는 사람과 듣는 사람에게 통함을 분명히 알아야 할 것이다.

疏

二는 正顯所作이니 卽二身之一이라 言二身者는 一은 流星身이니 往他方世界故니라 論엔 不指經거늘 古德이 共指卷舒와 敬과 示의 三業하야 當之하니 以是往來光體가 如星流故니라 二는 如日身이 니 謂如日處空이니 卽此所作이 於上空中하야 爲臺라호미 是也니 라 故以身業으로 相對하면 應成四句리니 一은 業而非身이니 謂八 中除三이오 二는 身而非業니 卽如日身이오 三은 亦身亦業이니 卽流星身이오 四는 非身非業이니 此經엔 所無나 卽論經엔 彼此相 見이니 以身은 約有體요 業은 約有用이라 三은 則雙具요 四는 則非 正所爲故니라

두 번째는 짓는 바를 바로 나타낸 것이니
곧 이신二身의 하나이다.
이신이라고 말한 것은 첫 번째는 유성신流星身이니

타방세계에 가는 까닭이다.

『십지론』에는 『십지경』을 가리키지 않았거늘 고덕이 권서업과 경업과 시현업의 세 가지 업을 함께 가리켜서 그 유성신에 해당시켰으니, 이것은 왕래하는 광체가 유성과 같은 까닭이다.

두 번째는 여일신이니

말하자면 태양이 허공에 거처하는 것과 같나니, 곧 이것은 짓는 바가 허공 가운데 올라 광명의 그물대를 만든다고 한 것이 이것이다. 그런 까닭으로 신업으로써 상대한다면 응당 네 구절을 이루리니 첫 번째는 업이고 몸이 아니니 말하자면 팔업 가운데 삼업[591]은 제외하는 것이요

두 번째는 몸이고 업이 아니니 곧 여일신이요

세 번째는 또한 몸이고 또한 업이니 곧 유성신이요

네 번째는 몸도 아니고 업도 아니니 이 경에는 없는 바이지만 곧 『십지론경』에는 피차 서로 보게[592] 하는 것이니 몸은 자체가 있음을 잡은[593] 것이요, 업은 작용이 있음을 잡은[594] 것이다.

세 번째는 곧 함께 갖춘[595] 것이요

---

591 삼업三業이란, 권서업卷舒業과 경업敬業과 시현업示現業이다.
592 원문에 피차상견彼此相見이라고 한 것은 피차중생彼此衆生이 상견相見하는 것이다.
593 원문에 신약유체身約有體라고 한 것은 제이구第二句이다.
594 원문에 업약유용業約有用이라고 한 것은 제일구第一句이다.
595 원문에 쌍구雙具라고 한 것은 신체身體와 업용業用을 함께 갖추고 있다는 것이다.

네 번째는 곧 바로 작위하는 바가 없는 까닭이다.

鈔

以身約有體下는 出四差別所以라 業約有用은 如日身이 但能皎住故니라 言非正所爲者는 本意는 不爲令相見故니라 故無業無體니 今經略無니라

몸은 자체가 있음을 잡은 것이라고 한 아래는 네 가지 차별한 까닭을 설출한 것이다.
업은 작용이 있음을 잡은 것이라고 한 것은 여일신이[596] 다만 능히 비추어 머무는 까닭이다.
바로 작위하는 바가 없다고 말한 것은 본래의 뜻은 하여금 서로 보게 하지 않는[597] 까닭이다.
그런 까닭으로 업도 없고 자체도 없는 것이니,
지금 경에는 생략되어 없는 것이다.

---

[596] 원문에 업약유용業約有用 여일신如日身 운운은 말하자면 업은 곧 작용이 있음을 잡은 것이지만 그러나 지금에 여일신如日身은 다만 능히 비추어 머물기만 하는 까닭으로 작용이 있음을 잡은 업이 아닌 것이다.

[597] 원문에 본의불위령상견本意不爲令相見이라고 한 것은 본래本來의 뜻은 하여금 서로 보게 하는 것이 아니라 다만 가피하여 설함을 듣게 하고자 하는 까닭이라는 것이다.

> 經

時에 十方諸佛도 悉亦如是하사 從眉間으로 出淸淨光明하시니 其光名號와 眷屬과 作業이 悉同於此하며 又亦照此娑婆世界에 佛及大衆과 幷金剛藏菩薩身과 師子座已에 於上虛空中하야 成大光明雲網臺하니라

그때에 시방에 모든 부처님도 다 또한 이와 같아서 미간으로 좇아 청정한 광명을 출생하시니
그 광명의 명호와 권속과 작업이 다 여기와 같으며
또 또한 이 사바세계에 부처님과 그리고 대중과 아울러 금강장보살의 몸과 사자의 자리를 비춘 이후에 허공 가운데 올라 큰 광명의 구름 그물대를 이루었습니다.

> 疏

二에 十方佛이 放光照此者는 正爲照此니라 然其作業이 亦周十方이니 七業二身이 不殊此佛而加니라 又亦照此娑婆라한 經文은 以主佛普照는 此不待言커니와 伴佛普照는 正意가 爲此加被相故니라

두 번째 시방에 부처님이 광명을 놓아 이 사바세계를 비춘다고 한 것은 바로 이 사바세계를 비추기 위한 것이다.
그러나 그 작업이 또한 시방에 두루한 것이니

칠업七業과 이신二身이 여기 부처님과 다름없이 가피하는 것이다.[598] 또 또한 이 사바세계를 비춘다고 한 경문은 주불이 널리 비추는 것은 이것은 말을 기다리지 않거니와 반불이 널리 비추는 것은 바른 뜻이 이 가피의 모습이 되는 까닭이다.

---

[598] 원문에 불수차불이가不殊此佛而加라고 한 것은 시방十方에 부처님이 차방此方에 부처님과 다름없이 가피한다는 것이다.

經

時에 光臺中에 以諸佛威神力故로 而說頌言호대

그때에 광명의[599] 구름대 가운데 모든 부처님의 위신력을 쓴 까닭으로 게송을 설하여 말하기를

疏

第二는 偈頌이라 明請業中에 二니 初는 偈所依니 望前인댄 猶屬於身이니라

제 두 번째는 게송이다.
청업을 밝히는 가운데 두 가지가 있나니
처음에는 게송의 의지하는 바이니
앞을 바라본다면 오히려 몸에 속하는 것이다.

---

[599] 그때에 광명 운운은 영인본 화엄 9책, p.50, 3행 초문鈔文에 인용한 바 있다.

經

佛無等等如虛空하며 十力無量勝功德은
人間最勝世中上이시니 釋師子法加於彼하시다

부처님은 비등할 수 없이[600] 평등하여[601] 허공과 같으며
십력과 한량없는 수승한 공덕은
인간에서 가장 수승하고 세상 가운데서 최상이시니
그 석사자의 법으로 저에게 가피하십니다.

疏

後는 正偈請이라 五偈分二리니 前四는 加請所說이요 後一은 敎說 分齊라 前中亦二니 初二偈는 擧法請이요 後二偈는 擧益請이라 前中亦二니 初偈는 正顯作加요 後偈는 顯加所爲라 今初에 加於 彼三字는 是總이니 此偈가 正爲加故니라 其世中上은 亦總亦別이 니 望加於彼인댄 是別이니 以二種加中에 是具果加故요 望四勝義 인댄 是總이니 以上卽勝義니 具四種勝하야사 爲世中上故니라

뒤에는 바로 게송으로 청하는 것이다.

---

600 부처님은 비등할 수 없이 운운은 영인본 화엄 9책, p.50, 4행 초문鈔文에 인용한 바 있다.
601 원문 무등등無等等에 이의二意가 있으니 一은 비등할 수 없이 평등함이요, 二는 비등할 수 없고 비등할 수 없음이다.

다섯 게송을 두 가지로 나누리니
앞에 네 게송은 설할 바를 가피로 청하는 것이요
뒤에 한 게송은 교를 설하는 문제이다.
앞의 가운데 또한 두 가지가 있나니
처음에 두 게송은 법을 들어 청하는 것이요
뒤에 두 게송은 이익을 들어 청하는 것이다.
앞의 가운데 또한 두 가지가 있나니
처음 게송은 가피하는 것을 바로 나타낸 것이요
뒤에 게송은 가피하는 바를 나타낸 것이다.
지금은 처음으로 가어피加於彼라고 한 세 글자는 이 총이니
이 게송이 바로 가피함이 되는 까닭이다.

그 세간 가운데 최상이라고 한 것은 또한 총이요 또한 별이지만
가어피라는 말을 바라본다면 이 별이니
이종가피[602] 가운데 이 구과가구果加인 까닭이요
사승의四勝義를 바라본다면 이 총이니
상上[603]이라고 한 것이 곧 승勝의 뜻이니 네 가지 승의를 갖추어야
세상 가운데 최상이 되는 까닭이다.

---

602 원문에 이종가二種加라고 한 것은 구신가具身加와 구과가具果加이다.
603 원문에 上이란, 『십지론경十地論經』에 천인상작가天人上作加라 한 上 자이다.

鈔

今初等者는 此中經文이 有其三節하니 一은 唯總이요 二는 通總別이요 三은 唯別이라 疏文有二하니 初는 定總別이라 總別에 有二하니 加於彼三字는 一偈之總이요 其世中上은 卽二十五字之總이니 除加於彼三字故니라 言以上卽勝者는 會今經이 同論經이라

지금은 처음이라고 한 등은 이 가운데 경문이 그 삼절이 있나니

첫 번째는 오직 총이요

두 번째는 총과 별에 통하는 것이요

세 번째는 오직 별이다.

소문에 두 가지가 있나니

처음에는 총과 별을 정하는 것이다.

총과 별에 두 가지가 있나니

가, 어, 피라고 한 세 글자는 이 한 게송[604]의 총이요

그 세, 중, 상이라고 한 세 글자는 곧 스물다섯 글자[605]의 총이니 가, 어, 피라는 세 글자를 제외한 까닭이다.

상이라고 한 것이 승의 뜻이라고 말한 것은 지금의 경이 『십지론경』[606]

---

604 원문에 이게二偈라고 한 二는 一의 잘못이다.

605 원문에 이십오자二十五字란, 이 한 게송에 世中上이라는 세 글자(三字)를 제외하면 이십오자二十五字가 된다.

606 원문에 논경論經이라 한 經 자는 釋 자가 아닌가 한다. 『십지경』에 천상과 인간에 최상이신 이가 가피를 한다 하니 『십지론』에 말하기를 어떤 이가 천상과 인간에 최상인가. 말하자면 모든 부처님 여래이다. 여기에 무슨

과 같음을 회통한 것이다.

疏

言四勝者는 亦如世王하니라 一은 自在勝이니 所作無礙故라 卽經
初句니 言佛無等者는 由離二障하야 解脫自在하야 不染如空하나
니 十地已還이 皆無等故니라 重言等者는 唯與佛等이니 欲顯佛佛
의 等正覺故니라

사승의라고 말한 것은 또한 세상의 왕과 같다.
첫 번째는 자재승이니
소작이 걸림이 없는 까닭이다.
곧 경의 처음 구절이니
부처님은 비등할 수 없이 평등하다고 말한 것은 두 가지 장애를
떠남을 인유하여 해탈 자재하여 물들지 않는 것이 허공과 같나니
십지 이상이 다 비등할 수 없는 까닭이다.
거듭 등等이라고 말한 것은 오직 부처님과 더불어 평등하다는 것이니
부처님과 부처님의 평등하고 바른 깨달음을 나타내고자 한 까닭이다.

뜻이 있는가. 법왕이라는 뜻이 있는 까닭이다. 어찌하여 저가 법왕인 줄
아는가. 첫 번째는 자재가 수승(勝)하고 두 번째는 힘이 수승(勝)하다 운운한
것이다. 이런 이유 때문에 經 자를 釋 자로 고친다고 하나 그대로 두어도
무방하다.

鈔

言四勝下는 二에 釋別相이니 一에 自在勝은 不爲他屈이니 二障卽他니라 二에 力勝은 卽能伏他요 三에 眷屬勝은 卽輔弼豪强이요 四에 種姓勝은 籍胄尊貴니라 不染如空者는 空有多義나 今取不染이라 此含二德이니 以離二障은 卽是斷德이요 能離此者는 卽是智德이니 故下結云호대 等正覺故라하니라 又自在者는 離煩惱障에 則心自在요 離所知障에 則智自在니라 問이라 斷癡는 慧明이요 滅愛는 心脫이니 故淨名云호대 不滅癡愛하고 起於明脫이라하얏거늘 今此何故로 除癡除愛를 皆名心脫고 以但云煩惱故요 事中照用은 爲慧解脫이니 文云 離所知故라하니라 釋曰 二脫이 有二義하니 一은 由解中에 無染之心은 名心解脫이요 照理之智는 名慧解脫이니 是爲心脫은 除愛요 慧脫은 除癡니라 二는 以眞識이 出離愛染은 爲心解脫이요 事中照用은 爲慧解脫이니 則心解脫은 雙離癡愛요 慧解脫은 照事無遺니라 餘經엔 多依前門하고 今論엔 乃是後意니라 十地已還下는 釋佛無等等之言이니 謂過下故로 爲無等이요 以齊上故로 重言於等이라 欲顯佛佛等正覺者는 此遮伏難이니 謂有問言호대 何不但說無等하고 何用重言齊等고할새 故今答云호대 以諸賢聖은 望於下地에 皆名無等이요 而更有上하야 猶未上齊일새 故今唯佛이 方能等佛이니 覺已究竟하사 正覺同也니라

사승의라고 말한 아래는 두 번째 별상을 해석한 것이니
첫 번째 자재승은 저 장애에 굴복하지 않는 것이니 두 가지 장애가

곧 저 장애이다.
두 번째 역승은 곧 능히 저 장애를 굴복시키는 것이요
세 번째 권속승은 곧 보필하는 이가 뛰어나게 강한 것이요
네 번째 종성승은 호적[607]에 자손[608]들이 존귀한 것이다.

물들지 않는 것이 허공과 같다고 한 것은 허공이 수많은 뜻이 있지만 지금에는 물들지 않는다는 뜻을 취한 것이다.
여기에 두 가지 덕을 포함하고 있나니
두 가지 장애를 떠난 것은 곧 이 단덕이요
능히 이 염오를 떠난 것은 곧 이 지덕이니
그런 까닭으로 아래 맺어 말하기를 평등하고 바른 깨달음을 나타내고자 한 까닭이다 하였다.
또 자재하다고 한 것은 번뇌장을 떠남에 곧 마음이 자재한 것이요 소지장을 떠남에 곧 지혜가 자재한 것이다.
묻겠다.
어리석음을 끊은 것은[609] 지혜가 밝은 것이요, 애욕을 제멸한 것은

---

607 원문에 적籍 자는 북장北藏엔 족族 자이다.
608 원문에 주冑는 묘예苗裔니 먼 자손이다. 즉 공명孔明이 현덕玄德에게 말하기를 장군은 제보帝寶의 먼 자손이라 한 것과 같다.
609 원문에 문단치問斷痴 운운은 이 문답을 간파함에 곧 다 어리석음으로써 이 번뇌장을 삼고 그 이후에 또 다분히 어리석음으로써 소지장을 삼은 것은 각각 그 이유가 있나니, 대개 이 어리석음으로써 소지장을 삼은 것은 어리석음이 이 무명이기에 무명이 곧 소지장인 까닭이요, 또 이 어리석음으로써 번뇌장을 삼은 것은 어리석음이 이 십사번뇌十使煩惱의 하나인 까닭이다.

마음이 해탈한 것이니 그런 까닭으로 『정명경』에 말하기를 어리석음과 애욕을 제멸하지 않고 지혜가 밝고 마음이 해탈함을 일으킨다 하였거늘

지금 여기에서는 무슨 까닭으로 어리석음을 제멸하고 애욕을 제멸하는 것을 다 마음이 해탈한 것이라 이름하는가.

다만 번뇌에서[610] 해탈하는 것만을 말하는[611] 까닭이요

사실 가운데 비추는 작용은 지혜해탈[612]이 되는[613] 것이니

초문에 말하기를[614] 소지장을 떠나는 까닭이다 하였다.

해석하여 말하면[615] 두 가지 해탈이 두 가지 뜻이 있나니

첫 번째는 지해 가운데 염착이 없는 마음[616]을 인유한 것은 이름이

---

610 원문에 이단번뇌以但煩惱라고 한 것은 이 위의 『십지론十地論』에 말하기를 번뇌장을 떠남에 곧 마음이 자재하다고 한 것은 어리석음과 애욕이 다 번뇌인 까닭이다.

611 원문에 단운但云이라고 한 아래는 심자재心自在와 심해탈心解脫이다.

612 원문에 혜해탈慧解脫은 지자재智自在이다.

613 원문에 사중조용위혜해탈事中照用爲慧解脫이라고 한 것은 이 위의 『십지론』에 말하기를 소지장을 떠남에 곧 지혜가 자재하다고 한 것은 이 지혜해탈인 까닭이다.

614 원문에 문운리소고文云離所知故라고 한 것은 사실 가운데 비추는 작용을 아는 것이니 소지장이 사실에 미한 까닭이다.

615 원문에 석왈釋曰 이상은 問이요, 석왈釋曰 이하는 答을 해석한 것이다. 이것을 기준한다면 소지장이 후득지의 사실에 미한 까닭으로 소지장을 떠남에 곧 사실을 비추는 것이 유실함이 없는 것이니, 곧 위에 三十二丈下 一行에서 사실에 미한 무명無明을 소지장이라 말한 것이 또한 이것이고, 근본지의 진리에 미한 무명을 소지장이라 말하지 않는 것이 또한 이 뜻이다.

심해탈이요

진리를 비추는 지혜[617]는 이름이 지혜해탈이니

이것은 심해탈은 애욕을 제멸함이 되는 것이요

지혜해탈은 어리석음을 제멸함이 되는 것이다.

두 번째는 진식眞識이 애욕과 염착을 벗어난 것은 심해탈이 되는 것이요

사실 가운데 비추는 작용은 지혜해탈이 되는 것이니

곧 심해탈은 어리석음과 애욕을 함께 떠난 것이요

지혜해탈은 사실을 비추어 유실함이 없는 것이다.

다른 경전에는 다분히 전문前門의 뜻을 의지하고, 지금 『십지론』에는 이에 후문後門의 뜻을 의지하였다.

십지 이상이라고 한 아래는 부처님은 비등할 수 없이 평등하다는 말을 해석한 것이니

말하자면 아래를 지난 까닭으로 비등할 수 없다 하는 것이요

위와 같은 까닭으로 거듭 제등齊等하다고 말한 것이다.

부처님과 부처님의 평등하고[618] 바른 깨달음을 나타내고자 한다고 한 것은 이것은 숨어서 비난함을 막는 것이니

---

616 원문에 무염지심無染之心이라고 한 것은 곧 염심染心은 육염심六染心이다.
617 원문에 조리지지照理之智라고 한 것은 곧 소지장이 이 진리를 미한 무명이니, 이것을 비추는 지혜가 지혜해탈이다. 무리無理라 한 無 자는 照 자가 좋다.
618 원문에 욕현등欲顯等이라고 한 것은 욕현불불등정각欲顯佛佛等正覺이라 할 것이다. 대만본 화엄소초에는 이렇게 되어 있다. 나는 고쳤다.

말하자면 어떤 사람이 물어 말하기를 어찌 다만 비등할 수 없다고만 말하지 않고 어찌 거듭 제등하다고 말함을 쓰는가 하기에 그런 까닭으로 지금 답하여 말하기를 모든 현성은 하지下地를 바라봄에 다 비등할 수 없다 이름하는 것이요

그러나 다시 상지上地가 있어서 오히려 상지와 같지 않기에 그런 까닭으로 지금에 오직 부처님만이 바야흐로 능히 부처님과 제등하다 하는 것이니

깨달음이 이미 구경究竟이어서 바른 깨달음이 같은 것이다.

疏

二는 力勝이니 卽經十力이니 能伏邪智之怨敵故니라

두 번째는 역승이니
곧 이 경에[619] 십력이니 능히 삿된 지혜의 원적을 항복받는 까닭이다.

鈔

二力勝者는 亦是智德이니 多約權智니라 如十力은 是體요 能伏邪智 之怨敵故는 是用이라 然論經言호대 十力無畏等이라하야 總爲力勝 하니 十力은 是體요 無畏는 制外道요 等字는 兼於神力이니 以用降魔 니라 今以無量等言으로 屬下眷屬勝은 以無量字가 該之故요 但將十

---

[619] 원문에 경즉經卽은 즉경卽經이 옳다.

力하야 以爲力勝은 爲順文故니라 若將勝功德言하야 兩處用之인댄 於理無失일새 故今取意니라 能伏邪智는 卽是制外요 其怨敵言은 亦有二用하니 一者는 邪智가 卽爲怨敵이요 二는 怨敵言이 卽是天魔니라

두 번째는 역승이라고 한 것은 또한 지덕이니
다분히 방편지를 잡은 것이다.
저 십력이라고 한 것은 이 자체요
능히 삿된 지혜의 원적을 항복받는 까닭이라고 한 것은 이 작용이다.
그러나 『십지론경』에 말하기를 십력과 사무외 등이라 하여 모두 역승을 삼았으니
십력은 이 자체요,
사무외는 외도를 제어하는 것이요,
등等이라고 한 글자는 신력神力을 겸하고 있나니
마군을 항복받음에 쓸 것이다.
지금에 무량 등[620]이라는 말로써 아래 권속승에 배속한 것은 무량이라는 글자가 그 승공덕을 갖추고 있는 까닭이요
다만 십력을 가져 역승을 삼은 것은 경문을 따르기 위한 까닭이다.
만약 승공덕이라는 말을 가져 두 곳[621]에 사용한다면 저 이치에 허

---

620 원문에 무량등無量等이라고 한 것은 금경今經의 무량승공덕등無量勝功德等이다.
621 원문에 양처兩處란, 여기 역승처力勝處와 아래 권속승처眷屬勝處이니 下六行의 삼처三處 가운데 후이처後二處이다. 下六行은 바로 아래 초문이다.

물이 없기에 그런 까닭으로 지금에는 그 뜻을 취하는[622] 것이다.
능히 삿된 지혜를 항복받는다고 한 것은 곧 외도를 제어하는 것이요
그 원적이라고 말한 것은 또한 두 가지 작용이 있나니
첫 번째는 삿된 지혜가 곧 원적이 되는 것이요
두 번째는 원적이라는 말이 곧 천마天魔이다.[623]

疏

三은 眷屬勝이니 卽無量勝功德과 及人間最勝이요 論經에 卽當無量諸衆首니 謂具功德하야 堪爲衆首일새 故云人間最勝이라하니라 論云호대 諸衆首者는 佛은 於世間에 最上勝故니라

세 번째는 권속승[624]이니
곧 지금 경에 한량없이 수승한 공덕과 그리고 인간에서 가장 수승하

---

[622] 원문에 금취의今取意라고 한 것은 소가가 비록 다만 십력十力의 經을 밝혀 역승力勝을 삼았으나 이미 말하기를 능히 삿된 지혜의 원적을 항복받는다고 하였다면 곧 능히 삿된 지혜의 원적을 항복받는 것이 곧 이 수승한 공덕의 뜻인 것이다.

[623] 원문에 二에 怨敵言이 卽是天魔라고 한 것은 邪智亦是怨敵이라는 것이다. 즉 두 번째 원적이라는 말이 곧 천마라고 한 것은 삿된 지혜가 또한 이 원적이라는 것이다.

[624] 원문에 권속승眷屬勝이라고 한 것은 『십지론十地論』에 말하기를 어떤 것이 모든 부처님의 권속이 수승한 것인가. 보살과 성문과 모든 대중을 섭수하는 까닭이다 하였다. 그렇다면 지금 경에 인간人間이라는 말이 보살과 성문과 모든 대중이라는 말을 모두 갖추고 있다 하겠다.

다 한 것이요

『십지론경十地論經』에 곧 한량없는 모든 대중의 상수라 함에 해당하는 것이니

말하자면 공덕을 구족하여 대중의 상수가 됨을 감당하기에 그런 까닭으로 말하기를 인간에서 가장 수승하다 하였다.

『십지론』에 말하기를 모든 대중의 상수라고 한 것은 부처님은 세간에서 최상으로 수승한[625] 까닭이다 하였다.

鈔

論經等者는 彼經下句云호대 諸佛無等等하야 功德如虛空하며 十力無畏等이 無量諸衆首니 釋迦姓法生하야 人天上作加라하니라 釋曰 由此故로 遠公與論은 皆初二句는 是自在勝이라하야 如虛空言을 獨喩功德거니와 今功德字가 在第二句中하야 屬第三勝하니 則無量勝功德之言이 通於三處하니라 一은 以功德으로 屬自在勝이요 二는 以功德으로 當無畏神通하니 便屬力勝이요 三은 該無量勝功德이니 便屬眷屬勝이라 今疏엔 順文別配故로 但屬眷屬勝이라 次論云호대 諸衆首者下는 引論牒釋이니 則今之經文이 同論釋語하니라

『십지론경』이라고 한 등은 저 『십지론경』의 아래 구절[626]에 말하기를

---

625 원문에 최상승最上勝이라고 한 것은 『십지론十地論』엔 최승상最勝上으로 되어 있다.
626 원문에 피경하구彼經下句란, 此句는 게송초구偈頌初句이니 장행경론長行經論

모든 부처님은 비등할 수 없이 평등하여
그 공덕이 허공과 같으며
십력과 사무외 등이
한량없는 모든 대중의 상수이니
석가의 성姓과 법으로 생기하여
인간과 천상에 가피를 짓는다 하였다.

해석하여 말하면 이 말을 인유한 까닭으로 혜원법사와 더불어 『십지론』은 다 처음에 두 구절은 이 자재승[627]이라 하여 허공과 같다는 말을 오직 공덕에만 비유하였거니와 지금에는 공덕이라는 글자가 제 두 번째 구절 가운데 있어서 제 세 번째 권속승에 배속하였으니 곧 한량없는 수승한 공덕이라는 말이 세 곳에 통하는[628] 것이다.

의 下句일 뿐이다.
627 자재승自在勝이란, 第一이다.
628 원문에 통어삼처通於三處라고 한 것은 초이처初二處는 『십지론경十地論經』의 뜻이고, 제삼처第三處는 곧 지금 경의 뜻이다. 그러나 『십지론경』의 뜻도 또한 갖추고 있나니, 말하자면 제삼처第三處가 한량없는 공덕을 갖추고 있다는 것이다. 제삼처第三處에 승공덕勝功德이라는 세 글자(三字)는 마땅히 제중수諸衆首라는 세 글자(三字)로 지을 것이니, 지금 경은 곧 무량승공덕無量勝功德이라 하였으나 저 『십지론경』에는 무량제중수無量諸衆首라 한 때문이다. 권속이 수승하다는 뜻은 사실 저 『십지론경』이 현시한 것이니, 그런 까닭으로 지금 경에 무량승공덕이라는 말이 저 『십지론경』에 무량제중수라는 말을 갖추고 있다 하겠다. 그러나 지금 경에 제삼처第三處가 원래 무량승공덕無量勝功德을 갖추고 있다 하였거니 다시 어찌 무엇을 갖춘다 말하는가.

첫 번째는 공덕으로써 자재승에 배속한 것이요
두 번째는 공덕으로써 무외신통에 해당시켰으니
곧 역승에 배속한 것이요
세 번째는 한량없이 수승한 공덕을 갖춘 것이니
곧 권속승에 배속한 것이다.
지금 소문에는 경문을 따라 따로 배속한 까닭으로 다만 권속승에만 배속한 것이다.

다음에 『십지론』에 말하기를 모든 대중의 상수라고 한 아래는 『십지론』을 이끌어 첩석한 것이니
곧 지금에 경문이 『십지론』에서 해석한 말과 같다.

疏

四는 種姓勝이니 謂家姓勝故니 卽釋師子法이라 於中又二니 一에 釋師子는 是生家勝이니 謂應生釋姓인 輪王貴胄故니라 諸佛同加호대 偏語釋者는 以現見故며 是主佛故니라 二에 法之一字는 是法家勝이니 謂非但生家勝이라 諸佛이 皆同眞如法中住故니라

네 번째는 종성승이니
말하자면 가문의 종성이 수승한 까닭이니 곧 석사자의 법이다.
그 가운데 또 두 가지가 있나니
첫 번째 석사자는 탄생한 가문이 수승한 것이니

말하자면 응당 석씨의 종성인 전륜왕의 존귀한 자손으로 탄생한 까닭이다.
모든 부처님이 다 같이 가피하되 치우쳐 석가모니만 말한 것은 현재 보는 까닭이며 이 석가모니는 주불인 까닭이다.
두 번째 법이라는 한 글자는 이 법의 집이 수승한 것이니
말하자면 다만 태어난 집만이 수승한 것이 아니라 모든 부처님이 다 같이 진여의 법 가운데 머물러 사는 까닭이다.

疏

由上四義일새 故稱法王이며 名世中上이라 上云二種加者는 一에 具身加는 依法身故니 謂釋師子가 是有法의 所依之身故요 二에 具果加는 證佛果故니 即是世中上과 及別明四勝이 異未成佛之色身故니라 今此는 具德之人이 加金剛藏이라

위에 네 가지 수승한 뜻을 인유하기에 그런 까닭으로 법왕이라 이름하며 세상 가운데 최상이라 이름하는 것이다.
위에 말하기를 이종가피[629]라고 한 것은 첫 번째 구신가具身[630]加는 법신을 의지하는 까닭이니
말하자면 석사자[631]가 이 법이 의지할 바[632] 몸[633]이 있는 까닭이요

---

629 원문에 상운이종가上云二種加란, 영인본 화엄 9책, p.252, 3행이다.
630 구신具身이란, 색신色身이다.
631 석사자는 역시 색신色身을 의미한다.

두 번째 구과가具果加는 불과를 증득한 까닭이니
곧 이것은 세상 가운데 최상인 것과 그리고 네 가지 과승果勝[634]이
성불하지 못한 때의 색신[635]과 다름을 따로 밝힌 것이다.
지금 여기에는 공덕을 구족한 사람[636]이 금강장보살에게 가피하는 것이다.

---

[632] 원문에 유법소의지신有法所依之身이라고 한 것은 법이 의지하는 바 몸이니 법신法身을 말하는 것이다. 즉 석가모니의 색신色身이 이 법신法身을 의지하고 있다는 것이다. 따라서 유법有法이라 한 有 자를 所依之身下에 번역하면 되는 것이다. 그렇게 해야 一에 구신가具身加는 의법신依法身이라는 과목과 일치하는 것이다. 즉 구신가具身加는 석사자釋師子인 색신에 비례하고 법소의지신法所依之身은 의법신依法身인 법신에 비례하는 것이다. 그런데『잡화기雜華記』는 유법有法을 단어로 보아 소유법所有法이라 하여 삼십이상三十二相과 팔십종호八十種好 등의 法은 성불成佛하기 이전의 소유법所有法이니 재가시在家時에 이미 있는 法이라 하고, 혹 유법有法은 과법果法이라 하였다.『유망기遺忘記』도 有法之法身이라 하여 유법有法을 단어로 보아 큰 허물을 초래하였다. 분명히 말하지만 석가모니의 색신이 이 법法이 의지할 바 몸인 법신法身이 있다는 것이다. 즉 그 색신이 법신法身을 의지한다는 것이다.
[633] 원문에 소의지신所依之身이란, 즉 법신法身이다. 색신色身은 능의能依가 되고 법신法身은 소의所依가 된다. 대개 색신色身과 법신法身이 서로 의지하는 까닭이다.
[634] 원문에 사과승四果勝을 북장北藏엔 四勝이라 하니 上에서 말한 사종승의四種勝義이다.
[635] 색신色身이란, 구신具身이다.
[636] 원문에 구덕지인具德之人은 佛이니 能加之人이다. 금강장은 所加之人이다. 즉 부처님이니 능히 가피하는 사람이다. 금강장은 가피 받을 바 사람이다.

鈔

上云二種加下는 結歸第一重이니 總以二加로 加金剛藏故니라 於中에 先結二加니 有法所依之身者는 謂具相好身이 未成佛時에도 已有故로 未是果요 後에 依身修起하야사 方名爲果니라 向約四勝中인댄 則釋師子法을 別開二義니 唯法一字는 名爲法家요 餘則生家니라 今爲二加인댄 則單取釋師子하야 爲具身加하고 總取釋師子法하야 爲具果加니라

위에서 말하기를 이종가피라고 한 아래는 제일중第一重[637]의 해석을 귀결한 것이니
모두 두 가지 가피[638]로써 금강장보살에게 가피하는 까닭이다. 그 가운데 먼저는[639] 두 가지 가피를 맺는 것이니
법이 의지하는 바 몸이 있다고 한 것은 말하자면 상호를 구족한 몸이 성불하지 못한 때에도 이미 법신이 있는 까닭으로 구과具果는 아니고[640] 그 뒤에 몸을 의지하여 수행을 일으켜야 바야흐로 구과具果라고 이름하는 것이다.

---

637 제일중第一重이라고 한 것은 이가석二加釋이고, 이중二重은 사승의석四勝義釋이다.
638 원문에 이가二加는 구신가具身加와 구과가具果加이다.
639 먼저 운운은 먼저는 두 가지 가피를 맺는 것이고 뒤에 지금 여기는 공덕을 구족한 사람이라고 한 아래는 금강장에게 가피하는 것을 맺는 것이다.
640 원문에 미시과未是果 이전은 근본법신根本法身을 말하고 있고, 후의신後依身 이하는 후득後得의 증과신證果身(具果身)을 말하고 있다.

향래에 네 가지 승勝의 가운데를 잡는다면 곧 석사자의 법을 따로 두 가지로 열어서 말할 수 있나니
오직 법이라는 한 글자는 이름이 법의 집이 되는 것이요
나머지는 곧 태어난 집이 되는 것이다.
지금에 두 가지 가피를 삼는다면 곧 석사자만을 단적으로 취하여 구신가具641身加를 삼고 석사자의 법을 모두 취하여 구과가具果加를 삼는 것이다.

---

641 원문 爲 자 아래에 具 자가 있어야 좋다.

經

佛子當承諸佛力하야 **開此法王最勝藏**하며
諸地廣智勝妙行을　**以佛威神分別說**이어다

불자여,[642] 마땅히 모든 부처님의 위신력을 받아
이 법왕의 가장 수승한 법장을 열며
모든 지위의 광대한 지혜와 수승하고 묘한 행을
부처님의 위신력으로써 분별하여 설할 것입니다.

疏

第二偈에 **加所爲者**는 **欲令開現法藏義故**니라

제 두 번째 게송에 가피하는 바는 하여금 법장의 뜻을 열어 나타내게 하고자 하는 까닭이다.

鈔

第二偈에 **加所爲疏中**에 **初總辯意**니 **令開法藏**하야 **示顯現故**니라

---

642 불자여 운운은 『십지경』에는 모든 부처님의 위신력을 받아/ 법왕의 법장을 열며/ 모든 지위의 최상의 묘한 행으로/ 모든 지위의 뜻을 분별한다 하여 다섯 자로 게송이 되어 있다.

제 두 번째 게송에 가피하는 바라고 한 소문 가운데 처음에는 그 뜻을 한꺼번에 분별한 것이니
하여금 법장을 열어 시현하게 하는 까닭이다.

疏

文中에 初句及下句에 以佛威神은 是說所依요 餘文은 正辯所爲라 開勝藏一句는 是總이요 下十字는 是別이라 別歎勝藏이 有其二種하니 一은 義藏成就요 二는 字藏成就라 義藏은 卽勝妙行이니 行者는 諸菩薩行이니 所謂助道法故요 妙者는 眞實智故니 卽是證道요 勝者는 神力勝故니 是不住道라 染淨無礙일새 故云神力이라하니 如是顯示深妙勝上之義니라 二에 字藏者는 卽諸地廣智와 及分別說이니 謂說十地의 差別相故니라 上擧法請은 竟이라

경문 가운데 처음 구절과 그리고 아래 구절에 부처님의 위신력이라고 한 것은 이것은 의지하는 바를 설한 것이요
나머지 경문은 가피하는 바를 바로 분별한 것이다.
수승한 법장을 연다고 한 한 구절은 이 총이요
아래 열 자(十字)는 이 별이다.
수승한 법장을 따로 찬탄한 것이[643] 그 두 가지가 있나니

---

643 수승한 법장을 따로 찬탄한 것이라고 한 등은 『십지론』에 이 법장을 찬탄함에 두 가지가 있나니 첫 번째는 의장을 성취하는 것이요 두 번째는 자장을 성취하는 것이다. 어떤 것이 의장인가. 게송에 모든 지위의 최상으로 묘한

첫 번째는 의장義藏을 성취하는 것이요

두 번째는 자장字藏을 성취하는 것이다.

의장이라고 한 것은 곧 수승하고 묘한 행이니

행이라고 한 것은 모든 보살의 행이니 말하자면 조도助道의 법인 까닭이요

묘하다고 한 것은 진실한 지혜인 까닭이니 곧 이것은 증도요

수승하다고[644] 한 것은 위신력이 수승한 까닭이니 이것은 부주도不住道이다.

염정에 걸림이 없기에 그런 까닭으로 말하기를 위신력이다 하였으니 이와 같이 깊고[645] 묘하고 수승하고 최상한 뜻을 현시한 것이다.

두 번째 자장이라고 한 것은 곧 모든 지위의 광대한 지혜와 그리고 분별하여 설하는 것이니

말하자면 십지의 차별한 모습을 설하는 까닭이다.

이상에 법을 들어 청한 것은 마친다.

　　행이라 말한 것이다. 행이라고 한 것은 모든 보살의 행이니 말하자면 조도의 법인 까닭이요 묘하다고 한 것은 진실한 지혜인 까닭이요 최상이라고 한 것은 위신력이 수승한 까닭이니 이와 같이 깊고 묘하고 최상인 뜻을 현시하는 까닭이다. 어떤 것이 자장인가. 게송에 모든 지위의 뜻을 분별한다 한 것이니 분별한다고 한 것은 십지의 차별을 설하는 까닭이다 하였다.

644 원문에 승자勝者는 신력고神力故라고 한 것은 『십지론』에는 상자上者는 신력승고神力勝故라 하여 최상이라고 한 것은 위신력이 수승한 까닭이다 하였다.

645 이와 같이 깊고 운운한 것은 깊다고 한 것은 조도법이고 묘하다고 한 것은 증도이고 수승하고 최상하다고 한 것은 부주도이다.

鈔

是說所依者는 依佛神力하야 說故니라 故論問云호대 此偈中에 何故로 顯承佛力說고 答이라 有衆生이 於如來所에 生輕慢想호대 以自不能說하고 請他而說고할새 爲遮此故로 顯是承力이라하니 非佛不能이라 開勝藏者는 即開此法王의 最勝藏句니라 然此勝藏이 屬於如來일새 故云開法王藏이라하니라 義藏은 即是地體요 字藏은 即是地教라 染淨無礙일새 故云神力者는 謂經但云勝이라하나 論名爲上者는 神力勝이라할새 故疏會釋하야 謂不住道라하니 處生死而不染은 不礙涅槃이요 在涅槃而不證은 不礙生死니 是爲染淨無礙니라 又論但名行은 爲助道라하나 其證不住는 疏例論釋이니 以義順故니라 論舉一隅耳니라 如是顯示深妙勝上之義者는 總結義藏이니 深은 即助道니 助道가 能窮實故라 故說爲深이요 妙는 結證道요 勝上二字는 同結不住라 論經云上이라하고 今經云勝이라하나 論結雙明勝上이라 二에 字藏者는 即諸地廣智와 及分別說은 若望經文에 分別說言인댄 通說二藏거니와 以論經엔 云分別智地義一句로 爲字藏하니 今取文同일새 故合第三句에 四字와 及第四句에 三字하야 當之하니라

이것은 의지하는 바를 설한 것이라고 한 것은 부처님의 위신력을 의지하여 설한 까닭이다.
그런 까닭으로 『십지론』[646]에 물어 말하기를 이 게송 가운데 무슨 까닭으로 부처님의 위신력을 받아 설함을 현시하는가.

---

646 원문에 논論이란, 역시 『십지론十地論』 제이권第二卷이다.

답하겠다.

어떤 중생이 여래의 처소에서 경만한 생각을 내되 스스로 능히 설하지 않고 다른 사람을 청하여 설하게 하는가 하기에 이 말을 막기 위한 까닭으로 부처님의 위신력을[647] 받아 설함을 현시하였을 뿐이다 하였으니

부처님이 능력이 없다는 것이 아니다.

수승한 법장을 연다고 한 것은 곧 이 법왕의 가장 수승한 법장을 연다고 한 구절이다.

그러나 이 수승한 법장이 여래에게 속하기에 그런 까닭으로 말하기를 법왕의 법장을 연다 하였다.

의장이라고 한 것은 곧 이것은 십지의 자체요

자장이라고 한 것은 곧 이것은 십지의 교법이다.

염정에 걸림이 없기에 그런 까닭으로 말하기를 위신력이라 한다 한 것은 말하자면 이 경에는 다만 수승하다고만 말하였으나 『십지론』에는[648] 최상이라고 한 것은 위신력이 수승함이 된다고 이름하였기에 그런 까닭으로 소가가 회석하여 말하기를 부주도라 하였으니 생사에 거처하되 물들지 않는 것은 열반에 걸리지 않는 것이요 열반에 있으되 증득하지 않는 것은 생사에 걸리지 않는 것이니

---

647 부처님의 위신력 운운은 『십지론』에는 이 말을 막기 위한 까닭으로 이와 같이 청하여 법을 설하게 할 뿐이다 하였으나 청량스님은 묻는 말에 부처님의 위신력을 받아 설함을 현시하는가 한 말에 맞추어 부처님의 위신력을 받아 설함을 현시하였을 뿐이다 하였다.

648 『십지론』 운운은 『십지론十地論』에 上者는 신력승고神力勝故라 하였다.

이것이 염정에 걸림이 없는 것이 되는 것이다.
또 『십지론』에는 다만 행이라고 한 것은 조도의 법이 된다고만 이름하였으나 그 중도와 부주도는 소가가 『십지론』의 조도에 비례하여 해석[649]한 것이니 뜻으로써 수순한 까닭이다.
『십지론』에는 한 모서리인 조도만 거론하였을 뿐이다.

이와 같이 깊고 묘하고 수승하고 최상한 뜻을 현시한 것이라고 한 것은 모두 의장義藏을 맺는 것이니
깊다고 한 것은 곧 조도이니 조도가 능히 진실을 궁구하는 까닭이다.
그런 까닭으로 말하기를 깊다고 하는 것이요
묘하다고 한 것은 중도를 맺는 것이요
수승하고 최상이라고 한 두 글자는 다 부주도를 맺는 것이다.
『십지론경』에는 상上이라고 말하고 지금 경에는 승勝이라고 말하였으나 『십지론』에는 맺어서[650] 승勝과 상上을 함께 밝혔다.

두 번째 자장이라고 한 것은 곧 모든 지위의 광대한 지혜와 그리고 분별하여 설하는 것이라고 한 것은 만약 경문에 분별하여 설한다는 말을 바라본다면 이장二藏을 통설한 것이어니와, 『십지론경』에는

---

[649] 원문에 소례론석疏例論釋이라고 한 것은 소가가 『십지론十地論』에 行으로써 조도를 삼는다고 한 것에 비례하여 해석하였다는 것이다.
[650] 원문에 논결論結이란, 『십지론十地論』에 行, 妙, 上을 낱낱이 설명하고 마지막에 결론적으로 如是顯示 深, 妙, 勝, 上故라 한 것을 말한다. 즉 이와 같이 깊고 묘하고 수승하고 최상한 뜻을 현시한 까닭이라 한 것을 말한다.

지지智地의 뜻을 분별한다고 말한 한 구절로 자장을 삼았으니 지금에는 문장이 같은 것만 취하기에 그런 까닭으로 제삼구에 네 글자와 그리고 제사구에 세 글자[651]를 합하여 그 자장에 해당시킨 것이다.

---

651 원문에 第三句에 네 글자(四字)는 제諸·지地·광廣·지智요, 第四句에 세 글자(三字)는 분分·별別·설說이다.

經

若爲善逝力所加인댄 當得法寶入其心하며

만약 선서의 위신력으로써 가피하는 바가 된다면
마땅히 법보가 그 마음에 들어감을 얻으며

疏

第二에 擧益請者는 顯所說法利他가 有三時益故라 二偈分三하리니 初半偈는 聞時益이니 若得上加인댄 則法寶入心하야 成聞持故니라

제 두 번째 이익을 들어 청하는 것은 법을 설하여 다른 사람을 이익케 하는 바를 나타내는 것이 삼시三時의 이익이 있는 까닭이다.
두 게송을 세 가지로 나누리니
처음에 반 게송은 문시聞時의 이익이니
만약 위로 부처님의 가피를 얻는다면 곧 법보가 마음에 들어가 듣고 받아가짐을 이루는 까닭이다.

鈔

若得上加者는 正順解脫月이 雙歎人法請에 說此不思議法하소서 此人이 當得如來護念하야 而生信受하리다하니 由法勝故로 則得佛加

하고 得佛加故로 法寶入心하고 法寶入心하면 卽是聞持니라 旣由法勝故加인댄 明是擧法의 勝益하야 以請이라

만약 위로 부처님의 가피를 얻는다면이라고 한 것은 바로 해탈월보살이 사람과 법을 함께 찬탄하여 청함에[652] 이 사의할 수 없는 법을 설하세요. 이 사람들이 마땅히 여래의 보호하고 염려해 주심을 얻어 믿고 받아가지는 마음을 생기할 것입니다 한 것을 따른 것이니 법이 수승함을 인유한 까닭으로 곧 부처님의 가피를 얻고, 부처님의 가피를 얻은 까닭으로 법보가 마음에 들어감을 얻고, 법보가 마음에 들어가면 곧 듣고 받아가지는 것이다.

이미 법이 수승함을 인유한 까닭으로 가피하였다면 분명히 이것은 법의 수승한 이익을 들어 청한 것이다.

---

[652] 원문 請 자 아래에 分別 두 글자(二字)가 있어야 한다. 영인본 화엄 9책, p.219, 1행 원문에는 分別說此不思議法이라 하여 있다. 즉 이 사의할 수 없는 법을 분별分別하여 설하세요 하여 分別이라는 두 글자가 있다는 것이다.

經

諸地無垢次第滿하고 亦具如來十種力하리다

모든 지위의⁶⁵³ 때가 없는 행을 차례로 원만히 하고
또한 여래의 열 가지 힘을 구족할 것입니다.

疏

次半頌은 修時益이니 上句는 修時因圓이요 下句는 所修果滿이라

다음에 반 게송은 수시修時⁶⁵⁴의 이익이니
위에 구절은 닦을 때의 원인이 원만한 것이요
아래 구절은 닦은 바 결과가 원만한 것이다.

---

653 원문에 제불諸佛이라 한 佛 자는 地 자가 옳다. 따라서 고쳐 번역하였다.
654 수시修時라고 한 것은 『십지론十地論』엔 수행시修行時라 하였다.

經

雖住海水劫火中이라도 堪受此法必得聞거니와
其有生疑不信者는　　永不得聞如是義하리다

비록 바닷물 가운데나 겁화劫火655 가운데 머물지라도
이 법을 감당하여 받는다면 반드시 들음을 얻을 것이어니와
그 법에 의심을 내어 믿지 아니함이 있는 사람은
영원히 이와 같은 뜻을 들음을 얻을 수 없을 것입니다.

疏

後一偈는 轉生時益이니 卽具堅種人이라 上半은 順明이니 明有信
之益이요 下半은 反顯이니 擧無信之損이라

뒤에 한 게송은656 전생시轉生時의 이익657이니
곧 견고한 종성을 갖춘 사람이다.
위에 반 게송은 순으로 밝힌 것이니

---

655 겁화劫火라고 한 것은 겁진화劫盡火이니 겁劫이 다하여 생기生起하는 불. 혹 겁이 다하여 불이 생기는 것을 말한다.
656 뒤에 한 게송 운운은 이 소문의 여섯 가지 가운데 첫 번째는 그 뜻의 총괴總科를 나타낸 것이다.
657 원문에 전생시익轉生時益이라고 한 것은 말하자면 금생에 이 경을 듣고 후시後時에 전전히 저 팔난처八難處 가운데 태어날지라도 이 경을 들음에 곧 받아가지는 까닭으로 전생시익轉生時益이라 말하는 것이다.

믿음이 있는 사람의 이익을 밝힌 것이요
아래 반 게송은 반대로 나타낸 것이니
믿음이 없는 사람의 손해를 거론한 것이다.

鈔

卽具堅種人은 謂具金剛種이니 雖在八難이라도 而得聞經은 以彰聞
經益之深遠하며 種子無上이니 故地獄天子가 三重頓圓하니라

곧 견고한 종성을 갖춘 사람이라고 한 것은 말하자면 금강의 종성을
갖춘 사람이니, 비록 팔난八難에 있을지라도 이 경을 들음을 얻는
사람은 경을 들은 이익이 깊고 멀며 종자가 더 이상 없음을 밝힌
것이니
그런 까닭으로 지옥의 천자가 삼중에 돈원(三重頓圓)한 것이다.

疏

論經엔 但有順明하니 偈云호대 雖在於大海와 及劫盡火中이라도
決定信無疑하면 必得聞此經이라하니 今經堪受는 卽決定信義라
此中大意云인댄 若有信有機하야 爲堪受者는 無問惡道와 善道와
難處生하고 皆得聞經이라 以難不障聞일새 故言雖也요 海水劫火
는 卽是轉生難處니라

『십지론경』에는[658] 다만 순으로 밝힌 것만 있나니

『십지경』 게송에 말하기를

비록 큰 바다와
그리고 겁진화[659] 가운데 있을지라도
결정코 믿어 의심이 없다면
반드시 이 경을 들음을 얻을 것이다 하였으니

지금 경에 감당하여 받는다고 한 것은 곧 『십지경』에 결정코 믿는다고 한 뜻이다.
이 가운데 대의를[660] 말한다면 만약 믿음이 있고 근기가 있어 감당하여 받는 사람은 악도와 선도와 팔난처에 태어남을 묻지 않고 다 이 경을 들음을 얻는다는 것이다.
팔난이[661] 이 경을 들음을 장애할 수 없기에 그런 까닭으로 비록(雖)이라고 말한 것이요

---

658 『십지론경』 운운은 소문의 여섯 가지 가운데 두 번째 이경二經을 회통하는 것이다.
659 겁진화劫盡火라고 한 것은 겁화劫火, 겁소劫燒라 하나니, 괴겁시壞劫時에 일곱 개의 해가 하늘에 나타나 초선천까지 태운다고 한다.
660 이 가운데 대의 운운은 소문의 여섯 가지 가운데 세 번째 경문의 뜻을 한꺼번에 나타낸 것이다.
661 팔난이 운운은 소문의 여섯 가지 가운데 네 번째 『십지론』으로 지금 경문을 해석한 것이고, 다섯 번째는 영인본 화엄 9책, p.268, 5행에 따로 의취를 펴는 것이고, 여섯 번째는 영인본 화엄 9책, p.269, 9행에 문답하여 헤아린 것이다.

바닷물 가운데나 겁화 가운데라고 한 것은 곧 팔난처에 전전히 태어남을 말한 것이다.

鈔

今經堪受卽決定信義者는 正會釋也호대 若無信心인댄 在善道中이라도 尙不得聞거든 況惡道耶아하고 故次辯大意호대 若有信心인댄 難處尙聞거든 況非難處아하니라 以難不障下는 第四에 以論釋文이라 於中에 但釋前半하니 後半은 總科之中에 以出大意竟하니라 就釋前半中하야 疏文有二하니 先은 總明이라 此言有二意하니 一者는 成上所以니 不問難不難者는 以不信障聞이언정 非難障聞故니라 二者는 卽躡此意하야 以釋雖字니 雖者는 縱奪之詞니 言含得失이라 八難是惡이나 而不障聞일새 故雖難이나 而非難也니라 言海水劫火는 卽是轉生難處者는 卽總指經文이니 釋論의 轉生之義니라

지금 경에 감당하여 받는다고[662] 한 것은 곧 『십지경』에 결정코 믿는다고 한 뜻이라고 한 것은 바로 회석하되 만약 신심이 없다고 한다면 선도 가운데 있을지라도 오히려 들음을 얻을 수 없거든 하물며 악도이겠는가 한 것이요

그런 까닭으로 다음[663]에는 대의를 분별하되 만약 신심이 있다고 한다면 팔난처에서도 오히려 들을 수 있거든 하물며 팔난처가 아닌

---

662 원문 受 자 아래 等 자는 소문에는 없다.
663 원문에 차次란, 결정신의決定信義라고 한 아래를 말하는 것이다.

곳이겠는가 한 것이다.

팔난이 이 경을 들음을 장애할 수 없다고 한 아래는 네 번째[664] 『십지론』으로써 지금에 경문을 해석한 것이다.
그 가운데 다만 앞에 반 게송만 해석하였으니 뒤에 반 게송은 총과[665] 가운데 이미 대의를 설출하여 마쳤기 때문이다.
앞의 반 게송을 해석한 가운데 나아가 소문이 두 가지[666]가 있나니 먼저는 한꺼번에 밝힌 것이다.
이 말에 두 가지 뜻이 있나니
첫 번째는 위에 말을 성립하는 까닭이니
팔난처와 팔난처가 아닌 곳을 묻지 않는다고 한 것은 믿지 않는 것이 들음을 장애할지언정 팔난이 들음을 장애할 수는 없는 까닭이다.
두 번째는 곧 이 뜻을 밟아 비록이라는 글자(雖字)를 해석한 것이니 비록이라고 한 것은 종縱으로 빼앗는 말이니
그 말이 득과 실을 포함하고 있다.
팔난이 이 악도이지만 들음을 장애할 수 없기에 그런 까닭으로 팔난이지만 팔난이 아닌 것이다.

---

664 네 번째란, 소문의 여섯 가지 가운데 제 네 번째이다.
665 총과總科란, 영인본 화엄 9책, P.262, 9행에 뒤에 한 게송 운운으로 소문의 여섯 가지 가운데 첫 번째 총과이다.
666 두 가지란, 먼저는 한꺼번에 밝힌 것이고 뒤에는 따로 해석한 것이다.

바닷물 가운데나 겁화 가운데라고 한 것은 곧 팔난처에 전전히 태어남을 말한 것이라고 한 것은 곧 경문을 한꺼번에 가리킨 것이니 『십지론』에 전생시轉生時라고[667] 한 뜻을 해석한 것이다.

疏

大海는 卽是惡道니 畜生趣故라 故論云호대 龍世界長壽도 亦得聞此經하나니 偈言호대 雖在於大海故라하니라 而言長壽者는 如有經說호대 右脇著地하야 未動之間에 已經賢劫의 千佛出世하며 更一轉亦爾하나니 但暫臥息에도 尙爾어든 況其一生가하니라

큰 바다라고 한 것은 곧 악도이니 축생취인 까닭이다.
그런 까닭으로 『십지론』에 말하기를 용의 세계와 장수천도 또한 이 경을 들음을 얻나니 게송에 말하기를 비록 큰 바다에 있을지라도 라고 한 까닭이다 하였다.
장수천이라고 말한 것은 어떤 경에 말하기를 오른쪽 옆구리를 땅에 붙여 미동도 하지 않는 사이에 이미 현겁의 천불이 출세함을 지나며 다시 한 번 전변함에도 또한 그러하나니 다만 잠시 누워서 쉼에도 오히려 그러하거든 하물며 일생이겠는가 한 것과 같다.

---

667 『십지론』에 전생시轉生時라고 한 것은 『십지론』에 어떤 것이 전생시轉生時의 이익인가 하니 게송에 비록 큰 바다와 / 그리고 겁진화劫盡火 가운데 있을지라도 / 결정코 믿어 의심치 않는다면 / 반드시 이 경을 들음을 얻을 것이다 하였다.

鈔

大海卽是惡道下는 第二에 別釋也라 先은 釋海水堪聞이니 以龍宮에 有經故며 龍至佛會故니라

큰 바다라고 한 것은 곧 악도라고 한 아래는 두 번째 따로 해석한 것이다.
먼저는 바닷물 속에서도 감당하여 들음을 해석한 것이니 용궁에 경전이 있는 까닭이며 용이 부처님의 회상에 이르는 까닭이다.

疏

劫火中者는 卽是善趣니 論云호대 雖在色界光音天等이라도 亦得聞此經하나니 偈言호대 及劫盡火中故라하니 此卽指二禪已上하야 爲長壽天難하니라 然論엔 無長壽之言하고 而前龍趣에 却有長壽어니와 且三惡爲難은 不必長壽어늘 恐是譯人이 誤將此中長壽하야 入於前文하니라 然二經中에 文皆巧略하니 若具인댄 應言호대 劫盡火起時에 在光音天中이라하리라 故論爲此釋하니 以火起時에 初禪無人이라도 二禪은 不爲其壞일새 於中得聞故니라 等言은 等取三禪四禪에 免水風災하는 長壽天難과 乃至無色에도 亦皆得聞이니 今엔 擧初攝後하며 及對水成文일새 故云劫火라하니라 案智論等인댄 通上二界가 除五淨居하고는 皆長壽難이라하니라

今不取初禪者는 以彼有梵王이 多好說法하고 有覺有觀하야 聞法障輕하며 又正已燒일새 故不說之니라

겁화 가운데라고 한 것은 곧 선취이니
『십지론』에 말하기를 비록 색계 광음천 등에 있을지라도 또한 이 경을 들음을 얻나니 게송에 말하기를 그리고 겁진화 가운데라고 한 까닭이다 하였으니
이것은 곧 이선천 이상을 가리켜서 장수천난[668]을 삼은 것이다. 그러나 『십지론』에는 장수천이라는[669] 말이 없고 앞의 용취에 도리어 장수천이 있거니와
또한 삼악취가 팔난이 되는 것은 반드시 장수천이 아니거늘 이것을 번역하는 사람이 잘못 이 가운데[670] 장수천을 가져 전문前文[671]에 용취의 장수천에 섭입시킬까 염려한다.
그러나 『십지경』과 이 경[672]의 두 경전 가운데 경문이 다 교묘하게 생략되었으니
만약 갖추어 말한다면 응당 말하기를 겁진화가 생기할 때에 광음천 가운데 있을지라도라고 해야 할 것이다.
그런 까닭으로 『십지론』에 이 해석[673]을 하였으니 겁화가 생기할

---

668 장수천난長壽天難은 팔난八難의 하나이다.
669 『십지론』에는 장수천 운운은 이 겁화劫火 중 논문에는 장수천이라는 말이 없고 대해大海 중 논문에는 있다는 것이다.
670 원문에 차중此中이란, 劫火中善趣니, 즉 겁화 가운데 선취이다
671 전문前文이란, 대해大海 가운데 의취이다.
672 원문에 이경二經이란, 『십지경十地經』과 차경此經이다.

때에 초선천은 무너져 사람이 없을지라도 이선천은 그 겁화에 무너지지 않기에 그 가운데서 들음을 얻는 까닭이다.

등이라고 말한 것은 삼선과 사선에 수재와 풍재[674]를 면하는 장수천난[675]과 내지 무색계에도 또한 다 들음을 얻는다는 것을 등취한 것이니

지금에는 처음 화겁을 들어 뒤에 수겁과 풍겁을 섭수하며 그리고 수겁을 상대하여 경문을 성립하기에 그런 까닭으로 말하기를 겁화라 하였다.

『지도론』[676] 등을 안찰한다면 위에 두 세계[677]가 오정거천을 제외하고는 다 장수천난에 통한다 하였다.

지금[678]에 색계 초선천을 취하지 아니한 것은 저 초선천에 있는 범천왕[679]이 다분히 설법하기를 좋아하고 깨달음이 있고 관찰함이

---

673 원문에 차석此釋이란, 영인본 화엄 9책, p.264, 7행에 論云 雖在色界 운운이니, 즉 『십지론』에 말하기를 비록 색계 광음천 등에 있을지라도 운운한 것이다.

674 火災는 初禪을 壞하고 水災는 二禪을 壞하고 風災는 三禪을 壞한다. 즉 화재는 초선을 무너뜨리고, 수재는 이선을 무너뜨리고, 풍재는 삼선을 무너뜨린다는 것이다.

675 장수천난長壽天難까지는 색계色界이다.

676 『지도론』 운운은 『지도론』에서 사사四師가 해석한 것을 모두 취하여 말하는 까닭이니 앞에 두 스님의 해석은 다 오직 무색계만 말하고 뒤에 두 스님의 해석은 다 오직 색계만 말하나니 그런 까닭으로 네 스님의 해석을 통합한 연후에사 바야흐로 위에 두 세계가 다 장수천에 통한다 할 것이다. 『지도론』의 사사四師 해석은 초문에 있으니 살펴볼 것이다.

677 원문에 상이계上二界란, 색계色界와 무색계無色界이다.

678 원문에 今이란, 지금 『십지론十地論』이다.

있어서 법을 듣는 장애가 가벼우며
또 바로 이미 겁화가 태웠기에 그런 까닭으로 초선천을 말하지
않는 것이다.

鈔

此卽指二禪下는 二에 會釋論文이니 以論에 云光音天已上故니라 然
二經中下는 三에 以論會經이라 言巧略者는 下云若具應言은 卽顯經
意니 文中是略이요 而云巧者는 下云擧初攝後하며 對水成文이 此卽
巧也니라 等言等取下는 第四에 釋論等字라 於中二니 先은 顯論包含
이라 劫盡有三하니 謂水火風이니 火壞初禪이라도 二禪已上은 得聞
하고 水壞二禪이라도 三禪已上은 得聞하고 風壞三禪이라도 四禪已上
은 得聞故니라 劫火言은 亦是火劫이니 異水風劫故니라 論經云호대
劫盡火中者는 正取二十住劫已終하며 又十九劫에 壞有情竟을 名
爲劫盡이요 一劫壞器를 名爲火中이라 今擧初攝後下는 二에 顯經之
巧니 擧火劫攝於水風은 顯義巧也요 對上海水하야 而云劫火는 顯文
巧也니 此言切對니라 長壽天이 所以得聞者는 以彼有天이 曾從佛聞
하고 而爲說法故요 二는 能下就佛하야 而聽法故니 如初列衆處說하
니라 皆由信故로 難不爲難거니와 其爲難者는 未曾聞熏하고 耽禪味
故니라 按智論等下는 五에 會長壽寬狹이라 卽智論三十八云호대 長
壽天者는 謂非想非非想天이니 處八萬大劫故니라 或有人云호대 一
切無色定을 通名長壽니 以無形可化故로 不任得道하고 常是凡夫

---

679 원문에 범왕梵王이란, 색계色界 초선천왕初禪天王이다.

處故라하며 或說호대 無想天을 名爲長壽니 亦不任得道故라하며 或說호대 從初禪으로 至四禪히 除淨居天하고는 皆名長壽니 以著禪味邪見하야 不能受道故라하니 上卽智論이라 等言은 等取梁攝論과 及成實論이니 皆同智論의 第四師說하니라 上諸論意가 皆以上에 二界壽長이며 又耽禪味하야 不任受道일새 故爲難處어니와 今有信心인댄 並非是難하니라 今不取初禪者는 明論小狹이니 二因故除하니 一에 有覺觀은 義通餘處요 二에 正燒者는 正順論文이라 若說初禪하야 爲長壽天難인댄 無由得說火劫이어니와 今火燒初禪하야 初禪無人일새 故約二禪已上에 得聞이니 長壽之難에도 得聞이니라

이것은 곧 이선 이상을 가리킨다고 한 아래는 두 번째[680] 『십지론』 문을 회석한 것이니
『십지론』에는 광음천 이상을 말한 까닭이다.
그러나 『십지경』과 이 경의 두 경전 가운데라고 한 아래는 세 번째 『십지론』으로써 경을 회석한 것이다.
교묘하게 생략하였다고 말한 것은 아래에 말하기를 만약 갖추어 말한다면 응당 말하기를이라고 한 것은 곧 경의 뜻을 나타낸 것이니 경문에 생략한 것이요
교묘하다고 말한 것은 아래에 말하기를 처음 화겁을 들어 뒤에 수겁과 풍겁을 섭수하며 수겁을 상대하여 경문을 성립한다고 한

---

680 두 번째 운운은 이 소문의 다섯 가지 가운데 첫 번째는 겁화 가운데 운운은 바로 경문을 해석한 것이다. 그리고 여기는 제 두 번째이다.

것이 이것이 곧 교묘하다는 것이다.

등이라고 말한 것은 등취한 것이라고 한 아래는 제 네 번째『십지론』에 등等이라는 글자를 해석한 것이다.
그 가운데 소문이 두 가지가 있나니
먼저는 『십지론』에 포함한 것을 나타낸 것이다.
겁진劫盡이 세 가지가 있나니
말하자면 화겁과 수겁과 풍겁이니, 화재가 초선천을 무너뜨릴지라도 이선천 이상은 들음을 얻고, 수재가 이선천을 무너뜨릴지라도 삼선천 이상은 들음을 얻고, 풍재가 삼선천을 무너뜨릴지라도 사선천 이상은 들음을 얻는 까닭이다.
겁화라고 말한 것은[681] 또한 화겁이니 수겁과 풍겁과는 다른 까닭이다.
『십지론경』에 말하기를 겁진화 가운데라고 한 것은 이십주겁이 이미 마친 것을 바로 취한 것이며
또 십구겁[682]에 유정을 무너뜨려 마친 것을 이름하여 겁진이라 하는 것이요
일겁[683]에 기세간을 무너뜨린 것을 이름하여 화중이라 하는 것이다.

---

681 원문에 겁화언劫火言이라고 한 등은 겁화劫火는 화재火災를 잡은 것이고, 화겁火劫은 화재가 생기할 때(時分)를 가리키는 것이니, 즉 수겁水劫, 풍겁風劫을 상대하여 화겁火劫이라 하는 것이다.
682 십구겁十九劫이란, 괴겁壞劫 가운데 前十九劫이다.
683 일겁一劫이란, 괴겁壞劫 가운데 後一劫이다.

지금에는 처음 화겁을 들어 뒤에 수겁과 풍겁을 섭수한다고 한 아래는 두 번째 경문이 교묘함을 나타낸 것이니

화겁을 들어 수겁과 풍겁을 섭수한다고 한 것은 뜻이 교묘함을 나타낸 것이요

위에 바닷물을 상대하여 겁화라고 말한 것은 문장이 교묘함을 나타낸 것이니 이 말은 친절한 상대이다.

장수천이 들음을 얻는 까닭은 저 장수천에 있는 천인들이 일찍이 부처님을 좇아 법문을 듣고 법을 설하는 까닭이요

두 번째는 능히 아래로 부처님께 나아가 법문을 듣는 까닭이니 처음 대중을 열거한 처소[684]에서 설한 것과 같다.

다 믿음을 인유한 까닭으로 팔난이 어려움이 되지 않거니와 그 팔난이 어려움이 되는 것은 일찍이 듣고 훈습하지 않고 선미禪味에만 탐착한 까닭이다.

『지도론』 등을 안찰한다고 한 아래는 다섯 번째 장수천의 관대하고 협소함을 회석한[685] 것이다.

곧 『지도론』 삼십팔권에 말하기를 장수천이라고[686] 하는 것은 비상비

---

684 원문에 초열중처初列衆處란, 세주묘엄품世主妙嚴品이다.
685 원문에 회장수관협會長壽寬挾이라고 한 것은 지금에 『십지론』은 장수천을 좁게 설명하였으니 초선천을 취하지 아니한 까닭이고, 『지도론』은 넓게 설명하였나니 위에 색계色界와 무색계無色界를 다 취한 까닭이다. 그리고 저 『지도론』의 사사四師가 말한 것을 합하여 모두 다 취한 까닭으로 넓게 설명하였다 할 것이다.

비상천을 말하는 것이니 팔만대겁토록 거처하는 까닭이다.

혹 어떤 사람은[687] 말하기를 일체 사무색정을 모두 장수천이라 이름하나니 형상으로 가히 교화할 수 없는 까닭으로 득도를 감임하지 않고 항상 범부 가운데 거처하는 까닭이다 하며

혹은 말하기를[688] 무상천을 장수천이라 이름하나니 또한 득도를 감임하지 않는 까닭이다 하며

혹은 말하기를[689] 초선천으로 좇아 제 사선천에 이르기까지 오정거천을 제외하고는 다 장수천이라 이름하나니 선미와 사견에 탐착하여 능히 도를 받지 않는 까닭이다 한다 하였으니

이상은 곧 『지도론』의 말이다.

등이라고 말한 것은 『양섭론』과 그리고 『성실론』을 등취한 것이니 다 『지도론』에 제사사[690]의 설과 같다.

이상에 모든 논의 뜻이 다 위에 두 세계[691]가 수명이 길며 또 선미에

---

686 장수천 운운은 제일사이다.
687 혹 어떤 사람 운운은 제이사이다.
688 혹은 말하기를 운운은 제삼사이다.
689 혹은 말하기를 운운은 제사사이다.
690 第三師는 第四師가 옳다. 『잡화기』는 혹 제일사第一師의 뜻은 논주의 본의本意이기에 제일第一이라 하지 않고 혹유인或有人부터 제일사第一師로 보아 제삼사第三師라 하기도 하였다. 그렇지 않으면 제삼사第三師는 무상천無想天을 장수천長壽天이라 하였으니 『지론』만을 안찰한다는 것이 아니라 『지론』 등(『양섭론』, 『성실론』)을 안찰한다면 상이계上二界가 오정거五淨居를 제외하고는 다 장수천난에 통한다 하였기에 옳지 않다 하겠다. 따라서 제사사第四師가 옳다.

탐착하여 도를 받는 것을 감임하지 않기에 그런 까닭으로 팔난처가 되거니와, 지금에 신심이 있다면 팔난이 모두 어려움이 되지 않을 것이다.

지금에 색계 초선천을 취하지 않는 것이라고 한 것은 『십지론』에 말이 조금 협소함을 밝힌 것이니
두 가지 원인이 있는 까닭으로 제외한 것이니
첫 번째 깨달음이 있고 관찰함이 있다고 한 것은 그 뜻이 다른 곳692에도 통하는 것이요
두 번째 바로 겁화가 태웠다고 한 것은 『십지론』 문을 바로 따른 것이다.
만약 초선천을 설하여 장수천난이라고 한다면 화겁이라고 설함을 얻을 이유가 없을 것이어니와 지금에는 화재가 초선천을 태워 초선천에는 사람이 없기에 그런 까닭으로 제 이선천 이상에 들음을 얻는 것을 잡아 말한 것이니 장수천난에도 들음을 얻는 것이다.

疏

上順論釋일새 八難之中에 善惡二趣를 各擧其一거니와 理實八難이 皆容得聞이니라 又劫火之言은 兼佛前後니 劫壞之時엔 無佛出故며 脩羅地獄은 容在海中일새 則兼數難矣니라 今經에 但云劫火

---

691 원문에 상이계上二界란, 색계色界와 무색계無色界이다.
692 원문에 여처餘處란, 다른 곳의 문장文章이다.

는 則正在火中이라도 亦容得聞하나니 以衆生見燒라도 燒處에 有
不燒故니라

이상에는 『십지론』을 따라 해석하였기에 팔난 가운데 선악의 이취[693]
를 각각 그 하나만을 들었거니와 이치는 실로 팔난이 다 들음을
얻는다고 용납하는 것이다.
또 겁화라고 말한 것은 불전불후난을 겸한 것이니
겁화가 이 세계를 무너뜨릴 때에는 부처님이 출현하지 않는 까닭
이며
아수라와[694] 지옥은 바다 가운데 있음을 용납하기에 곧 팔난의 수에
겸하는 것이다.
지금 경에 다만 겁화라고만 말한 것은 곧 바로 겁화 가운데 있을지라
도 또한 들음을 얻는다고 용납하나니
중생의 소견을 다 태웠을지라도 태운 곳에 타지 않는 것이 있는
까닭이다.

鈔

理實八難下는 正申別旨라 於中又二니 先通八難이라 八難이 雖則不
具라도 不唯有二니 謂論已有二하고 加佛前後하면 爲三하고 海兼地

---

[693] 선악의 이취란, 선취善趣는 겁화劫火이고, 악취惡趣는 해수海水이다.
[694] 아수라 운운은 영인본 화엄 9책, p.264, 1행에 큰 바다라고 한 것은 악도이니
축생취다 하였으니, 곧 이것은 삼악취로 아수라와 지옥을 포함하여 다 팔난에
속함을 말하는 것이다.

獄하면 爲四하고 修羅兼鬼하면 爲五하나니 以五趣明義인댄 修羅도 亦鬼攝故니라 其生聾盲은 正絶見聞하야 不可說聞이라도 但潛益耳요 忽令生於耳目인댄 亦容見聞하리라 世智辯聰도 亦不妨聞하나니라 今經에 但云火中者는 二에 別釋火中之言이니 卽法華中意니 華藏品 已引하니라 故華藏云호대 劫燒不思議라 所現이 雖敗惡이라도 其處 常堅固라하니 卽明火中聞也니라 火浣之布와 火中之鼠와 炎鐵團內 에 而有蟲生하나니 衆生業殊어니 豈妨火中聞法이리요 方對海水之 內하면 正在其中하니라

이치는 실로⁶⁹⁵ 팔난이라고 한 아래는 다른 뜻을 바로 편 것이다. 그 가운데 또 두 가지가 있나니
먼저는 팔난을 통석한 것이다.
팔난이 비록 곧 구족되지 아니하였을지라도 오직 두 가지만 있는 것은 아니니
말하자면 『십지론』에 이미 두 가지가 있었고, 불전불후를 더하면 세 가지가 되고, 바다가 지옥을 겸하면 네 가지가 되고, 아수라가 아귀를 겸하면 다섯 가지가 되나니
오취五趣로써 뜻을 밝힌다면 아수라도 또한 아귀에 섭속되는 까닭이다.
그가 태어나면서 귀 멀고 눈먼 사람은 바로 보고 들음이 끊어져

---

695 이치는 실로 운운 위에 북장경에는 상순론석하上順論釋下는 제오第五에 별신의취別申意趣라 어중이於中二이니 선先은 결성론의結成論意요 이실팔난하理實八難下는 후後에 정신별지正申別旨라는 말이 있다.

가히 설함을 들을 수 없을지라도 다만 잠익하여 있을 뿐 홀연히 하여금 귀와 눈을 생기게 한다면 또한 보고 들음을 용납할 것이다. 세지변총도 또한 들음에 방해롭지 않는 것이다.

지금 경에 다만 겁화 가운데[696]라고만 말한 것이라고 한 것은 두 번째 겁화 가운데라고 한 말을 따로 해석한 것이니
곧 『법화경』의 뜻이니 화장세계품에 이미 인용하였다.
그런 까닭으로 화장세계품에 말하기를 겁화가 태운 것이 사의할 수 없는지라, 나타난 바가 비록 부패하고 흉악할지라도 그곳이 항상 견고하다 하였으니
곧 겁화 가운데도 들을 수 있음을 밝힌 것이다.
불 가운데 씻는 배(布)와 불 가운데 쥐와 불타는 쇳덩이 안에 벌레가 살고 있나니, 중생의 업이 다르거니 어찌 겁화 가운데 법문을 들음이 방해롭겠는가.
바닷물 안을 비견하여 상대한다면 바로 그 가운데 뜻이 있다.[697]

疏

問이라 若依前義인댄 云何堪受法人이 復生難處고 答이라 此는 約乘戒緩急하야 應成四句하나니

---

[696] 소문疏文에는 中 자가 없다.
[697] 바로 그 가운데 뜻이 있다고 한 것은 바닷물 가운데 들음을 감당하나니 용궁에 경전이 있는 까닭이며 용이 부처님 회상에 와서 이르는 까닭이다.

물겠다.
만약 앞의 뜻을 의지한다면 어떻게 법을 감당하여 받는 사람이 다시 팔난처에 태어나는가.
답하겠다.
이것은 승乘[698]과 계戒의 완급을 잡아서 응당 네 구절을 이루나니

鈔

答此約下는 初는 以義正答이라 然戒는 能防非止惡이니 近得人天之身이요 乘者는 理運彌載니 遠證涅槃之果니 爲功不等하며 益有淺深일새 故美乘而輕戒니라 然戒有隨相과 離相하니 三聚尸羅는 體卽是乘이라 定慧도 若有漏取相인댄 亦不能運出하나니 今에 以隨相律儀는 不動不出일새 不得稱乘이요 定慧는 了知性相하야 動出일새 名乘이니 各擧一邊하야 以美乘妙니라

답하겠다. 이것은 승과 계의 완급을 잡았다고 한 아래는
처음에는 뜻으로써[699] 바로 답한 것이다.
그러나 계라고 하는 것은 능히 그른 것을 막고 악한 것을 그치는 것이니
가까이는 인간과 천상의 몸을 얻는 것이요
승이라고 하는 것은 진리를 가득 실어 운반하는 것이니

---

698 승乘이란, 일승一乘과 대승大乘 등을 말하는 것이다.
699 원문에 이의以義라고 한 것은 승과 계의 완급이라 한 뜻이다.

멀리는 열반의 과덕을 증득하는 것이니
공덕이 같지 아니하며 이익이 얕고 깊음이 있기에 그런 까닭으로 승乘을 찬미하고 계戒를 가벼이 하는 것이다.
그러나 계가 수상계隨相戒와 이상계離相戒[700]가 있나니
삼취정계는 그 자체가 곧 이 승乘이다.
선정과 지혜도 만약 유루로 모습을 취한다면 또한 능히 움직일 수도 벗어날 수도 없나니
지금에 수상율의는 움직일 수도 없고 벗어날 수도 없기에 승乘이라고 이름함을 얻을 수 없는 것이요
선정과 지혜는 자성과 모습을 요지하여 움직이기도 하고 벗어나기도 하기에 승乘이라 이름하는 것이니
각각 일변만을 들어[701] 승乘의 묘함을 찬미한 것이다.

疏

一은 乘緩戒急이니 生長壽北洲하야 不聞法要니라

첫 번째는 승은 느리고 계는 빠른 것이니
장수천과 북울단월에 태어나서 법의 요체를 듣지 못하는 것이다.

---

700 수상계隨相戒는 사계事戒이고, 이상계離相戒는 이계理戒이다.
701 원문에 각거일변各擧一邊이라고 한 것은 위에 말한 계戒와 정定과 혜慧의 승乘이 각각 얕고 깊은 것이 있으나 계는 곧 수상隨相의 얕은 일변만 거론하여 승乘의 묘함을 찬미한 까닭으로 각각 일변만을 들었다고 한 것이다.

鈔

一은 乘緩戒急者는 事戒嚴峻하야 纖毫不犯이나 三種觀心을 了不開解하나니 以戒急故로 人天受生하며 或隨禪梵世하야 耽湎定樂할새 世雖有佛이 說法度人이라도 而於此類엔 全無利益하며 設得值遇라도 不能開解하나니 震旦一國이 不覺不知하며 舍衛三億이 不聞不見하며 著樂諸天하고 及生難處하야 不來聽受가 是此類也니라 譬如禁繫之人이 或以財物로 求諸大力하야 申延日月하야 冀逢恩赦인달하야 在人天中도 亦復如是하야 冀善知識化導하야 修乘하면 卽能得解脫거니와 若於人天에 不修乘者면 報盡에 還墮三惡道中하야 百千佛出이라도 終不得道하리라

첫 번째는 승은 느리고 계는 빠르다고 한 것은 사계事戒를 엄준히 지켜 호리도 범하지 않지만 세 가지 관심[702]을 마침내 열어 알지 못하나니
계는 빠른 까닭으로 인간과 천상에 태어남을 받으며
혹은 초선천의 범천 세계를 따라 면정락湎定樂[703]을 탐착하기에 세상에 비록 부처님이 법을 설하여 사람을 제도함이 있다 할지라도 이런 무리에게는 온전히 이익이 없으며, 설사 만남을 얻는다 할지라

---

702 원문에 삼종관심三種觀心이라고 한 것은 삼종관법三種觀法이니 一은 탁사관托事觀, 二는 부법관附法觀, 三은 약행관約行觀이다. 『불교사전』을 참고하라.
703 면정락湎定樂이란, 삼매에 빠져 좋아하는 것이니 마치 멸진정에 빠지는 것과 같다. 湎은 '빠질 면' 자이다.

도 능히 열어 알지 못하나니

중국(震旦)의 한 나라가 깨닫지도 못하고 알지도 못하며[704] 인도 사위국의 삼억 사람이 듣지도 못하고 보지도 못하며[705] 모든 하늘에 낙착하고 그리고 팔난처에 태어나 와서 듣고 받아가질 수 없는 것이 이런 무리이다.

비유하자면 금계禁繫된 죄인이 혹 재물로써 모든 큰 힘을 구하여 하루 한 달 연장하기를 신청하여 대사면[706]을 만나기를 바라는 것과 같아서, 인간과 천상 가운데 있는 것도 또한 다시 이와 같아서 선지식이 교화하여 인도하기를 바라여 승乘을 닦는다면 곧 능히 해탈을 얻거니와, 만약 인간과 천상에 승乘을 닦지 않는다면 과보가 다함에 도리어 삼악도 가운데 떨어져 백천 부처님이 출현할지라도 마침내 도를 얻을 수 없을 것이다.

疏

二는 乘急戒緩이니 生三塗中이라도 不礙聞法일새 故佛會中에 多列龍鬼等類니라

---

704 원문에 불각부지不覺不知란, 중국에서 부처님이 출세出世하심을 깨닫지도 알지도 못한다는 것이다.
705 원문에 불문불견不聞不見이란, 사위국 삼억 사람이 부처님이 출세出世하심을 알았으나 설법하심을 듣지도 보지도 못한다는 것이다.
706 원문에 은사恩赦란, 죄인을 특별 사면하는 것을 말한다. 赦는 '놓아줄 사' 자이다.

두 번째는 승乘은 빠르고 계는 느린 것이니
삼악도 가운데 태어날 지라도 법을 들음에 걸림이 없기에 그런 까닭으로 부처님의 회중에 다분히 용과 아귀 등의 무리를 열거한 것이다.

鈔

二는 乘急戒緩者는 是人이 德薄垢重하야 煩惱所使로 是諸事戒가 皆爲羅刹之所噉食이나 專守理戒하야 觀行相續하나니 以事戒緩으로 命終에 卽墮三惡道中하야 受於罪報나 於諸乘中에 隨何乘强하야 强者先牽하나니 若一乘强인댄 卽聞華嚴等이리라

두 번째는 승은 빠르고 계는 느린 것이라고 한 것은 이 사람이 덕이 얇고 때가 두터워 번뇌의 부리는 바로 이 모든 사계事戒가 다 나찰의 담식噉食하는 바가[707] 되지만 오로지 이계理戒를 지켜 관행觀行이 상속하나니
사계의 느림으로써 목숨이 마침에 곧 삼악도 가운데 떨어져 죄의 과보를 받지만 모든 승乘 가운데 어떤 승乘이 강함을 따라 강한 것이 먼저 이끄나니
만약 일승이 강하다면 곧 『화엄경』 등을 들을 것이다.

---

707 나찰羅刹의 담식噉食하는 바라고 한 것은 나찰은 애견愛見에 비유하나니, 이 나찰이 파계함을 인하여 혜명慧命을 담식하는 까닭이다. 월자권月字卷 下卷, 21장을 참고할 것이다.

疏

三은 乘戒俱急이니 則人天聞法이라

세 번째는 승과 계가 함께 빠른 것이니
곧 인간과 천상에서 법을 듣는 것이다.

鈔

三은 乘戒俱急者는 謂具持衆戒하야 理事無瑕하고 於諸妙乘에 觀念相續하면 卽於今生에 便應得道요 若未得道라도 此業最强일새 强者先牽하야 必昇善處리니 隨戒優劣인댄 欲色等殊요 隨乘勝劣인댄 運出亦異리라 若一乘急인댄 卽於人天等身中에 聞華嚴等이리라

세 번째는 승과 계가 함께 빠른 것이라고 한 것은 말하자면 수많은 계를 갖추어 가져 이리와 사事[708]에 티가 없고 모든 묘한 승乘에 관념이 상속하면 곧 금생에 문득 응당히 도를 얻을 것이요 만약 도를 얻지 못할지라도 이 업이 최고로 강하기에 강한 것이 먼저 이끌어 반드시 좋은 곳에 오를 것이니
계의 우열을 따른다면 욕계와 색계 등이 다를 것이요
승의 승렬勝劣을 따른다면 움직이는 것과 벗어나는 것이 또한 다를 것이다.

---

708 원문에 이사理事라고 한 것은 이상계離相戒와 수상계隨相戒이다.

만약 일승이 빠르다면 곧 인간과 천상 등의 몸 가운데서 『화엄경』 등을 들을 것이다.

疏

四는 乘戒俱緩이니 則處三塗하야 諸根不具하고 又不聞法하나니라

네 번째는 승과 계가 함께 느린 것이니
곧 삼악도에 거처하여 모든 육근이 구족하지 못하고 또 법을 들을 수 없는 것이다.

鈔

四는 乘戒俱緩者는 謂具犯衆戒하고 又復無乘하면 永墮泥犁하야 失人天報하고 神明闇塞하야 無得道期하야 展轉沈淪하야 不可度脫하나니라

네 번째는 승과 계가 함께 느린 것이라고 한 것은 말하자면 수많은 계를 갖추어 범하고 또 다시 승乘이 없다면 영원히 지옥[709]에 떨어져 인천의 과보를 잃고 신명神明이 어둡고 막히어 도를 얻을 기약이 없어서 전전히 삼악도에 빠져 가히 벗어날 수 없는 것이다.

---

709 원문에 니리泥犁란, 尼犁라고도 하나니 지옥을 말한다. 犁는 한문에 려이다.

疏

今에 海水劫火는 是二三兩句니 餘二는 無乘일새 故經論不明하니라 卽後半意니라

지금에 바닷물과 겁화라고 한 것은 이것은 두 번째와 세 번째의 두 구절이니[710] 나머지 두 구절은[711] 승乘이 없기에 그런 까닭으로 『십지경론』에 밝히지 않았으니 곧 뒤에 반 게송의 뜻이다.

疏

勉旃學徒하노니 願留心法要어다 故涅槃云호대 於戒緩者는 不名爲緩거니와 於乘緩者라야 乃名爲緩이니라

학도學徒에게 권하노니[712] 마음이 법의 요체에 머물기를 원할 것이다. 그런 까닭으로 『열반경』에 말하기를 계에 느린 사람은 느리다 이름할 수 없거니와 승乘에 느린 사람이라야 이에 느리다고 이름한다 하였다.

---

710 원문에 이삼양구二三兩句라고 한 것은 두 번째 승급계완乘急戒緩과 세 번째 승계구급乘戒俱急이다.

711 나머지 두 구절이라고 한 것은 첫 번째 승완계급乘緩戒急과 네 번째 승계구완乘戒俱緩이다.

712 원문에 면勉은 권면勸勉이니 권한다는 뜻이고, 旃은 '어조사 전' 자이다.

鈔

勉旃已下는 結勸引證이니 即涅槃第六에 當四依品이라 因明菩薩의 忘犯護法하야 迦葉菩薩이 白佛言호대 世尊이시여 如是菩薩摩訶薩이 於戒縱緩하면 本所受戒가 爲具在不닛가 佛言하사대 善男子야 汝今不應作如是說하라 何以故고하면 本所受戒는 如本不失하니라 設有所犯이라도 即應懺悔하면 悔已淸淨하니라 乃至云호대 善男子야 於乘緩者는 乃名爲緩거니와 於戒緩者는 不名爲緩하니라 菩薩摩訶薩이 於此大乘에 不作懈慢이 是名奉戒니 爲護正法하야 以大乘水로 而自澡浴일새 是故菩薩이 雖見破戒나 不名爲緩이라하니라 釋曰此意는 唯以大乘으로 爲乘이니 今疏文意도 亦取大乘正法하야 爲乘耳니라 故結勸云호대 留心法要라하니라 旃은 猶之也니라

학도에게 권한다고[713] 한 아래는 권함을 맺고 증거를 인용한 것이니 곧 『열반경』[714] 제육권의 사의품에 해당한다.
보살이 범하는 줄도 잃고 법을 보호하는 것을 밝힘을 인하여 가섭보살이 부처님께 여쭈어 말하기를 세존이시여, 이와 같이 보살마하살이 저 계에 늘어져[715] 느리다면 본래 받은 바 계가 구족되지 않는

---

713 원문 면전하勉旃下라는 말 위에 북장경에는 금해수겁화하今海水劫火下는 第二에 회석경문會釋經文이라는 말이 있다.
714 『열반경』이라고 한 것은 한글대장경 열반부 1권, p.111, 下段에 있다.
715 원문에 縱 자는 여기서는 '늘어질 종' 자이다. 혹본엔 極 자이니 일리가 있다 하겠다.

것입니까.

부처님이 말씀하시기를 선남자여, 그대는 지금 응당 이와 같은 말을 하지 마라.

무슨 까닭인가 하면 본래 받은 바 계는 본래와 같아 망실하지 않는 것이다.

설사 범하는 바가 있다 할지라도 곧 응당 참회하면 참회한 이후에는 청정할 것이다.

내지[716] 말하기를 선남자여, 저 승乘에 느린 사람은 이에 느리다고 이름하거니와 저 계에 느린 사람은 느리다고 이름하지 않는다. 보살마하살이 이 대승에 게으름과 교만을 짓지 않는[717] 것이 이 이름이 계를 받드는 것이니

정법을 보호하기 위하여 대승의 물로써 스스로 목욕하기에 이런 까닭으로 보살이 비록 파계함을 보지만 느리다고 이름하지 않는다 하였다.

해석하여 말하면 이 뜻은 오직 대승으로써 승을 삼나니

지금 소문의 뜻도 또한 대승의 정법을 취하여 승을 삼을 뿐이다. 그런 까닭으로 권함을 맺어 말하기를 마음이 법의 요체에 머물기를 원한다 하였다.

전旃이라고 한 글자는 지之 자의 뜻과 같다.

---

716 내지乃至라고 한 것은 선남자여, 마치 낡은 둑이 구멍이 뚫리면 물이 새듯이 사람이 막지 않는 까닭이며, 막기만 하면 새지 않는다. 보살도 그러하여 비록 파계한 사람과 함께 포살을 하고 운운하였다.

717 원문에 부작不作이라 한 作 자는 『열반경』엔 心 자이다.

經

應說諸地勝智道와 入住展轉次修習과
從行境界法智生이니 利益一切衆生故니다

응당 모든 지위의 수승한 지혜의 도와
들어가는 것과 머무는 것과 전전하는 것과 차례로 닦아 익히는 것과
행과 경계[718]를 좇아 법의 지혜가 생기함을 설할 것이니
일체중생을 이익케 하기 위한 까닭입니다.

疏

第二에 一偈는 敎說分齊中에 應說諸地者는 總勸說也니 說地何義고 謂應說前字藏之中에 諸地廣智니 三漸次相故니라 次修習言은 卽爲總相이라 言漸次者는 漸은 明非頓이요 次는 辯不亂이라 云何爲三고 一은 觀漸次요 二는 證漸次요 三은 修行漸次라 此卽十地之中에 加行과 根本과 後得의 三智니 爲地地中에 初中後相也니라

제 두 번째 한 게송은 교를 설하는 분제 가운데 응당 모든 지위를

---

718 행과 경계란, 영인본 화엄 9책, p.277, 3행 소문에 행行과 경계境界라 하여 두 가지로 설하였다.

설한다고 한 것은 모두 설하기를 권한 것이니
지위를 설한다고 한 것은 무슨 뜻인가.
말하자면 응당 앞의 자장字藏[719] 가운데 모든 지위와 광대한 지혜라
말한 것이니 곧 삼점차[720]의 모습인 까닭이다.
차례로 닦아 익힌다고 말한 것은 곧 총상總相[721]이 되는 것이다.
점차라고 말한 것은 점漸은 돈頓이 아님을 밝힌 것이요
차次는 산란하지 아니함을 분별한 것이다.
어떤 것이 삼점차인가.[722]
첫 번째는 관점차觀漸次요
두 번째는 증점차證漸次요
세 번째는 수행점차修行漸次이다.
이것은 곧 십지十地 가운데 가행지와 근본지와 후득지의 세 가지
지혜이니
지위 지위 가운데마다 처음과 중간과 뒤의 모습이 되는 것이다.

鈔

一은 觀漸次下는 觀者는 所謂觀解니 始心揀擇은 名之爲觀이요 依
解得實은 名之爲證이요 證心淸淨하고 解脫成德은 說爲修行이니 如

---

[719] 원문에 전자장前字藏이란, 영인본 화엄 9책, p.259, 4행이다.
[720] 삼점차三漸次 운운은 곧 이 게송문 가운데 『십지론十地論』 문이다.
[721] 총상總相이란, 삼점차三漸次의 총상總相이다.
[722] 원문에 운하위삼云何爲三을 『십지론』에는 하자삼점차何者三漸次고라고 하였고 그 아래는 여기와 같다.

金淸淨하야사 爲莊嚴具하니라 此卽十地下는 出體니 體卽三智니라 遠公이 更有一釋云호대 解行爲觀이요 初地爲證이요 二地以去는 說爲修行이라하얏거니와 今以論意는 皆言十地觀等일새 故唯依前釋하니라

첫 번째는 관점차라고 한 아래는 관이라고 한 것은 말하자면 관해觀解이니
처음 마음을 간택하는 것은 이름이 관이 되는 것이요
해解를 의지하여 진실을 얻는 것은 이름이 증이 되는 것이요
증득한 마음이 청정하고 해탈하여 공덕을 이루는 것은 수행이 된다 말하는 것이니
마치 금이 청정하여야 장엄구가 되는 것과 같다.

이것은 곧 십지라고 한 아래는 자체를 설출한 것이니
자체가 곧 세 가지 지혜이다.
혜원법사가 다시 한 해석을 두어[723] 말하기를 해행解行은 관이 되는 것이요
초지는 증이 되는 것이요
이지 이상은 수행이 된다 말하였거니와,
지금에 『십지론』의 뜻은 다 십지관 등만을 말하였기에 그런 까닭으

---

723 원문에 갱유일석更有一釋이라고 한 것은 앞의 해석도 원공遠公의 해석이기에 갱유일석更有一釋이라 하는 것이다. 『잡화기雜華記』는 앞에 해석은 금소가今疏家의 뜻이고 갱유일석更有一釋은 혜원의 뜻이라 하였다.

로 오직 앞의 해석[724]만을 의지하였을 뿐이다.

疏

勝智道者는 卽觀漸次니 道者因也니라 以加行智로 爲正證의 勝智之漸次일새 故名勝智道니 謂說此十地에 若加行觀과 若加行의 所依止理가 能生諸地實智故니라

수승한 지혜의 도라고 한 것은 곧 관점차이니
도道라고 한 것은 원인이다.
가행지로써 정증正證의 수승한 지혜의 점차를 삼기에 그런 까닭으로 수승한 지혜의 도라고 이름하는 것이니
말하자면[725] 이 십지를 설함에 혹 가행관과 혹 가행이 의지하는 바 진리가 능히 모든 지위의 진실한 지혜를 생기하는 까닭이다.

鈔

道者因也者는 以勝智로 爲地智일새 故以道爲因이니 道卽加行이라 若遠公意인댄 名三慧爲智요 漸增爲勝이요 虛通曰道라하니 就辯觀相中인댄 觀은 爲能觀이요 依止理는 爲所觀이요 理智相應하야 能生後地니라 而遠公云호대 始觀爲觀이요 正住名依止요 地中滿足하

---

724 원문에 전석前釋이란, 시심간택始心揀擇은 명지위관名之爲觀이라 한 이하이다.
725 원문에 위설謂說 운운은 이 위에는 경문을 해석하였고, 이 아래는 관상觀相을 말하고 있다.

야 起後는 爲能生이라하니 此三은 自爲觀中漸次니라 似非論意일새 故疏不依하고 但以加行으로 爲證漸次耳니라

도라고 한 것은 원인이라고 한 것은 수승한 지혜로써 십지의 지혜를[726] 삼기에 그런 까닭으로 도로써 원인을 삼나니 도는 곧 가행도이다.
만약 혜원법사의 뜻이라고 한다면 이름이 삼혜三慧는 지혜(智)가 되는[727] 것이요
점점 증장하는[728] 것은 수승함(勝)이 되는 것이요
허통虛通한 것은 도道가 된다 말해야 할 것이다.
관觀의 모습을 분별하는 가운데 나아간다면
관은 능관이 되는 것이요
의지하는 진리는 소관이 되는 것이요
진리와 지혜가 상응하여 능히 뒤에 지위를 생기하는[729] 것이다.
그러나 혜원법사는 말하기를 처음 관찰하는 것은 관이 되는 것이요
바로 머무는 것은 이름이 의지가 되는 것이요
지위 가운데[730] 만족하여 뒤에 지위를 생기하는 것은 능생能生이

---

726 원문에 지인智因이라 한 因 자는 연자衍字이다.
727 원문에 원공의명삼혜위지遠公意名三慧爲智라고 한 것은 원공遠公이 위에서는 更有一釋云호대 解行은 爲觀이라 하여 관관觀의 점차漸次를 말하였다.
728 원문에 점증漸增이라고 한 것은 문사수聞思修 삼혜三慧가 삼현三賢 가운데 차례와 같이 점차 증장하는 까닭이다.
729 원문에 능생후지能生後地라고 한 것은 초지初地의 가행加行이 능히 이지二地를 생기하고, 이지二地의 가행加行이 능히 삼지三地를 생기하여 차례로 후지後地를 생기하는 것이다.

되는 것이다 하였으니
이 세 가지는 스스로 관觀 가운데 점차가 되는 것이다.
『십지론』의 뜻이 아닌 듯하기에[731] 그런 까닭으로 소문에서는 이 세 가지는 의지하지 않고 다만 가행지로써 정증의 점차를 삼았을 뿐이다.

疏

次에 入住展轉者는 是證漸次니 入者는 入地心이요 住는 卽住地心이니 未轉向餘地故니라 展轉은 卽出地心이니 地地에 轉所住處故니라 卽此三心은 證智에 自爲漸次니라

다음에 들어가는 것과 머무는 것과[732] 전전하는 것이라고 한 것은 이것은 증점차이니
들어간다고 한 것은 지위의 마음에 들어가는 것이요
머문다고 한 것은 곧 지위의 마음에 머무는 것이니
다른 지위로 아직 전향하지 아니한 까닭이다.
전전한다고 한 것은 곧 지위의 마음에서 나오는 것이니
지위 지위마다 전전하여 머무는 바 처소인 까닭이다.

---

730 원문에 지중地中이라고 한 것은 가행중加行中의 당지當地이고 정지正地는 아니다.
731 원문에 사비론의似非論意라고 한 것은 관중觀中에 점차가 있는 것은 『십지론』의 뜻이 아닌 듯하다는 것이다.
732 원문에 입주入住 등이라고 한 것은 경문經文을 해석한 것이다.

곧 이 삼심三心⁷³³은 증지證智에 스스로 접차가 되는 것이다.

疏

第三句는 卽修行漸次이니 以後得智가 要由證眞修行하야사 方能了俗일새 故名修行漸次니라 言法智者는 正辯後得智體니 緣法別故로 名爲法智니라 此智가 從二境生하나니 一은 由證眞일새 故云從行生이라하니 故論云호대 行者는 入住展轉이 成就故라하니라 二는 外能了俗일새 故云從境界生이라하니 故論云호대 境界者는 此는 行種種異境界故라하니라 謂以正證之行으로 行於俗境이 是後得也니라 利益衆生一句는 結說之益이니 亦是後得智境이라

제 세 번째 구절은 곧 수행접차⁷³⁴이니
후득지後得智가 반드시 진여를 증득하는 수행을 인유하여야 바야흐로 능히 속제를 요달하기에 그런 까닭으로 수행접차라 이름하는 것이다.
법의 지혜라고 말한 것은⁷³⁵ 후득지의 자체를 바로 분별한 것이니 법을 반연하는 것이 다른 까닭으로 이름을 법의 지혜라 하는 것이다.

---

733 삼심三心이란, 入·住·出心이니 此下는 정증正證의 모습을 말한 것이다.
734 수행접차修行漸次라고 한 아래는 수행의 모습을 말한 것이다. 혹 수행修行은 증진證眞에 속하고 점차漸次는 후득後得에 속한다 하였다.
735 원문에 언법지자言法智者라고 한 아래는 경문經文을 해석한 것이다.

이 지혜가 두 가지 경계를 좇아 생기하나니
첫 번째는 진여를 증득함을 인유하기에 그런 까닭으로 말하기를
행을 좇아 생기한다 하였으니
그런 까닭으로 『십지론』에 말하기를 행이라고 한[736] 것은 들어가는
것과 머무는 것과 전전하는 것이 성취하는 까닭이다 하였다.
두 번째는 밖으로 능히 속제를 요달하기에 그런 까닭으로 말하기를
경계를 좇아 생기한다 하였으니
그런 까닭으로 『십지론』에 말하기를 경계라고 한 것은 이것은 가지
가지 다른 경계를 행하는 까닭이다 하였다.
말하자면 정증正證의 행으로써 속제의 경계를 행하는 것이 이것이
후득지이다.

중생을 이익케 하는 까닭이라고 한 한 구절은 설하는 이익을 맺는
것이니
역시 후득지의 경계이다.

---

[736] 『십지론』에 말하기를 행이라고 한 등은 『십지론』 제이권에 말하기를 들어간
다고 한 것은 지위에 들어가는 까닭이요 머문다고 한 것은 다른 지위로
아직 전향하지 아니한 까닭이요 전전한다고 한 것은 지위 지위마다 전전하여
머무는 바 처소인 까닭이요 행이라고 한 것은 말하자면 들어가는 것과
머무는 것과 전전하는 것이 성취하는 까닭이요 경계라고 한 것은 이것은
가지가지 다른 행의 경계를 행하는 까닭이요 설한다고 한 것은 수여하는
까닭이다 하였다.

鈔

以後得智者는 故三漸次에 唯證一種이 當證이니 上疏云호대 三心은 自以爲漸次라하니라 餘二는 以自望他하야 而爲漸次하니라

후득지라고 한 것은 그런 까닭으로 삼점차에 오직 증점차의 한 가지만이 증지에 해당하는 것이니
위에 소문[737]에 말하기를 삼심은 스스로[738] 점차가 된다 하였다. 나머지 두 가지 점차는 스스로 다른 것을 희망하여 점차를 삼은 것이다.

疏

問이라 地地正證者는 如初地中에 正智로 親證眞如인댄 則後九地中엔 不應更證이니 以如는 無二無異故라하얏거늘 古德釋云호대 如雖一味나 約智明昧하야 有十親證이라하니 此亦順理니라

물겠다.
지위 지위 가운데 정증이라고 한 것은 만약 초지 가운데 바른 지혜로써 친히 진여를 증득한다고 하였다면 곧 뒤에 구지九地 가운데는 응당 다시 증득하지 않아야 할 것이니 진여는 둘일 수도 없고 다를

---

737 원문에 論 자는 疏 자이다.
738 원문에 자운自云이라 한 自 자는 心 자 아래에 있어야 한다. 나는 고쳤다.

수도 없는 까닭이다 하였거늘, 고덕古德[739]이 해석하여 말하기를 진여는 비록 한맛이지만 지혜의 밝고 어둠을 잡아 열 가지 친히 증득함이 있다 하였으니

이것도 또한 이치에 맞는 것이다.[740]

鈔

此亦順理下는 二에 疏爲會釋이라 以刊定이 取唯識意하야 約德異故로 有十親證하고 破智明昧일새 故爲會釋하야 二義俱取니라 於中二니 初句總標라 言此亦順理者는 非是不許彼之正義니 正義는 卽唯識意也일새 故云此亦順理라하니라 彼疏有二하니 先難古釋이요 後申正義라 難古有三하니 一은 難云호대 謂境智互相如니 約智하야 證十如인댄 何不境智가 互相如어늘 約境하야 證一如리요 二는 難云호대 加行後得은 非親證이니 可說彼智가 有明昧어니와 正體緣如는 不變影거니 何得說此에 有明昧리요 三은 難云호대 能證有分限하고 所證無分限하니 以限證無限거니 境智豈相如리요 下出正義云호대 應知하라 親證之言은 但望當地의 加行後得일새 故名爲親이언정 不望後地하야 說爲親證이니 故不相違也라하니 於義可知니라 今爲古德하야 先通此難하리니 一者는 我許有十如인댄 則應如所難거니와 我唯立

---

739 고덕古德은 현수법사賢首法師이다.
740 원문에 차역순리此亦順理라고 한 것은 『간정기』가 말한 진여의 열 가지 공덕도 이 『유식론』의 정의正義인 까닭으로 진실로 이치에 맞고, 현수대사의 뜻 또한 이치에 맞다는 것이다. 이 말은 초문에 잘 나타나 있다.

一如거니 何因爲此難고할새 故應順語하야 答第一云호대 境智互相如일새 說智十遍證이요 境智互相如일새 約境惟一證이니라 二는 答第二云호대 汝證十如不變影일새 一如而說爲十如인댄 我證眞如不變影거니 何妨一智로 十親證이리요 三은 酬第三에 有其二意하니 一은 隨難通이니 以能隨所證인댄 不許有明昧어니와 以所隨能證인댄 眞如應是智니라 二者는 反難云호대 眞如無分限일새 不許有明昧인댄 眞如體不異어니 十德何由成이리요 是則前難이 未爲切要니라

이것도 또한[741] 이치에 맞다고 한 아래는 두 번째 소가 회석한 것이다.
『간정기』[742]가 『유식론』의 뜻을 취하여 공덕이 다름을 잡은 까닭으로 열 가지 진여를 친히 증득함이 있고, 지혜의 밝고 어둠을 깨뜨리기에 그런 까닭으로 회석하여 두 가지 뜻을 함께 취한 것이다.
그 가운데 두 가지가 있나니
처음 구절은 한꺼번에 표한 것이다.[743]
이것도 또한 이치에 맞다고 말한 것은 저 『간정기』의 정의[744]를

---

741 원문 차역此亦이라는 말 위에 북장경에는 문지지정증자하問地之正證者下는 제오第五에 문답요간問答料揀이라 어중선문於中先問이요 후고덕하後古德下는 답답이라 어중이於中二니 선거현수석先擧賢首釋이요 후차역순리하後此亦順理下는 소위회석疏爲會釋이라는 말이 있다.
742 『간정기刊定記』란, 제구권第九卷이다.
743 원문 초구총표初句總標라고 한 아래에 二는 별회別會라 금초今初니라는 말이 북장경에는 있다.
744 원문에 피지정의彼之正義라고 한 彼는 『간정기』이다. 즉 『간정기』의 정의正義

허락하지 않는 것이 아니니 정의는 곧 유식의 뜻이기에 그런 까닭으로 말하기를 이것도 또한 이치에 맞다고 한 것이다.
저 『간정기』 소문에 두 가지가 있나니
먼저는 고덕의 해석을 비난한 것이요
뒤에는 정의를 편 것이다.
고덕을 비난함에 세 가지가 있나니
첫 번째는 비난하여 말하기를 말하자면 경계와 지혜[745]가 서로서로 같나니
한 가지 지혜를 잡아 열 가지 진여를 증득한다면 어찌 경계와 지혜가 서로서로 같지 않거늘 경계를 잡아 한 가지 진여만을 증득하겠는가.
두 번째는 비난하여 말하기를 가행지와 후득지는 친히 증득하는 것이 아니니, 가히 저 지혜가 밝음과 어둠이 있다 말할 것이어니와 정체지正體智로 진여를 반연하는 것은 변화한 그림자가 아니거니 어찌 여기에 밝음과 어둠이 있다 말함을 얻겠는가.
세 번째는 비난하여 말하기를 능증은 분한이 있고 소증은 분한이 없나니, 유한으로 무한을 증득하거니 경계와 지혜가 어찌 서로 같겠는가.
아래[746]에 정의를 설출하여 말하기를 응당 알아라. 친히 증득한다고 말한 것은 다만 당지當地에 가행지와 후득지를 바라기에 그런 까닭

이다.
745 원문 경지境智 아래 二句는 현수스님의 뜻이고, 하불경지何不境智 아래는 현수스님을 바로 비난하는 것이다.
746 아래란, 『간정기刊定記』 이 문장 아래이다.

로 이름을 친히 증득한다 하였을지언정 뒤에 지위를 바라여 친히 증득한다 말한 것이 아니니 그런 까닭으로 서로 어기지 않는다[747] 하였으니,

그 뜻은 가히 알 수가 있을 것이다.

지금에 고덕을 위하여 먼저 이 비난을 통석하리니

첫 번째는 내가 열 가지 진여가 있다고 허락한다면 곧 응당 비난한 바와 같거니와, 내가 지금 한 가지 진여를 세웠거니 무엇을 인하여 이 비난을 하는가 하기에 그런 까닭으로 응당 말을 따라 제일 첫 번째 비난을 답하여 말하기를 경계와 지혜가 서로서로 같기에 지혜를 설하여 열 가지 진여를 두루 증득한다 한 것이요

경계와 지혜가 서로서로 같기에 경계를 잡아 오직 한 가지 진여만을 증득한다 한 것이다.

두 번째는 제 두 번째 비난을 답하여 말하기를 그대가 열 가지 진여가 변화한 그림자가 아닌 줄 증득하였기에 한 가지 진여가 열 가지 진여가 된다고 설하였다면 내가 진여가 변화한 그림자가 아닌 줄 증득하였거니 어찌 한 가지 지혜로 열 가지 진여를 친히 증득함에 방해롭겠는가.

세 번째는 제 세 번째 비난을 답함에 그 두 가지 뜻이 있나니 첫 번째는 비난함을 따라 통석한 것이니

---

747 원문에 불상위야不相違也라고 한 것은 뒤에 지위를 바라여 친히 증득한다 말한 것이 아니라고 한다면 뒤에 지위가 지위마다 낱낱이 친히 증득함이 있는 까닭으로 초지에 친히 증득한다는 말이 『유식론』의 십지에 지위마다 낱낱이 친히 증득한다는 말로 더불어 서로 어기지 않는다는 것이다.

능증으로써 소증을 따른다면 밝음과 어둠이 있음을 허락하지 않거니와, 소증으로써 능증을 따른다면 진여가 응당 이 지혜일 것이다.[748]
두 번째는 반대로 비난하여 말하기를 진여는 분한이 없기에 밝음과 어둠이 있음을 허락하지 않는다면 진여의 자체는 다르지 않거니 열 가지 공덕[749]이 무엇을 인유하여 성립하겠는가.
이것은 곧 앞의 비난이 절요切要가 되지 않는다는 것이다.

疏

故唯識論云호대 雖眞如性은 實無差別이나 而隨勝德하야 假立十種이라하니 此約所證德異일새 故有十地親證하니라

그런 까닭으로 『유식론』[750]에 말하기를 비록 진여의 자성은 진실로 차별이 없지만 수승한 공덕을 따라 거짓으로 열 가지를 성립한다 하였으니
이것은 소증의 공덕이 다름을 잡았기에 그런 까닭으로 십지에 친히 증득함이 있는 것이다.

---

748 원문에 진여응시지眞如應是智라고 한 것은 진여가 또한 응당 이 지혜를 수순하여 밝음과 어둠이 있는 것이다.
749 원문에 십덕十德이란, 진여眞如의 열 가지 공덕이다.
750 『유식론唯識論』은 제십권第十卷이니 십진여설명후十眞如說明後에 문장이다.

鈔

故唯識下는 第二에 會別釋이라 於中四니 一은 擧唯識正義니 唯識은 正答如無異難거늘 刊定傍此하야 而斥本師니라 然唯識疏中에 釋云호대 眞如實無別이나 隨其所證의 所生이 能證勝德하야 假立十種이라하니 釋曰旣云호대 所生能證勝德을 假立十種인댄 早有智가 明昧義矣니라

그런 까닭으로 『유식론』이라고 한 아래는 두 번째 회통하여 따로 해석한 것이다.
그 가운데 네 가지가 있나니
첫 번째는 『유식론』의 정의를 거론한 것이니
『유식론』은 진여가 다름이 없다는 비난을 바로 답한 것이어늘 『간정기』가 이것을 옆으로[751] 듣고서 본사인 현수를 배척한 것이다. 그러나 『유식론』 소문[752] 가운데 해석하여 말하기를 진여는 진실로 차별이 없지만 그 소증의 생기한 바 지혜가 능증의 수승한 공덕을 따라[753] 거짓으로 열 가지를 성립한다 하였으니

---

751 원문에 방방이란, 방청방청, 방관방관의 뜻이다.
752 원문에 유식소唯識疏란, 『유식술기唯識述記』 제십권第十卷이다.
753 원문에 수기소증隨其所證의 소생능증승덕所生能證勝德이라고 한 것은 그 소증의 생기한 바 지혜가 능증진여의 열 가지 수승한 공덕을 따른다는 것이다. 열 가지 수승한 공덕이란 십바라밀행十波羅蜜行의 공덕이니, 이미 열 가지 공덕을 십지의 지혜로 차차 증득하였다고 한다면 그 지혜가 일찍이 밝고 어둠의 뜻이 있다는 것이다.

해석하여 말하면 이미 말하기를 생기하는 바 능증의 수승한 공덕을 거짓으로 열 가지를 성립하였다고 한다면 일찍이 지혜가 밝고 어둠의 뜻이 있다는 것이다.

疏

又云호대 雖初地中에 已達一切나 而能證行이 猶未圓滿일새 爲令圓滿케하야 後後建立이라하니 此則亦約能證의 明昧意也니라

또 말하기를 비록 초지 가운데 이미 일체를 통달하였지만 능증의 행이 오히려 원만하지 않기에 하여금 원만케 하여 후후지后后地를 건립한다 하였으니
이것은 곧 또한 능증의 밝고 어두운 뜻을 잡은 것이다.[754]

鈔

又云雖初地中下는 第二에 借唯識文하야 通賢首義니라 然唯識論에 此一段文은 自明廢立이니 應有問言호대 初地之內에 不達十如인댄

---

754 원문에 역약능증명매의亦約能證明昧意라고 한 것은 유식 본문엔 폐지하고 건립함을 바로 밝힌 까닭으로 또한(亦)이라고 말한 것이니, 폐지하고 건립한다고 말한 것은 곧 초지에서 이미 일지一地를 통달한즉 응당 후후지를 폐지해야 할 것이나 그러나 능증의 행이 아직 원만하지 않는 까닭으로 다시 후후지를 건립한다는 것이다. 아래 초문과 아래 초문에 납승이 주석한 『유식론』第十卷의 제사第四 폐립廢立을 참고하여 보라. 잘 나타나 있다.

應無發趣之果에 能達後後相과 及得果요 若已通達인댄 何不齊證
眞如十德고할새 故今答云호대 達卽齊達이나 證行未圓일새 故行位
有十하니라 故有十種圓滿眞如하니 乃至如來라야 十皆能了하나니
如辯中邊論에 廣有分別하니라 言能證者는 由於行圓하야 後後地行
이 別別漸圓거니 豈非約智하야 有昧明義리요 雖彼疏엔 釋本爲廢立
이나 卽以此義로 可通明昧일새 故得引之언정 以非證論中에 通眞如
無異之義니 故今疏云호대 亦約能證의 明昧意也라하니라

또 말하기를 비록 초지 가운데라고 한 아래는 두 번째 『유식론』
문을 빌려서 현수법사의 뜻을 통석한 것이다.
그러나 『유식론』에[755] 이 일단의 문장은 스스로 폐지하고 건립함을
밝혔으니[756]
응당 어떤 사람이 물어 말하기를 초지 안에 열 가지 진여를 통달하지
못하였다면 응당 발취發趣하는 과위에 능히 후후지의 모습과 그리고

---

[755] 『유식론唯識論』 운운은 제십권第十卷에 말하기를 제 네 번째는 폐지하고
건립하는 것이니 초지 가운데서 열 가지 진여를 다 통달하지 아니한 것은
아니지만 아직 원만하지 아니한 까닭으로 후후지를 건립하기에 그런 까닭으
로 열 가지 행위行位를 건립하는 것이 열 가지가 있나니 그런 까닭으로
원만진여라 이름하며 내지 여래라야 열 가지를 다 능히 요달하나니 중변론석
에 갖추어 널리 분별한 것과 같다 하였다.
[756] 원문에 자명폐립自明廢立이라고 한 것은 초지에서 이미 일체 진여를 통달한
일변으로 보면 후지後地 가운데 모든 모습은 폐지하는 것이다. 능증의 행이
오히려 아직 원만하지 못한 일변으로 보면 후후지後後地의 모습을 가히
건립하는 것이 되는 것이다.

과위를 얻는⁷⁵⁷ 것을 통달할 수 없을 것이요
만약 이미 통달하였다면 어찌 진여의 열 가지 공덕을 가지런히 증득하지 못하는가 하기에 그런 까닭으로 지금에 답하여 말하기를 통달함에 곧 가지런히 통달하였지만 능증의 행이 원만하지 못하기에 그런 까닭으로 행위가 열 가지가 있는 것이다.
그런 까닭으로 열 가지 원만한 진여가 있나니 내지 여래라야 열 가지를 다 능히 요달하나니
『변중변론』⁷⁵⁸에 널리 분별한 것이 있는 것과 같다.

능증이라고 말한 것은 진여의 행이 원만함을 인유하여⁷⁵⁹ 후후지의 행이 따로따로 점차 원만하거니 어찌 지혜를 잡아 어둠과 밝은 뜻이 있지 않겠는가.
비록 저 『유식론』 소문에는 본래 폐지하고 건립함을 해석한 것이지만 곧 이 뜻으로써 가히 밝고 어둠을 통석하기에 그런 까닭으로 저 『유식론』을 이끌어 증거한 것일지언정 『유식론』 가운데 진여가

---

757 후후지의 모습과 그리고 과위를 얻는다고 한 것은 후후지의 모습이라고 한 것은 초지 밖에 뒤에 구지九地의 모습이고 과위를 얻는다고 한 것은 득得과 과果라고도 해석한다. 곤자권崑字卷 하권 38장에 있으니 살펴볼 것이다.
758 『변중변론辯中邊論』은 무착이 미륵에게서 받은 『변중변론』頌을 세친이 해석을 붙인 論이다. 3권으로 현장 번역이다.
759 원문에 유여행원由如行圓이라고 한 것은 소증진여행所證眞如行의 열 가지 공덕을 일시에 원만히 구족함을 인유한 까닭으로 능증지能證地의 행行이 지위 지위마다 따로따로 점차 원만하여지거니 어찌 운운이라는 뜻이다.

다름이 없는 뜻을 통석한 것을 증거한 것이 아니니
그런 까닭으로 지금 소문에 말하기를 또한 능증의 밝고 어두운 뜻을 잡은 것이다 하였다.[760]

疏

若唯取所證德異인댄 **則初地**에 **未全證如**요 **亦未能全通如無異難**이라

만약 오직 소증의 공덕이 다른 것만 취한다면 곧 초지에 온전히 진여를 증득하지 못한 것이요
또한 능히 진여는 다름이 없다는 비난을 온전히 통석하지 못한 것이다.

鈔

若唯取所證下는 三에 反難成立이라 此有二難하니 一은 初地未證難이니 如有十德이나 初唯證一거니 豈是證如리요 二는 不通本難難이니 謂本難云호대 如本無異어니 何有十證고할새 今云호대 當地에 證於一德을 名親證者인댄 無異之難을 豈得免耶리요

만약 오직 소증의 공덕이 다른 것만 취한다면이라고 한 아래는

---

760 원문에 역약능증유명매의亦約能證有明昧意라고 한 것은 다만 현수스님의 지혜를 잡아 밝고 어두운 뜻이 있다는 것을 증거한 까닭이다.

세 번째 반대로 비난하여 성립한 것이다.
여기에 두 가지 비난이 있나니
첫 번째는 초지에 증득하지 못한 것이라고 한 것을 비난한 것이니 진여가 열 가지 공덕이 있지만 초지에는 오직 한 가지만 증득하거니 어찌 이 진여의 열 가지 공덕을 다 증득하겠는가.
두 번째는 본래 비난[761]을 통석하지 못한 것이라고 한 것을 비난한 것이니
말하자면 본래 비난에 말하기를 진여는 본래 다름이 없거니 어찌 열 가지를 증득함이 있겠는가 하기에 지금에 말하기를 당지當地에[762] 한 가지 공덕을 증득하는 것을 친히 증득하는 것이라고 이름한다면 다름이 없다고 하는 비난을 어찌 면함을 얻겠는가.

疏

如人觀空에 小時不遠이나 大則漸增하나니 空雖無差나 眼有明昧니라

마치 사람이 허공을 봄에 작을 때는 멀리 보지 못하지만 크면서 곧 점점 더 크게 보는 것과 같나니,
허공은 비록 차별이 없지만 눈은 밝음과 어둠이 있는 것이다.

---

761 원문에 본난本難이란, 如無異難이니, 즉 진여는 다름이 없다는 비난이다.
762 원문에 금운당지今云當地라고 한 아래는 당지에 한 공덕을 증득한즉 또한 열 가지 공덕이 각각 다르다는 뜻이다.

鈔

如人觀空下는 四에 以喩顯示니 眼有小大나 空無差別이라 是故生公이 依於此理하야 立頓悟義호대 明唯佛悟하니 證如窮故니라 十地聖賢은 皆爲信境이니 未全證如니라 故云夫稱頓者는 明理不可分이요 悟는 語極照니 以頓明悟인댄 義不容二니 不二之悟로 符不分之理하야 理智兼釋을 謂之頓悟라하니 卽斯意也니라 雖逈異常談이나 亦爲繫表之玄矣니라

마치 사람이 허공을 봄에 점점 크게 보는 것과 같다고 한 아래는 네 번째 비유로 현시한 것이니
눈은 작고 큰 것이 있지만 허공은 차별이 없는 것이다.
이런 까닭으로 도생법사가 이 이치를 의지하여[763] 돈오의 뜻을 성립하되 오직 부처님의 돈오한 것만 밝혔으니 진여를 증득한 것이 다한 까닭이다.
십지의 성현은 다 신신의 경계가 되나니 아직 온전히 진여를 증득하지 못한 것이다.
그런 까닭으로 말하기를[764] 대저 돈顚이라고 이름한 것은 진리는

---

763 원문에 생공의어生公依於라고 한 아래는 도생법사는 돈顚으로써 소오所悟의 진리를 삼고 오悟로써 능오能悟의 지혜를 삼아 오직 부처님만이 능히 돈오한 것만 밝혔으니 보통의 학설과는 멀리 다르다 하겠다. 보통의 학설과는 멀리 다르다고 한 것은 보통의 학설은 초발심주를 잡아 돈오頓悟를 밝혔거니와 그러나 지금에는 부처를 잡아 설한 까닭으로 다르다 하겠다. 이상은 『유망기』와 『잡화기』를 조합하여 주석한 것이다.

가히 나눌 수 없는 것을 밝힌 것이요
오悟라고 한 것은 지극한 비춤을 말한 것이니⁷⁶⁵
돈頓으로써 오悟를 밝힌다면 그 뜻이 두 가지를 용납할 수 없나니,
둘이 없는 오悟로써 나눌 수 없는 진리에 부합하여 진리와 지혜를 겸하여 해석하는 것을 돈오라 말한다 하였으니
곧 이 뜻이다.
비록 보통 말과는 멀리 다르지만 또한 맺어서 표하는⁷⁶⁶ 현묘함이 되는 것이다.

---

764 원문에 고운故云 이하는 생공生公의 말이다.
765 돈頓이라 운운한 것은 體이고, 오悟라 운운한 것은 用이다.
766 원문에 계표繫表는 계사繫辭니 주사主辭와 빈사賓辭를 맺어서 긍정하는 말이다.

經

爾時에 金剛藏菩薩이 觀察十方하고 欲令大衆으로 增淨信故로 而說頌曰호대

그때에 금강장보살이 시방을 관찰하고 대중으로 하여금 청정한 믿음을 증익케 하고자 하는 까닭으로 게송을 설하여 말하기를

疏

自下는 第三에 許說分齊니 謂所說이 不過義說二大니 是地分齊니라 於中二니 先은 敍說儀意요 後는 正顯偈辭라 今初에 觀察十方은 是敍說儀니 論云호대 示無我慢과 無偏心故라하니 觀十方佛하야 將欲承力일새 故無我慢하며 觀十方機하야 擬將普被일새 故無偏心이니 故上下文에 皆云承佛神力하야 普觀十方也라하니라 亦可普觀物機는 不慢旁人이요 普觀諸佛은 不偏一佛이라

여기로부터 아래는 제 세 번째 설하기를 허락하는 분제이니 말하자면 설하는 바가 의義와 설설의 이대二大를 지나지 않나니 이것이 지위의 분제이다.
그 가운데 두 가지가 있나니
먼저는 설하는 위의와 뜻을 서술한 것이요
뒤에는 게송의 말을 바로 나타낸 것이다.

지금은 처음으로 시방을 관찰한다고 한 것은 이것은 설하는 위의를 서술한 것이니

『십지론』에 말하기를 아만이 없는 것과 치우친 마음이 없는 것을 현시한 까닭이다 하였으니

시방에 부처님을 관찰하여 장차 부처님의 힘을 받고자 하기에 그런 까닭으로 아만이 없으며

시방에 중생의 근기를 관찰하여 장차 널리 가피함을 생각하기에 그런 까닭으로 치우친 마음이 없는 것이니

그런 까닭으로 상하上下의 경문에 다 말하기를 부처님의 위신력을 받아 널리 시방을 관찰한다 하였다.

또한 가히 중생의 근기를 널리 관찰한다고 한 것은 옆 사람에게 교만하지 않는 것이요

모든 부처님을 널리 관찰한다고 한 것은 한 부처님에게 치우치지 않는 것이다.

鈔

後에 觀十方佛下는 疏釋論文이라 自有二意하니 一은 以無慢對佛하고 不偏對機니 佛請不說하면 便是自高어니와 今承力說거니 安敢慢乎리요 二에 亦可下는 意欲顯通하야 却以無慢對機하고 不偏對佛이라

뒤에[767] 시방을 관찰한다고 한[768] 아래는 소가가 『십지론』 문을 해석한

것이다.

스스로 두 가지 뜻이 있나니

첫 번째는 아만이 없음으로 부처님을 상대하고, 치우친 마음이 없음으로 중생의 근기를 상대하는 것이니

부처님이 청하여도 설하지 않는다면 곧 스스로 아만을 높이는 것이어니와 지금에는 부처님의 위신력을 받아 설하거니 어찌 감히 아만이 있겠는가.

두 번째 또한 가히 중생의 근기를 널리 관찰한다고 한 아래는 그 뜻이 통함을 나타내고자 하여 도리어 아만이 없음으로 중생의 근기를 상대하고 치우친 마음이 없음으로 부처님을 상대한 것이다.

疏

欲令大衆增淨信者는 是敍說意니 謂衆先有信하야 深渴所聞일새 今更示說正地二大하야 增益聞者의 堪受正義니 不如言取를 名增淨信이라 若準論經인댄 更有增喜니 彼經云호대 欲令大衆으로 重增踊悅하야 生正信故라하니 以踊悅은 卽是淨信일새 故今略無

---

767 시방이라는 말 위에 後 자가 있는 것이 좋아 보증하여 번역하였다.
768 뒤에 시방을 관찰한다고 한 이전에 북장경에는 소문을 두 가지로 나누리니 先은 현의총과顯意總科요 後에 금초하今初下는 의문정석依文正釋이라 어중이 於中二니 初는 석설의釋說儀요 後는 석설의釋說意라 전중이前中二니 先은 거론석경擧論釋經이요 라는 말이 더 있다.

니라 故論云호대 踊悅者는 心淸不濁故라하니 由信以心淨爲性하야 則稱理而悅이니 以前說主가 違請中已令衆喜일새 故今云增이라하니라 如何得此踊悅고 論云호대 踊悅이 有二種하니 一은 義大踊悅이니 爲得義故요 二는 說大踊悅이니 因此說大하야 能得義故라하니라

대중으로 하여금 청정한 믿음을 증익케 하고자 하는 까닭이라고 한 것은 이것은 설하는 뜻을 서술한 것이니
말하자면 대중이 먼저 믿음이 있어서 들을 바를 깊이 갈앙하기에 지금에 다시 바른 지위의 이대二大를 시설示說하여 듣는 사람이 감당하여 받아가지는 바른 뜻을 증익케 하는 것이니
말과 같이 취하는 것을 청정한 믿음을 증익케 한다 이름하는 것이 아니다.
만약 『십지론경』을 기준한다면 다시 환희[769]를 증익함이 있나니 저 『십지론경』에 말하기를 대중으로 하여금 거듭 용열踊悅함을 증익하여 바른 믿음을 내게 하는 까닭이다 하였으니
용열이라고 한 것은 곧 이것은 청정한 믿음이기에 그런 까닭으로 지금에는 생략되어 없는 것이다.
그런 까닭으로 『십지론』에 말하기를 용열이라고 한 것은 마음이 청정하여 탁하지 않는 까닭이다 하였으니
믿음은 마음이 청정함으로써 자성을 삼는 것을 인유하여 곧 진리에

---

769 원문에 喜 자는 論經에는 용열踊悅이라 하였다.

칭합하여 용열하는 것이니
앞에 설주說主가 청하는 가운데 이미 대중으로 하여금 환희케 함을 어기기에 그런 까닭으로 지금에 말하기를 증익케 한다 하였다. 어떻게 이 용열함을 얻는가.
『십지론』에 말하기를 용열이 두 가지가 있나니
첫 번째는 의대용열義大踊悅이니 뜻을 얻기 위한 까닭이요
두 번째는 설대용열說大踊悅이니 이 설대를 인하여 능히 뜻을 얻는 까닭이다 하였다.

鈔

欲令大衆下는 二에 釋說意라 疏文有四하니 一은 依經釋이라 然疏에 示說正地는 該通二大라 遠公은 以示說로 爲說大하고 正地로 爲義大하니 乃成穿鑿이라 以前說主下는 三에 疏釋論中에 重增之言이라

대중으로 하여금 청정한 믿음을 증익케 하고자 하는 까닭이라고 한 아래는 두 번째 설하는 뜻을 해석한 것이다.
소문에 네 가지가 있나니
첫 번째는 경문을 의지하여 해석한 것이다.
그러나 소문에 바른 지위를 시설한다고 한 것은 이대二大를 해통該通한 것이다.
혜원법사는 시설示說로써 설대說大를 삼고 바른 지위正地로써 의대義大를 삼았으니 이에 천착[770]을 이루는 것이다.

앞에[771] 설주라고 한 아래는 세 번째 소가가 『십지론』 가운데 거듭 증익(重增)한다는 말을 해석한 것이다.

疏

義名所以요 深廣稱大니 卽是當法受名이요 說名詮表니 因於此說하야 得彼義故며 依所得義일새 故名爲大니 大之說故로 依他受稱이라 聞於二大하고 皆踊悅者는 因詮得旨하야 湛淨無疑하야 法喜內充일새 故增踊悅하나니 大意如此니라

의義라고 한 것은 까닭을 이름한 것이요
깊고 넓은 것은 크다고 이름하는 것이니
곧 이것은 법에 당하여 이름을 받은 것이요
설說이라고 한 것은 전표詮表를 이름한 것이니
이 설說을 인하여 저 뜻(義)을 얻는 까닭이며 얻은 바 뜻을 의지하기에
그런 까닭으로 이름을 크다고 하는 것이니
크다고 말한 까닭으로 다른 인연을 의지하여 이름을 받은 것이다.
이대二大를 듣고 다 용열한 것은 전표를 인하여 뜻을 얻어 맑고 의심이 없어 법의 환희가 안으로 충만하기에 그런 까닭으로 용열을 증익하나니 큰 뜻은 이와 같다.

---

770 천착이라는 말 아래 만약 『십지론』을 기준한다면이라고 한 아래는 두 번째 『십지론』을 인용하여 해석한 것이라는 말이 북장경에는 있다.
771 원문 以 자 위에 三 자는 연자衍字이다.

疏

然二大體相을 古說不同하니 遠公云호대 此地經中에 宗要有四하니 一은 是言敎요 二는 是所說敎道之行이요 三은 是所顯證道之行이요 四는 是證道所表地法이라 就此四中하야 初二는 爲說大니 以行은 依言成하고 言은 依行發일새 故合爲說이요 後二는 合爲義大니 以證은 依法成하고 法은 由證顯일새 故合爲義라하니라 賢首釋云호대 此經宗要가 有六하니 一은 所依果海니 如太虛空이요 二는 地智所證의 十重法界니 如空所畵之處요 三은 根本智로 能證法界니 如能依畵相이요 四는 此地後得으로 隨事起行하야 悲智不住요 五는 諸地加行으로 所起行解가 爲趣地方便이요 六은 寄法하야 顯成諸地差別이니 如第二地中엔 十善爲正이요 三地엔 禪支等이라 於此六中에 前三은 合爲義大요 後三은 合爲說大라하니라 然其後解엔 不取能詮者는 意云호대 如偈中에 七偈도 亦明義大어니 豈無能詮이리요 正應用所以甚深일새 故名之爲義요 可寄言說일새 故稱爲說이니 且依後解이라

그러나 이대의 자체와 모습을 고인이 같지 않다고 설하였으니 혜원법사가 말하기를 이 『십지경』 가운데 종요宗要가 네 가지가 있나니
첫 번째는 이 언교言敎요
두 번째는 이 설하는 바 교도敎道의 행이요
세 번째는 이 현시하는 바 증도證道의 행이요

네 번째는 이 증도의 표현하는 바 십지의 법이다.
이 네 가지 가운데 나아가 처음에 두 가지는 설대說大가 되는 것이니 행은 말을 의지하여 성립하고 말은 행을 의지하여 일어나기에 그런 까닭으로 말과 행을 합하여 설說이라고 하는 것이요
뒤에 두 가지는 합하여 의대가 되는 것이니
증證은 법을 의지하여 성립하고 법法은 증을 인유하여 나타나기에 그런 까닭으로 합하여 의義라 한다 하였다.
현수법사가 해석하여[772] 말하기를 이 경의 종요가 여섯 가지가 있나니
첫 번째는 의지하는 바 과해果海이니
큰 허공과 같은 것이요
두 번째는 십지의 지혜로 증득하는 바 십중의 법계(十重法界)이니 허공이 그리는 바의 처소와 같은 것이요
세 번째는 근본지로 능히 증득하는 법계이니
능히 의지하는 그림의 모습과 같은 것이요
네 번째는 이 지위의 후득지로 사실을 따라 행을 일으켜 자비와 지혜에 머물지 않는 것이요
다섯 번째는 모든 지위의 가행지로 일으킨 바 행해行解가 지위에 나아가는 방편이 되는 것이요
여섯 번째는 법을 의지하여 모든 지위의 차별을 나타내어 성립하는 것이니
제이지第二地[773] 가운데는 십선이 정지正地가 되고

---

[772] 원문에 현수석賢首釋이라고 한 것은 『탐현기探玄記』 제십권第十卷이다.

제삼지에는 선나가 정지가 되는 등과 같다.
이 여섯 가지 가운데 앞에 세 가지는 합하여 의대가 되고 뒤에 세 가지는 합하여 설대가 된다 하였다.
그러나 그 뒤에 해석[774]에는 능전을 취하지 아니한 것[775]은 그 뜻에 말하기를 저 게송 가운데 일곱 게송도[776] 또한 의대를 밝혔거니 어찌 능전이 없겠는가.
바로[777] 깊고도 깊기에 그런 까닭으로 이름을 의대라 하고, 가히 언설을 의지하기에 그런 까닭으로 이름을 설대라 하는 까닭을 응용

---

[773] 원문에 여제이지如第二地 운운은 『탐현기』 제십권에 제 이지 가운데는 오직 십선만이 그 정지正地가 됨을 밝히고 제 삼지에는 선나 밖에 나머지 지위가 의지하는 바가 되는 등을 밝히는 것과 같다 하였다.

[774] 원문에 후석後釋이란, 현수賢首스님의 해석이다.

[775] 원문에 불취능전不取能詮이라고 한 것은 현수스님이 이미 능전을 취하여 설대說大를 삼지 않았다면 곧 이것은 다만 가히 언설을 의지하는 것으로써 설대說大를 삼은 것이라 하겠다.

[776] 저 게송 가운데 일곱 게송이라고 한 것은 영인본 화엄 9책, p.299, 6행 고본으로는 출자권出字卷 1장 상 6행에 앞에 일곱 게송은 의대義大를 나타내고 뒤에 다섯 게송은 설대說大를 나타낸 것이다 하였으니 여래대선도如來大仙道 이하에 일곱 게송이다.

[777] 원문에 정응용正應用 등이라고 한 것은 『유망기』에는 응용應用의 소이所以가 깊고도 깊다 운운하였고, 『잡화기』에는 저 현수스님의 깊고도 깊은 것이 의대義大가 되고 가히 언설을 의지하는 것이 설대說大가 된다고 해석한 소이所以(까닭)를 바로 응용應用한 것이라 하여 應用의 所以가 아니라 應用을 爲說 아래 동사로 번역하였다. 『잡화기』의 해석이 옳다 하겠다. 그 이유는 현수스님의 해석을 청량스님이 응용應用하여 설하기에 그렇다.

한 것이니
또한 뒤에 해석[778]을 의지한 것이다.

鈔

四是證道者는 證道는 約人契會요 地法은 本自有之니 猶十二緣이
以法就人인댄 三世流轉이요 廢人論法인댄 性相常定이라

네 번째는 이 증도라고 한 것은 증도는 사람이 계합하여 아는 것을
잡은 것이요
십지의 법은 본래 스스로 있는 것이니
마치 십이인연이 법으로써 사람에 나아간다면 삼세에 유전하는
것이요
사람을 폐지하고 법을 논한다면 성상性相이 항상 일정한 것이다.

疏

古德因此하야 復辨可說不可說義하니라 然下論에 自明因果二分
에 說不說義하니 非無眉目일새 故今敍之니라 於中에 先就義大요
次約說大요 後辨雙融이라

고덕이 이것을 인하여 다시 가히 설할 수 있고 가히 설할 수 없는

---

[778] 원문에 후석後釋이란, 현수賢首스님의 해석이다.

뜻을 분별하였다.
그러나 아래『십지론』에 스스로 인과이분因果二分[779]에 설할 수 있고
설할 수 없다는 뜻을 밝혔으니
미목眉目[780]이 없지 않기에 그런 까닭으로 지금에 서술하는 것이다.
그 가운데 먼저는 의대에 나아가 말한 것이요
다음에는 설대를 잡아 말한 것이요
뒤에는 함께 융합함을 분별한 것이다.

鈔

然下論自明者는 論意云호대 因分爲可說이요 果分不可說이라하니 擧論此文은 卽奪古德이요 從非無眉目下는 縱成古義니 妙理는 無方故니라

그러나 아래『십지론』에[781] 스스로 밝혔다고 한 것은『십지론』의

---

779 원문에 인과이분因果二分이라고 한 것은 因은 설대說大가 되는 까닭으로 가히 설할 수 있고, 果는 의대義大가 되는 까닭으로 가히 설할 수 없다는 것이다.
780 미목眉目이라고 한 것은 안목眼目이니 가히 설할 수 있고 설할 수 없음을 볼 수 있는 안목이 있다는 것이다.
781 아래『십지론』이라고 한 것은 제이권이니『십지경』에 나는 다만 일분一分의 자비와 그리고 원력만을 설한다 운운하니『십지론』에 말하기를 나는 다만 일분一分만 설한다고 한 것은 이 말이 어떤 뜻이 있는가. 이 십지에 섭수하는 바가 두 가지가 있나니 첫 번째는 인분이고 두 번째는 과분이다 설한다고 한 것은 해석을 말하는 것이요 일분이라고 한 것은 이 인분이니 저 과분에

뜻에 말하기를 인분因分은 가히 설할 수 있고 과분果分은 가히 설할 수 없다 하였으니
논에 이 문장을 거론한 것은 곧 고덕의 말을 빼앗는 것이요
미목이 없지 않다고 한 것으로 좇아 아래는 고덕의 뜻을 좇으로 성립하는 것이니
묘한 진리는 방소가 없는 까닭이다.

疏

義中有三하니 一은 約果海니 可以總標擧하야 令人知有는 名爲可說이요 不可指斥示人은 名不可說이라

의대 가운데 세 가지가 있나니[782]
첫 번째는 과해果海를 잡은 것이니
가히 모두 다 표거[783]하여 사람으로 하여금 있는 줄 알게 하는 것은 이름이 가히 설할 수 있는 것이 되는 것이요
가히 배제[784]하여 사람에게 보여줄 수 없는 것은 이름이 가히 설할 수 없는 것이 되는 것이다.

일분인 까닭이다 하였다.
782 원문에 의중유삼義中有三이라고 한 것은 一은 과해果海이고, 二는 증처證處이고, 三은 본지本智이다.
783 원문에 총거總擧라 한 總 자는 초문鈔文에 개가皆可라 한 皆 자이다.
784 원문에 지척指斥이란, 곧 배제排擠하는 것이다.

鈔

義中有三下는 別顯이라 言可以標擧하야 令人知有者는 顯三意이 爲義大나 皆可標擧니 如前七偈가 卽其事也요 不可指斥者는 文云호대 言說莫能及이라호미 是也니라

의대 가운데 세 가지가 있다고 한 아래는 따로 나타낸 것이다. 가히 표거[785]하여 사람으로 하여금 있는 줄 알게 한다고 말한 것은 세 가지 뜻이 의대가 되지만 다 가히 표거임을 나타낸 것이니[786] 저 앞의 일곱 게송이 곧 그 사실이요[787] 가히 배제하여 사람에게 보여줄 수 없다고 한 것은 경문에 말하기를[788] 말로써 능히 미칠 수 없다고 한 것이 이것이다.

---

785 표거標擧란, 소문疏文에 총거總擧이다.
786 원문에 현삼의위의대顯三意爲義大나 개가표거皆可標擧라고 한 것은 의대義大의 삼의三意 가운데 모두 다 이 표거標擧의 뜻이 있다는 것이고 다만 이 과해果海에만 있다는 것을 말한 것은 아니다.
787 원문에 전칠게즉기사前七偈卽其事라고 한 것은 영인본 화엄 9책, p.287, 1행에 칠게七偈 가운데 의대義大의 뜻을 표거標擧한 까닭으로 칠게역명의대七偈亦明義大어니 기무능전豈無能詮이리요라고 표한 것이다.
788 원문에 문운文云이라고 한 것은 영인본 화엄 9책, p.313, 9행에 비언사소설非言辭所說이라 하고 영인본 화엄 9책, p.374, 9행에는 적멸불소행寂滅佛所行은 언설막능급言說莫能及이라 하였다. 즉 적멸은 부처님이 행하신 바이니 말로써 능히 미칠 수 없다는 것이다.

疏

二는 約證處니 旣此所證가 離相離名거늘 還云호대 此法不可說聞
이라하니 以此遣言之言으로 當彼法故로 名爲可說이요 有言斯遣
은 名不可說이라

두 번째는 증득한 곳을 잡은 것이니
이미 이 증득한 바가 모습을 떠나고 이름을 떠났거늘 도리어 말하기를 이 법은 가히 설할 수도 들을 수도 없다 하였으니
이것은 말을 보내는 말로써 저 법에 해당시킨 까닭으로 이름을 가히 설할 수 있다고 하는 것이요
말이 있음에 이에 보내는 것은 이름을 가히 설할 수 없다고 하는 것이다.

鈔

二約證處等者는 如鳥足의 所履之處를 以喩所證호대 而言此處는
非有非無는 卽爲可說이요 爲跡之處를 不可顯示는 名不可說이라

두 번째는 증득한 곳을 잡은 것이라고 한 것은 새의 발이 밟은 바 처소를[789] 증득한 바에 비유하되 이곳은 있지도 않고 없지도 않다고 말하는 것은 곧 가히 설할 수 있는 것이 되는 것이요

---

789 새의 발이 밟은 바 처소라고 한 것은 곧 허공의 처소이다.

자취를 남긴 곳을 가히 현시할 수 없다고 말하는 것은 이름이 가히 설할 수 없는 것이 되는 것과 같다.

疏

三은 約本智니 謂以遮詮易解일새 故名可說이요 直詮不逮일새 故不可說이라

세 번째는 근본지를 잡은 것이니
말하자면 차전遮詮은 알기가 쉽기에 그런 까닭으로 가히 설할 수 있다고 이름하고, 직전直詮은 미치지 못하기에 그런 까닭으로 가히 설할 수 없다고 이름하는 것이다.

鈔

三約本智等은 謂以空中鳥跡으로 喩於證智니 說有空中之跡은 卽是可說이요 不可示其長短大小는 卽不可說이라

세 번째는 근본지를 잡은 것이라고 한 등은 말하자면 허공 가운데 새의 자취로써 저 증득한 지혜에 비유한 것이니
허공 가운데 자취가 있다고 말하는 것은 곧 이것은 가히 설할 수 있다는 것이요
가히 그 길고 짧고 크고 작음을 현시할 수 없다고 하는 것은 곧 이것은 가히 설할 수 없다는 것이다.

疏

攝論云호대 無分別智는 離五相故니 謂睡眠昏醉等이라하니 以直詮不到일새 故約遮詮하야 以示彼法이라

『섭대승론』에 말하기를[790] 무분별지혜는 다섯 가지 모습을 떠난 까닭이니
말하자면 수면과 혼취昏醉 등이다 하였으니
직전은 이르지 못하기에 그런 까닭으로 차전을 잡아 저 법을 현시한 것이다.

鈔

攝論云者는 雙證說不說義니 卽無性攝論第八에 增上慧品第九라 論曰호대 此中無分別智는 離五種相으로 以爲自性하나니 一은 離無作意故요 二는 離過有尋有伺地故요 三은 離想受滅寂靜故요 四는 離色自性故요 五는 離於眞義에 異計度故니 離此五相이 應知是無分別智라하얏거늘 釋論曰호대 依智自性하야 說離五相은 由遮詮門하야 說智體相이니 以表詮門은 不可說故로 遣分別門에 無分別智의 其相可了니라 若異此智인댄 應有分別하리니 何等分別고 謂後에 廣說無作意等이라 若無作意가 是無分別智者인댄 睡眠醉等無所作意가 應成無分別智하리라 然不應許하나니 由離功用하야 應得無煩惱

---

[790] 원문에 섭론운攝論云이라고 한 아래는 인증引證이니 第三에 약본지約本智에 대하여 인증한 것이다.

故니 若二是者인댄 第二靜慮已上이 應成無分別智요 若三是者인댄 此智體相을 難可成立이니 以彼離心하야 無有心法故요 若四是者인댄 應不成智가 如四大로 所造故요 若五是者인댄 此智不成이니 是無分別性에 有分別故니라 論頌云호대 諸菩薩自性에 遠離五種相이 是無分別智니 不異計於眞이라하얏거늘 釋論云호대 前三句는 遮五요 第四句는 正說自性이라하니 已上引論이라 今疏中에 言睡眠醉等은 略擧五相之一이라 等字는 二義니 一者는 等取餘四니 皆爲證成第三約智耳니라 二者는 等於無想定과 及無想報니 以五位無心에 略擧二故며 第五滅定은 第三相中에 自揀竟故니라 以直詮不到下는 卽釋論意니 具如上引하니라 上句는 卽不可說이요 下句는 卽可說義니라 又上三義는 且從別義하야 配果海等이나 而實三義가 俱通果海와 理智等三이니 皆可標擧며 不可攝示며 寄言遣言이며 約遮約表니 思之니라 又上三義에 明說不說이 更有二義하니 一은 約自體眞法을 五相顯現은 名爲可說이니 如經云호대 智起佛境界等이니 謂以如顯智하며 以智顯如는 名爲可說이요 不可以此性相으로 別取는 名不可說이라 二者는 情實相對니 以情望實인댄 情外有眞하야 可以談說이요 據眞就情인댄 眞外無情거니 用何起說이리요

『섭대승론』에 말하였다고 한 것은 설할 수 있고 설할 수 없는 뜻을 함께 증거한 것이니
곧 『무성섭론』 제팔권 증상혜품 제 아홉 번째이다.
그 『섭론』에 말하기를 이 가운데 무분별지혜는 다섯 가지 모습을 떠남으로써 자성을 삼나니

첫 번째는 무작無作의 뜻[791]을 떠나는 까닭이요

두 번째는 심구(尋)함이 있고[792] 사찰(伺)함이 있는 지위를 떠나고 초과하는 까닭이요

세 번째는 상수멸想受滅[793]의 적정을 떠나는 까닭이요

네 번째는 색의 자성을 떠나는 까닭이요

다섯 번째는 진여의 뜻에 달리 헤아리는[794] 것을 떠나는 까닭이니 이 다섯 가지 모습을 떠나는 것이 응당 이 무분별지혜인 줄 알아야 할 것이다 하였거늘

『석론釋論』에 말하기를 지혜의 자성을 의지하여 다섯 가지 모습을 떠난다고 말한 것은 차전문遮詮門을 인유하여 지혜의 자체와 모습을 설하는 것이니

표전문表詮門은 가히 설할 수 없는 까닭으로 분별을 보내는 문門에[795] 무분별지혜의 그 모습을 가히 아는 것이다.

---

791 원문에 무작의無作意란, 무소작의無所作意이다.
792 원문에 二에 이과유심離過有尋 운운은 심구하고 사찰하는 것을 초과하는 것을 또한 떠나는 것이니 이선二禪 이상에는 심구하고 사찰하는 것을 초과하였으나 그러나 분별이 없지 않는 까닭이다. 『잡화기雜華記』에는 사선정려四禪靜慮 가운데 초선初禪은 심구함을 떠나고 사찰함을 초과하는 까닭이다 하였다.
793 상수멸想受滅이란, 상과 수가 멸한 것을 말한다. 상수멸적정은 상수멸무위를 말하고 있다 하겠다.
794 원문에 이계탁異計度이라고 말한 것은 분별分別을 말한다.
795 원문에 견분별문遣分別門이라고 한 것은 견遣은 차遮의 뜻이고 분별分別은 전詮의 뜻이다.

만약 이 무분별지혜와 다르다고 한다면 응당 분별이 있어야 할 것이니

어떤 등이 분별이 되는가.

말하자면 뒤에 무작의 뜻을 널리 설한 등이다.

만약 무작의 뜻이 이 무분별지혜라고 한다면 수면과 혼취 등 무소작의 뜻이 응당 무분별지혜를 이루어야 할 것이다.

그러나 응당 허락할 수 없나니 공용功用[796]을 떠남을 인유하여[797] 응당 번뇌[798]가 없음을 얻는 까닭이니

만약 두 번째가 이것이라고 한다면[799] 제이정려第二靜慮[800] 이상이 응당 무분별지혜를 이루어야 할 것이요

만약 세 번째가 이것이라고 한다면[801] 이 지혜의 자체와 모습을

---

[796] 공용功用이란, 분별分別이다.

[797] 원문에 유리공용由離功用 등이라고 한 것은 수면과 혼취 등도 또한 응당 근본지와 같아서 공용功用(分別)을 떠나 번뇌가 없다고 말해야 이에 옳다는 것이다.

[798] 본 『섭론攝論』엔 번뇌煩惱가 전도顚倒로 되어 있다.

[799] 원문에 약이시자若二是者 운운은 『섭론』에 말하기를 만약 심구하고 사찰하는 지위(尋伺地)를 초과하는 것이 이 무분별지혜라고 한다면 제이정려第二靜慮 이상의 모든 지위에 일체 이생異生과 그리고 성문 등이 응당 무분별지혜를 이루어야 할 것이다 하였다.

[800] 제이정려第二靜慮는 제이선천第二禪天이다.

[801] 원문에 약삼시자若三是者 운운은 『섭론』에 말하기를 만약 상수멸이 이 무분별지혜라고 한다면 이 지혜의 자체와 모습을 가히 성립하기 어렵나니, 상수想受가 없는 가운데 마음을 떠나 모든 마음의 법이 있을 수 없는 까닭이니, 의식이 멸함을 인유하여 저 무심을 설하는 것이다 하였다.

가히 성립하기 어렵나니

저[802] 사람이 마음을 떠나서 마음의 법이 있을 수 없는 까닭이요
만약 네 번째가 이것이라고 한다면[803] 응당 지혜를 이룰 수 없는
것이 마치 사대四大로 조작된 바와 같은 까닭이요
만약 다섯 번째가 이것이라고 한다면 이 지혜를 성립할 수 없나니
이것은 무분별의 자성에 분별이 있는 까닭이다.
『섭론』 게송에 말하기를

모든 보살이 자성에
다섯 가지 모습을 멀리 떠나는 것이
이것이 무분별지혜이니
진여의 뜻에 달리 헤아리지 않는다 하였거늘
『석론釋論』에 말하기를 앞에 세 구절은 다섯 가지 모습을 막는 것이요
제 네 번째 구절은 바로 자성을 설한 것이다[804] 하였으니,
이상은 『섭론』을 인용한 것이다.

802　원문에 피彼란, 멸수상정滅受想定에 들어간 사람이다.
803　원문에 약사시자若四是者 운운은 『섭론』에 말하기를 만약 그 색이 무분별지혜라고 할 것 같으면 응당 무분별지혜를 이룰 수 없는 것이 비유하자면 사대종四大種으로 조작된 바 색과 같은 까닭이다 하였다.
804　원문에 제사구第四句는 정설자성正說自性이라고 한 것은 『석론釋論』에 갖추어 말하기를 저 진여의 뜻에 달리 헤아리지 않는 것으로 자성自性을 삼나니 자성의 자체는 그 뜻이 차별이 없다 하였다.

지금 소문에 수면과 혼취 등이라고 말한 것은 다섯 가지 모습에 한 가지 모습만 간략하게 거론한 것이다.
등等이라고 한 것은 두 가지 뜻이 있나니
첫 번째는 나머지 네 가지 모습을 등취한 것이니
다 제 세 번째 근본지를 잡았다는 것을 증거하여 성립한 것이다.
두 번째는 무상정無想定과 그리고 무상보無想報를 등취한 것이니
오위무심五位無心[805]에 두 가지만 간략하게 거론한 까닭이며
제 다섯 번째 멸진정은 제 세 번째 모습[806] 가운데 스스로 가려 마친 까닭이다.

직전은 이르지 못한다고 한 아래는 곧 『석론』의 뜻이니
갖추어 말한 것은 위에 인용한 것과[807] 같다.
위에 구절은[808] 곧 가히 설할 수 없다는 것이요
아래 구절은[809] 곧 가히 설할 수 있다는 뜻이다.
또 위에 세 가지 뜻은 또한[810] 별의別義를 좇아 과해 등에 배속하였지만

---

805 오위무심五位無心이라고 한 것은 법상종에서 제육식이 간단間斷하는 자리에 다섯 가지를 세운 것이니 一은 무상천, 二는 무상정, 三은 멸진정, 四는 극수면極睡眠, 五는 극민절極悶絕이다.
806 제 세 번째 모습이란, 三은 이상수멸離想受滅이라 한 것이다.
807 위에 인용한 것이란, 영인본 화엄 9책, p.290, 1행이다.
808 위에 구절이란, 소문에 무분별지無分別智 운운한 것이다.
809 아래 구절이란, 소문에 직전부도直詮不到 운운한 것이다.
810 또 위에 세 가지 뜻은 또한 운운한 것은 영인본 화엄 9책, p.288, 2행 초문에 있다.

실은 세 가지 뜻이 함께 과해와 이理와 지智[811] 등 세 가지에 통하는 것이니,

다 가히 표거한 것이며

가히 섭시攝示[812]한 것이 아니며

말을 의지하여 말을 보내는 것이며

차전을 잡고 표전을 잡은 것이니

생각할 것이다.

또 위에 세 가지 뜻에 설할 수 있는 것과 설할 수 없는 것을 밝힌[813] 것이 다시 두 가지 뜻이 있나니

첫 번째는 자체 진여의 법[814]을 다섯 가지[815] 모습으로 나타냄을 잡은 것은 이름이 가히 설할 수 있는 것이 되는 것이니

저 경문에 말하기를[816] 지혜로 부처님의 경계를 생기한다 한 것과 같나니

말하자면 진여로써 지혜를 나타내며 지혜로써 진여를 나타내는 것은 이름이 가히 설할 수 있는 것이 되는 것이요

가히 이 자성과 모습으로써 따로 취하지 않는 것은 이름이 가히

---

811 이理와 지智라고 한 것은 理는 증처證處이고 智는 본지本智이다.

812 원문에 攝 자는 북장北藏엔 指 자이다.

813 원문에 상삼의上三義에 명설불설明說不說이라고 한 것은 영인본 화엄 9책, p.288, 2행, 과해초문果海鈔文이다.

814 원문에 一에 자체진법自體眞法이라고 한 것은 자체自體는 如이고, 진법眞法은 智이다.

815 원문에 五는 타본他本엔 互 자로 된 곳도 있으나 五 자가 좋다.

816 원문에 여경운如經云이라고 한 것은 영인본 화엄 9책, p.377, 6행이다.

설할 수 없는 것이 되는 것이다.
두 번째는 망정과 진실을 상대한 것이니
망정으로써 진실을 바라본다면 망정 밖에 진실이 있어서 가히 설한다 말할 것이요
진실을 의거하여 망정에 나아간다면 진실 밖에 망정이 없거니 무엇으로써 설함을 생기하겠는가.

疏

二는 就說大中하야 亦三이니 一은 約後得智니 隨事行相은 可以言辭分別일새 是則可說이요 是出世間일새 故不可說이라

두 번째는 설대說大 가운데 나아가 또한 세 가지가 있나니
첫 번째는 후득지를 잡은 것이니
사실을 따르는 행상은 가히 말로써 분별하기에 이것은 곧 가히 설할 수 있는 것이요
이것[817]은 세간을 벗어났기에 그런 까닭으로 가히 설할 수 없는 것이다.

鈔

是出世間者는 以後得智가 必由證眞일새 故是出世라하니 如何可說

---

817 원문에 是란, 후득지後得智이다.

이리요

이것은 세간을 벗어났다고 한 것은 후득지가 반드시 진여를 증득함을 인유하기에 그런 까닭으로 이것은 세간을 벗어났다 한 것이니 어떻게 가히 설하겠는가.

疏

二는 約加行智니 謂是意言觀故로 是則可說이요 觀中行相은 言不至故로 名不可說이라 又諸法自相은 皆不可說이요 諸法共相은 皆是可說이니 此通一切法이라

두 번째는 가행지를 잡은 것이니
말하자면 이것은 마음(意)과 말로써 관찰하는 까닭으로 이것은 곧 가히 설할 수 있는 것이요
관찰하는 가운데 행상行相은 말로써 이를 수 없는 까닭으로 이름을 가히 설할 수 없다 한 것이다.
또 모든 법의 자상自相은 다 가히 설할 수 없는 것이요
모든 법의 공상共相은 다 가히 설할 수 있는 것이니
이것은 일체법에 통하는 것이다.

鈔

觀中行相者는 以修中觀은 必稱性修니 性出名言일새 故不可說이라

故彌勒云호대 種性麤相은 我已略說거니와 諸餘實義는 唯佛能知라 하니라 又諸法自相者는 此依因明論이니 謂一切法上實義는 皆名自相이니 以諸法上에 自相共相은 各附己體하고 不共他故니라 若分別心으로 立一種類인댄 能詮所詮이 通在諸法이 如縷貫華일새 名爲共相이니 此要散心으로 分別假立은 是比量境이요 一切定心으로 離此分別은 皆名現量이라하니 如第十唯識疏說하니라 然就說大中하야 約加行智하야 傍出此義하니 以其加行은 觀法廣故로 通意言觀일새 故傍出也니라

관찰하는 가운데 행상이라고 한 것은 수행하는 가운데 관찰하는 것은 반드시 자성에 칭합하여 닦는 것이니
자성은 명자와 언어를 벗어났기에 그런 까닭으로 가히 말할 수 없는 것이다.
그런 까닭으로 미륵이 말하기를[818] 종성種性의 큰 모습은 내가 이미 간략하게 설하였거니와 모든 나머지 진실한 뜻은 오직 부처님이라야 능히 알 수 있다 하였다.
또 모든 법의 자상이라고 한 것은 이것은 『인명론』을 인유한 것이니 말하자면 일체법의 분상에 진실한 뜻은 다 자상이라 이름하는 것이니
모든 법의 분상에 자상과 공상은 각각 자기의 자체만을 따르고[819]

---

818 미륵彌勒이 말하였다고 한 것은 『유가론瑜伽論』에 미륵彌勒이 설한 바이다.
819 원문에 각부기체各附己體라고 한 것은 자상自相에 나아간다면 색 가운데 진실한 뜻을 심心 가운데 진실한 뜻이라 말할 수 없는 등이며, 공상共相에

다른 모습과는 같이 하지 않는 까닭이다.

만약 분별심으로써 한 가지 유형을 세운다면[820] 능전과 소전이 모든 법에 통하여 있는 것이 실로써 꽃을 꿰는 것과 같기에 이름을 공상이라 하는 것이니

이것은 요컨대[821] 산란한 마음으로 분별하여 거짓으로 세운 것은 이것은 비량比量의 경계요

일체 선정의 마음으로 이 분별을 떠난 것은 다 현량現量이라 이름한다 하였으니

나아간다면 무상無常 가운데 진실한 뜻을 고苦 가운데 진실한 뜻이라 말할 수 없는 등이니 성性으로써 법法을 따르는 까닭이다.

[820] 원문에 약분별심若分別心으로 입일종류立一種類라고 한 것은 말하자면 비량比量으로써 모든 법의 분상에 무상無常의 일의一義와 혹 고苦의 일의一義를 세우는 것이니, 능전能詮은 모든 법이고 소전所詮은 무상無常, 고苦 등의 뜻이다. 그런 까닭으로 능전과 소전이 모든 법에 통하여 있다는 것이다. 비량比量은 공상共相이고 현상現相은 자상自相이다. 이상은 『유망기』의 말이다. 『잡화기雜華記』에는 말하기를 분별심이 색 등의 종류를 가립假立하여 색이라 말하고 심이라 말하는 등으로 공상을 삼나니, 공상이란 능전과 소전이 서로 함께 하는 것이 마치 실로써 꽃을 꿰는 것과 같은 까닭이다. 그러한즉 여기에 자상이라 말한 것은 다만 소전의 분상에만 나아가 피차가 진실한 뜻으로써 상대하여 설한 것이고, 공상은 능전과 소전이 서로 함께하는 것으로써 설하는 까닭이다. 우(愚 : 『私記』主)는 자상은 색과 상과 그리고 무상 등의 진실한 뜻이 각각 본체本體에 부착되어 다른 능전으로 더불어 함께하지 않는 까닭으로 자상이라 말하고 함께하는 까닭으로 공상이라 하는 줄 알 수 있을 것이다 하였다.

[821] 원문에 차요此要라고 한 아래는 위에 분별심分別心이라는 글자가 비량比量을 가리키는 것이고 현량現量을 말하는 것이 아니다.

제십권 『유식론』 소문에 설한 것과 같다.
그러나 설대說大 가운데 나아가 가행지를 잡아 옆으로 이 뜻을 설출하였으니
그 가행지는[822] 관법이 넓은 까닭으로 마음과 말로써 관찰함에 통하기에 그런 까닭으로 옆으로 설출한 것이다.

疏

三은 約所寄法이니 可以寄此表示하야 令人解十地케할새 故名爲可說이요 不可以此로 卽爲十地일새 名不可說이라

세 번째는 의지하는 바 법을 잡은 것이니[823]
가히 이것을 의지하여 표시하여 사람으로 하여금 십지를 알게 하기에 그런 까닭으로 가히 설할 수 있다고 이름하는 것이요
가히 이것으로써 곧 십지를 삼을 수 없기에 가히 설할 수 없다고 이름하는 것이다.

---

[822] 원문에 이가행以加行이라고 한 아래는 가행지 가운데 이 자상과 공상의 소이所以를 옆으로 설출한 것이니 두 가지 뜻이 있다. 첫 번째는 가행의 관법이 넓은 까닭이고, 두 번째는 자상과 공상이 또한 마음과 말로써 관찰함에 통하는 까닭이다.

[823] 원문에 三은 약소기법約所寄法이라고 한 것은 저 초지는 보시에 의지하고 이지二地는 지계에 의지하는 등이다. 십지를 십바라밀에 의지하여 십지十地의 모습을 알게 하였으나 가히 이 십바라밀로써 십지를 삼지 않는 까닭으로 가히 설할 수 없다 말한 것이다.

疏

三은 約雙融中에 此上六中에 各說이 卽是無說이며 無說卽說이니 無二俱融하니라 準思可知니라 又果海離緣일새 故不可說이요 所證就緣일새 是則可說이라 二는 所證非修일새 故不可說이요 能證修起일새 是則可說이라 三은 正證離相일새 故不可說이요 後得帶相일새 是則可說이라 四는 後得無分別일새 故不可說이요 加行有意言일새 是則可說이라 五는 加行觀은 無分別일새 故不可說이요 六은 寄法表地일새 是則可說이라

세 번째는 함께 원융함을 잡은 가운데 이 위에 여섯 가지[824] 가운데 각각 설할 수 있는 것이 곧 이 설할 수 없는 것이며 설할 수 없는 것이 곧 설할 수 있는 것이니,
둘이 없어 함께 원융한 것이다.
이것을 기준하여 생각하면 가히 알 수가 있을 것이다.
또 과해果海는 인연을 떠났기에 그런 까닭으로 가히 말할 수 없는 것이요
증득하는 바는 인연에 나아가기에 이것은 곧 가히 설할 수 있는 것이다.
두 번째는 소증은 수행할 바가 아니기에 그런 까닭으로 가히 설할

---

824 원문에 차상육此上六이라고 한 것은 영인본 화엄 9책, p.286, 5행에 현수賢首가 말한 차경此經의 종요宗要가 六이니 소문疏文으로는 영인본 화엄 9책, p.288, 1행에 義大中 三과 같은 책 p.292, 4행에 說大中 三이다.

수 없는 것이요

능증은 수행을 생기하기에 이것은 곧 가히 설할 수 있는 것이다. 세 번째는 정증正證은 모습을 떠났기에 그런 까닭으로 가히 말할 수 없는 것이요

후득지는 모습을 띠기에 이것은 곧 가히 말할 수 있는 것이다. 네 번째는 후득지는 분별이 없기에 그런 까닭으로 가히 말할 수 없는 것이요

가행지는 마음과 말이 있기에 이것은 곧 가히 설할 수 있는 것이다. 다섯 번째는 가행지로 관찰하는 것은 분별이 없기에 그런 까닭으로 가히 말할 수 없는 것이요

여섯 번째는[825] 법을 의지하는 것은 지위를 표하기에 이것은 곧 가히 설할 수 있는 것이다.

鈔

又果海離緣下는 上에 說不說은 通其六重이요 此下는 六重相望인댄 則初後唯一이요 中間具二이라

또 과해는 인연을 떠났다고 한 아래는 위에 설할 수 있는 것과 설할 수 없는 것은 그 육중六重으로 해석함에 통하는 것이요 이 아래는 육중으로 해석한 것이 서로 바라본다면 곧 처음과 뒤에는

---

825 원문에 說 자 아래에 六 자가 빠졌으니, 즉 여섯 번째는 법을 의지하는 것은이라 번역할 것이다.

오직 하나뿐이요
중간은 두 가지를 갖추었다.[826]

疏

此上에 不可說이 皆各不異於可說이니 以眞理普遍故요 可說이 不異不可說이니 以緣修無性故라 是故下文에 雖說一分이라하나 義亦不少니라 故論云호대 如實滿足攝取故라하니 意在於此니라 涅槃亦云호대 不生生等은 皆不可說이요 有因緣故로 亦可得說이라하니 故說不說을 不可局執이어다 餘至下明하리라

이 위에 가히 설할 수 없는 것이 다 각각 가히 설할 수 있는 것과 다르지 않나니
진리가 널리 두루하는 까닭이요
가히 말할 수 있는 것이 가히 말할 수 없는 것과 다르지 않나니 인연으로 수행하는 것이 자성이 없는 까닭이다.
이런 까닭으로 아래 경문에[827] 비록 일분一分[828]을 설한다 하였으나

---

826 원문에 초후유일初後唯一이라고 한 것은 차라리 後二는 唯一이라 하고, 중간구이中間具二라고 한 것은 初四는 具二라 할 것이다. 六 가운데 처음에 四는 불가설不可說과 가설可說을 둘 다 갖추어 말하고 있고, 뒤에 五는 불가설 하나만 말하고, 六은 가설 하나만 말하고 있기 때문이다.

827 아래 경문이란, 영인본 화엄 9책, p.406, 4행이다.

828 원문에 설일분說一分이라 한 일분一分은 인분因分이니 인분因分은 가설可說이다. 그러나 과분果分은 불가설不可說이다. 『십지경』에는 아단설일분我但說一

그 뜻은 또한 소분少分이 아니다.[829]

그런 까닭으로 『십지론』에 말하기를[830] 여실히 만족하게 섭취하는[831] 까닭이다 하였으니

그 뜻이 여기에 있는 것이다.

『열반경』[832]에 또한 말하기를 나지 않지만 난다는 등은 다 가히 설할 수 없는 것이요

인연이 있는 까닭으로 또한 가히 설함을 얻는다 하였으니

그런 까닭으로 설할 수 있는 것과 설할 수 없는 것을 가히 극집하지 말 것이다.

나머지는 아래에 이르러 밝히겠다.

鈔

此上不可說下는 三에 融通이라 於中二니 先은 正融通이니 以眞理普遍故者는 眞理不可說이나 普遍於事일새 是故可說이니라 言以緣修

分이라 하고 이 『화엄경』에는 금설소분今說少分이라 하였다.
829 원문에 의역불소義亦不少라고 한 것은 인분因分만 설하기에 소분小分이나 불가설不可說의 과분果分을 함유하고 있기에 소분小分이 아니다.
830 원문에 논운論云이라고 한 것은 이 논은 설일분구說一分句 가운데 논문이 아니고 그 뒤에 여시지입행如是智入行으로 여실만족주如實滿足住라고 한 구절 가운데 논문이니 운하입云何入고 여실만족섭취如實滿足攝取라 하였다.
831 원문에 여실만족섭취如實滿足攝取라고 한 것은 과분果分이 인분因分과 다르지 않기에 여실히 만족하게 취한다는 것이다.
832 『열반경涅槃經』이란, 한글대장경으로 열반부 1, p.392, 上段, 제19권이다. 북장경北藏經은 고귀덕왕품 제1이다.

無性故者는 緣修卽可說이나 無性故로 便同眞理하야 不可說也니라 是故下는 二에 引證이라 先引當經이니 卽末偈云호대 我今說少分이라하니라 涅槃亦云下는 二에 引他經이니 卽涅槃北本二十一 高貴德王菩薩品에 說十功德中에 第一智慧功德이라 因辯修行大般涅槃하면 聞所未聞하야 瑠璃光菩薩이 從東方不動世界滿月佛所로 而來問佛하시니 便明至不至義어늘 世尊이 以生不生等으로 釋成至不至義호대 略有六句하니 四句는 是複이니 一은 不生生을 不可說이라 二는 生生을 不可說이요 三은 生不生을 不可說이요 四는 不生不生을 不可說이라 二句는 單云이니 五는 生亦不可說이요 六은 不生亦不可說이라하니 今略釋之하리라 第一句는 未生之法이 名爲不生이요 有可生性이 名之爲生이니 旣不生이 爲他所生일새 故不可作不生生說也니라 第二句는 謂生相이 能生可生之法이 名爲生生이어니와 今엔 生相이 不能自生이라 旣不自生거니 何故生他리요 故不可作生生說이니라 第三句는 謂生相이 能生未生之法이 名生不生이어니와 今엔 由不生無漏일새 故不可作生不生說이니라 第四句는 謂未生時에 無有生事이 名不生不生이니 如虛空이 未生之時에 無有生事일새 不能令生有漏之法케하니라 旣未生時에 無有生事하니 若有緣會하면 則能生耶일새 故不可作不生不生說也니라 五는 生相是生이나 不能自生일새 故不可說이니라 六은 未生是不生이나 緣會便生일새 故不可說이니라 言有因緣故로 亦不得說者는 經云호대 有十因緣일새 則可得說이라하니 遠公二釋호대 一은 以十二緣生에 前十이 共爲生支之因이요 二者는 卽地持等에 十因이니 謂一은 隨說因이요 二는 觀待因이요 三은 牽引因이요 四는 攝受因이요 五는 生起因이요 六은 引發因이요

七은 定異因이요 八은 同事因이요 九는 相違因이요 十은 不相違因이라 하니라 釋曰後義가 爲善이니 廣如唯識等하니라 然彼經中엔 廣解不生等相이나 今但略引하야 證說默之旨할새 故不廣具하니라

이 위에 가히 설할 수 없는 것이라고 한 아래는 세 번째 바로 융합하여 통석한 것이다.
그 가운데 두 가지가 있나니
먼저는 바로 융합하여 통석한[833] 것이니
진리가 널리 두루한 까닭이라고 한 것은 진리는 가히 설할 수 없지만 사실에 널리 두루하기에 이런 까닭으로 가히 설할 수 있는 것이다. 인연으로 수행하는 것이 자성이 없는 까닭이라고 말한 것은 인연으로 수행하는 것은 곧 가히 설할 수 있지만 자성이 없는 까닭으로 곧 진리와 같아 가히 설할 수 없는 것이다.
이런 까닭으로라고 한 아래는[834] 두 번째 인용하여 증거한 것이다.
먼저는 당경當經을 인용한 것이니
곧 말후의 게송[835]에 말하기를 내가 지금 소분만 설하겠다 하였다.

『열반경』에 또한 말하였다고 한 아래는 두 번째 다른 경을 인용한

---

833 융통融通이라고 한 아래에 북장경에는 二는 인증引證이라는 말이 있다.
834 원문 下 자 아래 二 자가 있으면 좋아 보증하였다.
835 원문에 말게未偈라고 한 것은 정현게사십이게正顯偈詞十二偈 가운데 말게未偈이니 영인본 화엄 9책, p.406, 4행이다. 곧 차처난선시此處難宣示나 아금설소분我今說小分이라 한 것이다.

것이니

곧 『열반경』 북장경본 제이십일권 고귀덕왕보살품에 열 가지 공덕을 설하는 가운데 첫 번째 지혜공덕을 설한 것이다.

대반열반을 수행하면 아직 듣지 못한 바를 모두 듣는다고 말함을 인하여[836] 유리광보살이 동방의 부동세계에 만월광 부처님 처소로 좇아옴에 부처님이 물으시니[837] 곧 유리광보살이 이르고 이르지 아니한 뜻을 밝히거늘, 세존이 나지만 나지 않는다는 등으로써 이르고 이르지 아니한[838] 뜻을 해석하여 성립하되 간략하게 여섯 구절[839]이 있나니

앞에 네 구절은 두 가지를 복합[840]하여 말한 것이니

첫 번째는 나지 않지만 난다는 것을 가히 설할 수 없는 것이요

두 번째는 나지만 난다는 것을 가히 설할 수 없는 것이요

---

[836] 원문에 인변수행因辨修行 운운은 한글대장경 열반부, p.388, 下에 부처님이 말씀하시기를 선남자야, 보살마하살이 만약 대반열반을 수행하면 듣지 못한 바를 다 듣는다 하였고, 저 유리광보살마하살이 만월광명보살에게 물은 것도 고귀덕왕보살마하살이 물은 것과 다름이 없었다 하였다.

[837] 원문에 문불問佛이라고 한 것은 세존이 유리광보살에게 묻기를 그대는 이르러서 왔는가, 이르지 않고 왔는가. 세존이시여, 이르러서 오지도 않았고, 으르지 않고서도 오지 않았습니다 한 것을 말한다. 역시 위의 책 p.388. 下이다.

[838] 원문에 지부지至不至라고 한 것은 유리광보살이 이 회중에 이르고 이르지 아니한 뜻을 말하는 것이다.

[839] 원문에 육구六句라고 한 것은 한글대장경 열반부, p.392, 上段이니 여기에 말한 것과 같다. 다만 숫자 표시는 없다.

[840] 원문에 복複이란, 不生과 生, 生과 不生이라고 둘을 복합하여 말하였다는 것이다.

세 번째는 나지만 나지 않는다는 것을 가히 설할 수 없는 것이요
네 번째는 나지 않지만 나지 않는다는 것을 가히 설할 수 없는 것이다.
뒤에 두 구절은 한 가지만 말한 것이니
다섯 번째는 나는 것도 또한 가히 설할 수 없는 것이요
여섯 번째는 나지 않는 것도 또한 가히 설할 수 없는 것이다 하였으니
지금에 간략하게 해석하겠다.
제일구第一句는 아직 나지 아니한 법이 이름이 나지 않는 것이 되는 것이요
가히 난 자성이 있는 것이 이름이 나는 것이 되는 것이니
이미 나지 않는 것이 저 나는 바가 되기에 그런 까닭으로 가히 나지 않지만 난다는[841] 말을 지을 수 없는 것이다.
제이구第二句는 말하자면 나는 모습이 가히 날 법을 능히 내는 것이 이름이 나지만 난다는 것이 되거니와 지금에는 나는 모습이 능히 스스로 나는 것이 아니다.
이미 스스로 나는 것이 아니거니 무슨 까닭으로 저 법을 내겠는가. 그런 까닭으로 나지만 난다는 말을 지을 수 없는 것이다.
제삼구第三句는 말하자면 나는 모습이 아직 나지 않는 법을 능히 내는 것이 이름이 나지만 나지 않는다는 것이 되거니와 지금에는 무루법을 내지 아니함을 인유하기에 그런 까닭으로 가히 나지만

---

841 원문 生 자 아래 生 자가 하나 더 있어야 한다. 나는 보충하였다.

나지 않는다는 말을 지을 수 없는 것이다.

제사구第四句는 말하자면 아직 나지 아니할 때에 나는 사실이 없는 것이 이름이 나지 않지만 나지 않는다는 것이니

마치 허공이 나지 아니할 때에 나는 사실이 없기에 능히 하여금 유루의 법을 내게 하지 못하는 것과 같다.

이미 나지 아니할 때에 나는 사실이 없었으니 만약 인연이 모임이 있다면 곧 능히 나기에[842] 그런 까닭으로 가히 나지 않지만 나지 않는다는 말을 지을 수 없는 것이다.

제오구第五句는 나는 모습이 난다는 것이지만 능히 스스로 나지 않기에 그런 까닭으로 가히 설할 수 없는 것이다.

제육구第六句는 나지 않는 것이 나지 않는다는 것이지만 인연이 모이면 곧 나기에 그런 까닭으로 가히 설할 수 없는 것이다.

인연이 있는 까닭으로 또한 가히 설함을 얻는다 말한 것은 『열반경』 이십일권에[843] 말하기를 열 가지 인연이 있기에[844] 곧 가히 설함을

---

842 원문에 耶 자는 『잡화기雜華記』에 없는 것이 좋다 하나 문장상 있는 것이 좋다. 『유망기遺忘記』에는 耶는 作也라 하였다.

843 『열반경』 운운은 한글장경 열반부 1, p.392, 上段에 어떤 것이 인연이 있기에 말할 수 있다 하느냐. 열 가지 인연법이 나는 것의 인이 되나니 그런 이치로 말할 수가 있다 하였다.

844 원문에 유십인연有十因緣 등이라고 한 것은 인연은 사법事法인 까닭으로 가히 설하나니 그런 까닭으로 바로 위에 영인본 화엄 9책, p.295, 7행에 연수緣修는 즉가설卽可說이라 하여 인연으로 수행하는 것은 곧 가히 설할 수 있다 하였다.

얻는다 하였으니

혜원법사가 두 가지로 해석하되 첫 번째는 십이연생十二緣生[845]에 앞의 열 가지가 함께 생지生支의 원인이 되는 것이요

두 번째는 곧 십지를 가지는 등에 열 가지 원인[846]을 말한 것이니 말하자면 첫 번째는 따라 설하는 원인(隨說因)이요,

두 번째는 관찰하여 상대하는 원인(觀待因)이요,

세 번째는 견인하는 원인(牽引因)이요,

네 번째는 섭수하는 원인(攝受因)이요,

다섯 번째는 생기하는 원인(生起因)이요,

여섯 번째는 견인하여 발생하는 원인(引發因)이요,

일곱 번째는 결정코 다른 원인(定異因)이요,

여덟 번째는 같은 일을 하는 원인(同事因)이요,

아홉 번째는 서로 어기는 원인(相違因)이요,

열 번째는 서로 어기지 않는 원인(不相違因)이다 하였다.

해석하여 말하면 뒤에 해석한 뜻[847]이 좋은 해석이 되나니 널리는 『유식론』 등에서 말한 것과 같다.

그러나 저 『열반경』 가운데는 나지 않는다는 등의 모습을 널리 해석하였지만 지금에는 다만 간략하게 인용하여 설하고 침묵하는[848] 뜻을 증거하기에 그런 까닭으로 널리 갖추어 설하지 아니하였다.

---

845 십이연생十二緣生이란, 혹 十二緣에 生支前에 十이라 번역한다.
846 원문에 십인十因이란, 『불교사전佛敎辭典』을 참고하라.
847 원문에 후의後義란, 원공遠公의 이석二釋 가운데 후의後義이다.
848 원문에 설묵說默이라고 한 것은 說은 가설可說이고, 默은 불가설不可說이다.

疏

上來敘意는 竟이라

상래에 설하는 위의와 뜻[849]을 서술한 것은 마친다.

---

[849] 원문에 서의敘意라고 한 것은 서설의의敘說儀意이니 영인본 화엄 9책, p.283, 6행이다.

청량 징관(淸凉 澄觀, 738~839)

중국 화엄종의 제4조.
절강성浙江省 월주越州 산음山陰 사람으로, 속성은 하후夏侯, 자는 대휴大休, 탑호는 묘각妙覺이다.
11세에 출가하여 계율, 삼론, 화엄, 천태, 선 등을 비롯, 내외전을 두루 수학하였다. 40세(777년) 이후 오대산 대화엄사에 머물면서 『화엄경』을 여러 차례 강설하였으며, 이를 토대로 『대방광불화엄경소』60권, 『대방광불화엄경수소연의초』90권을 저술하고 강의하였다. 796년에는 반야삼장의 『40권 화엄경』 번역에 참여하였고, 덕종에게 내전에서 화엄의 종지를 펼쳤다. 덕종에게 청량국사淸凉國師, 헌종에게 승통청량국사僧統淸凉國師라는 호를 받는 등 일곱 황제의 국사를 지냈다.
저서로 『화엄경주소華嚴經註疏』, 『화엄경수소연의초華嚴經隨疏演義鈔』, 『화엄경강요華嚴經綱要』, 『화엄경략의華嚴經略義』, 『법계현경法界玄鏡』, 『삼성원융관문三聖圓融觀門』 등 400여 권이 있다.

관허 수진貫虛 守眞

1971년 문성 스님을 은사로 출가, 1974년 수계, 해인사 강원과 금산사 화엄학림을 졸업하고, 운성, 운기 등 당대 강백 열 분에게 10년간 참문수학하였다.
1984년부터 수선안거 10년을 성만하고, 1993년부터 7년간 해인사 강원 강주로 학인들을 지도하였다.
대한불교조계종 교육위원, 역경위원, 교재편찬위원, 중앙종회의원, 범어사 율학승가대학원장 및 율주를 역임하였다.
현재 부산 승학산 해인정사에 주석하면서, 대한불교조계종 고시위원장, 단일계단 계단위원·교수아사리·갈마아사리, 동명대학교 석좌교수, 동명대학교 세계선센터 선원장, 국민권익위원회 자문위원 등의 소임을 맡고 있다.

청량국사화엄경소초 56 - 십지품 ③

초판 1쇄 인쇄 2025년 7월 10일 | 초판 1쇄 발행 2025년 7월 25일
청량 징관 찬술 | 관허 수진 **현토역주** | 펴낸이 김시열
펴낸곳 도서출판 운주사

(02832) 서울시 성북구 동소문로 67-1 성심빌딩 3층
전화 (02) 926-8361 | 팩스 0505-115-8361

ISBN 978-89-5746-880-7 94220
ISBN 978-89-5746-592-9 (총서) 값 33,000원

http://cafe.daum.net/unjubooks 〈다음카페: 도서출판 운주사〉